WOLFRAM LETZNER

DAS RÖMISCHE PULA

BILDER EINER STADT IN ISTRIEN

SONDERBÄNDE DER ANTIKEN WELT

Zaberns Bildbände zur Archäologie

VERLAG PHILIPP VON ZABERN · MAINZ AM RHEIN

WOLFRAM LETZNER

Das römische Pula

BILDER EINER STADT IN ISTRIEN

VERLAG PHILIPP VON ZABERN · MAINZ AM RHEIN

IV, 107 Seiten mit 101 Farb-, 7 Schwarzweiß- und 49 Strichabbildungen

Umschlag vorne: Pula. Tempel der Dea Roma und des Augustus, Blick aus südwestlicher Richtung (vgl. Abb. 66).

Umschlag hinten: Pula. Amphitheater, Blick aus nördlicher Richtung (vgl. Abb. 92).

Vorsatz vorne und hinten: Pula. Kleines Theater, Blick aus östlicher Richtung. (Photo W. Letzner)

Frontispiz: Pula. Amphitheater, Blick ins Innere. (Photo W. Letzner)

Bibliographische Information der Deutschen Bibliothek

Die Deutsche Bibliothek verzeichnet diese Publikation
in der Deutschen Nationalbibliographie; detaillierte bibliographische Daten
sind im Internet über <*http://dnb.ddb.de*> abrufbar.

© 2005 by Verlag Philipp von Zabern, Mainz am Rhein
ISBN 3-8053-3472-9
Gestaltung: Ilka Schmidt, Verlag Philipp von Zabern, Mainz
Redaktion: Gerhild Klose, Annette Nünnerich-Asmus, Sarah Ruth Stehmeier, Verlag Philipp von Zabern, Mainz
Lithos: Scan Comp GmbH, Wiesbaden
Alle Rechte, insbesondere das der Übersetzung in fremde Sprachen, vorbehalten.
Ohne ausdrückliche Genehmigung des Verlages ist es auch nicht gestattet, dieses Buch oder Teile daraus
auf photomechanischem Wege (Photokopie, Mikrokopie) zu vervielfältigen oder unter Verwendung
elektronischer Systeme zu verarbeiten und zu verbreiten.
Printed in Germany by Aumüller Druck KG, Regensburg
Printed on fade resistant and archival quality paper (PH 7 neutral) · tcf

INHALT

VORWORT	3
ISTRIEN – EIN GEOGRAPHISCH-HISTORISCHER ÜBERBLICK	4
Der geographische Überblick	4
Rom und Istrien	5
COLONIA IULIA POLA POLENSIS HERCULANEA – POLA – PULA	9
Zur Forschungsgeschichte in Pula	9
Die geographische Lage Pulas	13
Gründungsgeschichte und vorrömische Besiedlung	13
Die Gründung der römischen Stadt	14
Das Territorium von Pula	14
Infrastruktur – Stadtplan und Straßen in Pula	15
STADTMAUERN UND TORE	17
Von der Zerstörung zur Erforschung der Stadtmauern	17
Die Stadtmauern – Verlauf, Ausführung und Entwicklung	18
Die Torbauten von Pula	21
DIE WASSERVERSORGUNG DES ANTIKEN PULA	33
Zisternen und Wasserleitungen	34
Die Fonte Carolina – frisches Wasser für die Stadt	34
Brunnenanlagen in der Stadt	34
Badewesen	35
DAS RELIGIÖSE UND WIRTSCHAFTLICHE ZENTRUM – DAS FORUM	36
Die Lage des Forums im Stadtgebiet	36
Das republikanische Forum	37
Das kaiserzeitliche Forum	40
UNTERHALTUNG IN PULA – THEATER UND AMPHITHEATER	50
Das große Theater	50
Das kleine Theater	55
Das Amphitheater	58
WOHNLUXUS IN PULA	73
Haustypen in Pula und ihre Ausstattung	73
Das Haus mit dem Dirke-Mosaik – ein bedeutender Fund	74
DIE NEKROPOLEN	76
Lage und Ausdehnung der Nekropolen von Pula	78
Bestattungsformen in Pula	79
Die Grabdenkmäler – Zeugnisse der sozialen Stellung	80
PULA IN SPÄTERER ZEIT – EIN ÜBERBLICK	82
Pula wird christlich	82
Spätere Sakralbauten	87
Wohnen im nachantiken Pula	88
Pula heute	88
NESACTIUM	89
Forschungsgeschichte	89
Lage der Stadt	90
Geschichte Nesactiums	90
Die vorgeschichtliche Nekropole	92
Die römische Nekropole	93
Die Stadtmauern	94
Das Straßennetz	97
Forum und Kapitol	97
Kapitolstempel	97
Thermen	98
Kirchen	98
Tabernae	101
Häuser	101
SCHLUSSBEMERKUNG	102
ANHANG	103
Abkürzungsverzeichnis	103
Anmerkungen	103
Bildnachweis	107
Adresse des Autors	107

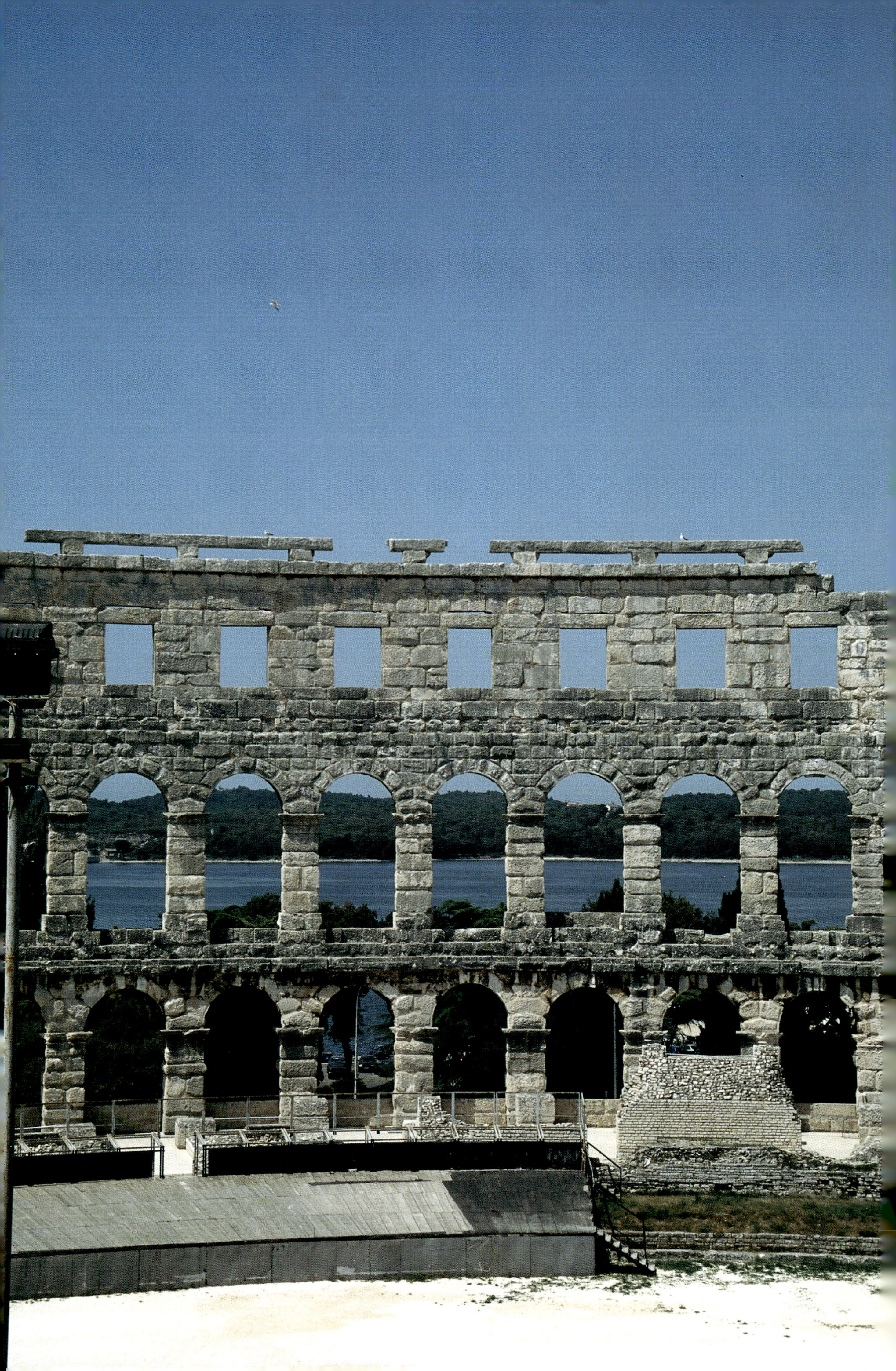

VORWORT

Warum eine Publikation über Pula und Nesactium? Auf diese Frage gibt es viele Antworten! Dem Verfasser stand immer wieder das Amphitheater vor Augen und erinnerte ihn daran, daß die heutige kroatische Stadt Pula eine reiche römische Vergangenheit aufweist, die es zu erforschen gilt. Immer wieder waren Reisepläne nach Kroatien aufgeschoben worden, bis sich schließlich die Gelegenheit bot, in Verbindung mit dem VIII. Internationalen Kolloquium über Probleme provinzialrömischen Kunstschaffens im Mai 2003 in Zagreb nach Pula zu reisen. Am Rande des Kolloqiums ergab sich die Gelegenheit, mit Frau Dr. Nünnerich-Asmus über die weiteren Reisepläne des Verfassers zu sprechen. Dabei entstand der Gedanke, im Rahmen der Sonderbände der ANTIKEN WELT das römische Pula vorzustellen.

Schnell zeigte sich aber auch, daß es sinnvoll sei, neben Pula die ursprünglich histrische Siedlung und spätere römische *res publica Nesactium* in dieser Publikation zu berücksichtigen. Dabei spielten mehrere Faktoren eine Rolle. Während Pula auf eine mehr als 2000jährige Siedlungskontinuität zurückblicken kann, die dazu beigetragen hat, daß das römische Pula nur noch punktuell – dann aber mit bedeutenden Denkmälern – faßbar ist, bietet Nesactium mit seinen Denkmälern einen geschlossenen Überblick, wenngleich der Erhaltungszustand zumeist nicht besonders gut ist.

Die Behandlung beider Städte bietet aber noch einen zusätzlichen Reiz. Bei Pula bewegen wir uns auch heute in einem urbanen Raum, der mit seinen nachantiken Denkmälern einen überaus interessanten Rahmen bietet. In Nesactium hingegen befinden wir uns in einem ländlichen Gebiet, das einen ganz anderen Eindruck der istrischen Landschaft vermittelt als die Küstengegend.

Das Ziel der vorliegenden Publikation kann es nicht sein, alle bekannten Denkmäler römischer Zeit in Pula vorzustellen, weil sie häufig zu fragmentarisch oder vielleicht nur noch epigraphisch nachgewiesen sind. Bei der Auswahl der Denkmäler war es weitaus sinnvoller, sich an dem zu orientieren, was im Stadtbild Pulas noch heute erkennbar und in den entsprechenden Kontext einzuordnen ist. Dabei wurden aber auch Befunde berücksichtigt, die nicht mehr vorhanden sind. Vergleichsbeispiele aus anderen Regionen des Römischen Reiches wurden dort angeführt, wo sie dazu beitragen, das Bild des römischen Pula zu verdeutlichen und zu bewerten. Diese Aussage trifft in gleichem Maße auch auf Nesactium zu.

Einleitend erschien es sinnvoll, sich kurz mit den naturräumlichen Aspekten Istriens auseinanderzusetzen, da durch die politischen Ereignisse in den 90er Jahren des 20. Jhs. die istrische Halbinsel als Forschungsgebiet und als Reiseland etwas aus den Augen verloren ging.

Als unverzichtbar erwies es sich, einen Abriß über die Geschichte Istriens voranzustellen. Der Schwerpunkt liegt dabei auf der römischen Geschichte der Region. Für die Denkmäler spielt aber auch die nachantike Geschichte eine wesentliche Rolle. Es stellte sich die Frage, inwieweit sie berücksichtigt werden muß. Als Kompromiß schien es schließlich sinnvoll, die wichtigsten Daten der nachantiken Geschichte in den zugehörigen Kontext zu integrieren.

Auf einen Umstand gilt es noch aufmerksam zu machen. Es handelt sich dabei um Namen von Personen, Orten und Straßen. In der Literatur ließen sich besonders bei historischen Persönlichkeiten unterschiedliche Schreibweisen beobachten, etwa La Vallée oder Lavallée. Im Regelfall wurde die Schreibweise gewählt, die sich in der Literatur durchgesetzt hat.

Die Namen von Orten und Straßen unterliegen historischen Bedingungen und verändern sich. Das gilt besonders für Pula. In der älteren Literatur finden sich deutsche Bezeichnungen neben italienischen. Später wechselte die Sprache zu Italienisch und Kroatisch. Häufig war mit dem Sprachwechsel ein grundsätzlicher Namenswechsel verbunden. Auch in neuester Zeit ist es aus politischen Gründen zu Umbenennungen gekommen. Die skizzierte Situation macht deutlich, daß es manchmal schwierig ist, mit nur einer Straßen- oder Ortsbezeichnung auszukommen. Daher war es sinnvoll, auch Parallelnamen anzugeben, im Regelfall die italienischen und kroatischen.

Da die vorliegende Publikation sich auch an ein breiteres Publikum richtet, wurde zugunsten der Lesbarkeit im Text auf eine Auseinandersetzung mit kontroversen Themen weitgehend verzichtet und diese, wo notwendig, in den kritischen Apparat verlagert. Dieser beschränkt sich sonst auf die wichtigste Literatur.

Dem Archäologischen Museum Istriens und seinen Mitarbeitern hat der Verfasser für die freundliche Aufnahme während seines Aufenthaltes in Pula zu danken. Sein Dank gilt auch dem Verlag Philipp von Zabern und seinen Mitarbeitern, besonders Frau Dr. Nünnerich-Asmus und Frau Klose, die in ihrer gewohnten Professionalität für die reibungslose und konstruktive Abwicklung des Projektes gesorgt haben.

Hamm, im Juli 2004
Wolfram Letzner

Abb. 1   Die moderne Staatenwelt im Bereich der nördlichen Adria.

ISTRIEN – EIN GEOGRAPHISCH-HISTORISCHER ÜBERBLICK

Raum und Zeit sind zwei Faktoren, die für die Entwicklung einer Region bestimmend sein können. Für Pula, unserem Hauptbetrachtungsobjekt, bildet daher Istrien mit seiner engen geographischen Bindung an Italien und seine historische Verknüpfung mit Rom den Handlungsrahmen, den es einleitend zu betrachten gilt.

Der geographische Überblick

Geographisch gesehen ragt die istrische Halbinsel in Form eines Dreiecks weit in das Adriatische Meer hinein und wird im Westen vom Golf von Triest und im Osten von der Kvarner Bucht (Quanero) begrenzt. Folgt man dieser Definition, so erstreckt sich Istrien heute auf die Territorien von Slowenien und Kroatien, wobei sich allerdings in unserem Bewußtsein der weitaus größere kroatische Teil mit diesem Namen verbindet.[1] Ein Blick auf die Karte (Abb. 1) legt nahe, auch den Raum um Triest, dem römischen Tergeste, Istrien zuzurechnen. So gehört auch noch ein Anteil Istriens zu Italien. Tatsache ist jedenfalls, daß die politische Zugehörigkeit des Raumes um Triest zwischen dem damaligen Jugoslawien und Italien bis zum Jahre 1975 umstritten war.[2]

Der Name Istrien leitet sich von den Istroi oder Histri ab. Erstmals erwähnt wurden diese von Hekataios von Milet (560–480 v. Chr.), über ihre ethnische Zusammensetzung und Herkunft wird weiter unten zu berichten sein.[3]

Die Fläche der istrischen Halbinsel wird in der Literatur mit erheblichen Unterschieden angegeben. Sie schwankt zwischen 3160 km² und 4437 km². Dies mag ein Resultat der jüngsten Geschichte sein.

Die niedrige Felsenküste ist durch zahlreiche, geschützte Buchten gegliedert, die im Laufe der Geschichte immer wieder Siedler anlockten. Besonders die Küstenregion mit ihren vorgelagerten Inseln hat sich aufgrund ihres Erscheinungsbildes heute zu einer Region entwickelt, die vom Tourismus lebt.[4]

Geologisch ist Istrien in drei Zonen gegliedert: Der nördliche Teil der Halbinsel besteht aus Kalkstein. Seinem Erscheinungsbild in der Landschaft verdankt diese Region in der Literatur den Namen «Weißes Istrien». Diesem Teil Istriens wird ein felsiges Hochplateau mit dem Namen Ćićarija zugerechnet, das eine nur kärgliche Vegetation aufweist. Der zentrale Bereich Istriens hat eine grundlegend andere Struktur als der nördliche Teil. Hier finden wir eine hügelige Landschaft, die von den Flüssen Rižna (Formio), Dragonja, Mirna und Raša durchzogen wird. Mergel- und Tonschiefer mit Sandsteineinlagerungen bilden die geologische Grundlage. Ihrem farblichen Erscheinungsbild hat diese Region den Namen «Graues Istrien» zu verdanken.

Zwischen dem «Grauen Istrien» und der Westküste schließlich

liegt der letzte Teil der Halbinsel, der sich geologisch abhebt. Die hier vorkommende Erde, eine Verwitterungskrume des anstehenden Gesteins, zeigt eine rote Farbe, die zu einer analogen Namensbildung geführt hat. Man bezeichnet die Region als «Rotes Istrien». Die höchste Erhebung ist der Učka (Monte Maggiore) mit 1360 m Höhe.[5]

Hinsichtlich der Vegetation läßt sich festhalten, daß etwa die Hälfte der istrischen Halbinsel als Kulturland genutzt wird. Schwerpunktmäßig läßt sich dies in der Küstenregion und in den Tälern beobachten. Die höheren Lagen können bestenfalls als Viehweiden dienen, was sich auch auf die römische Besiedlung des Landes auswirkte.

Klimatologisch gesehen ist die istrische Halbinsel in zwei Zonen zu gliedern. Im Küstenbereich finden wir ein mildes mediterranes Klima, während im Landesinneren, in den höheren Lagen, ein rauhes submediterranes Klima vorherrscht.[6]

Rom und Istrien

Der Leser wird sich die Frage stellen, wann und aus welchem Anlaß Istrien das Interesse Roms geweckt hat. Dazu muß man einen Blick auf die Situation in Italien während des 3. Jhs. v. Chr. werfen. Im Laufe dieses Jahrhunderts war Rom von einer lokalen Macht zur Beherrscherin Italiens geworden. Durch ein komplexes Bündnissystem war die Einflußsphäre der Republik weit nach Norditalien bis in die Po-Ebene hinein angewachsen. Begleitet wurde dieser Machtanspruch Roms von der Furcht vor Invasionen «barbarischer Völker». Die keltische Invasion unter der Führung des Brennus im Jahre 387 v. Chr. war tief im kollektiven Gedächtnis der Römer verankert.[7] Versuche, Norditalien zu romanisieren, dienten dazu, hier einen Sicherheitsgürtel zu schaffen. Wie notwendig dies war, belegten die Ereignisse des Zweiten Punischen Krieges (218–201 v. Chr.), als Hannibal mit seinen Truppen über die Alpen nach Italien einfiel und dort ein ideales Aufmarschgebiet vorfand. Durch die katastrophalen Niederlagen der römischen Legionen in den ersten Kriegsjahren wurde der Romanisierungsprozeß im Norden des Landes massiv zurückgeworfen.[8]

Neue Bedrohungsszenarien für Rom hatten sich schon kurz vor dem Zweiten Punischen Krieg im Norden abgezeichnet. Histrische Piraten hatten immer wieder die römischen Seewege bedroht. Den antiken Autoren zufolge handelte es sich bei den Histriern um verschiedene Völker illyrisch-keltischer Herkunft, die schon im 5. Jh. v. Chr. unter diesem Sammelnamen bekannt waren, wie die bereits erwähnte Stelle bei Hekataios belegt.[9] Im

Abb. 2 Istrien in römischer Zeit. Dargestellt sind die Territorien der Gemeinden. Gleichzeitig spiegelt sich hier die Besiedlungsdichte.

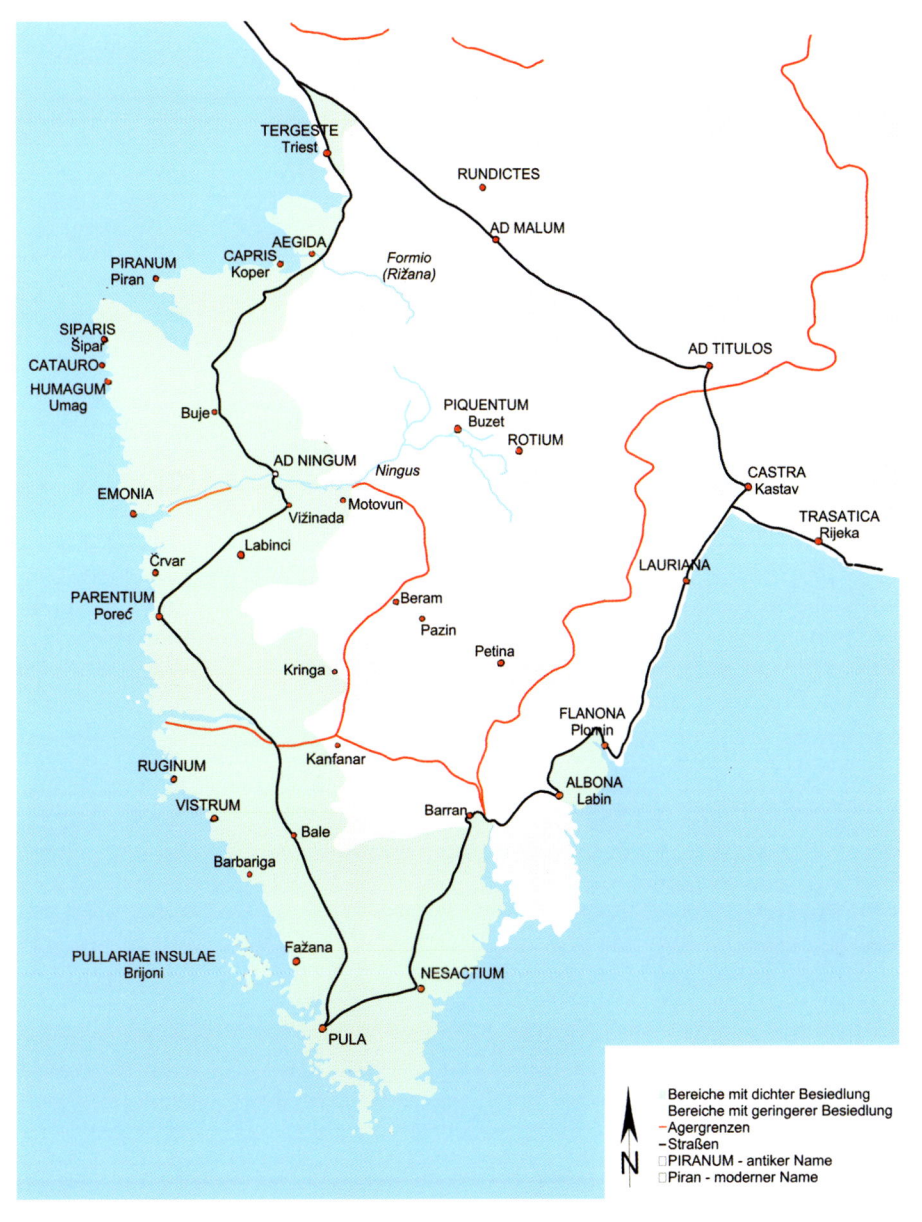

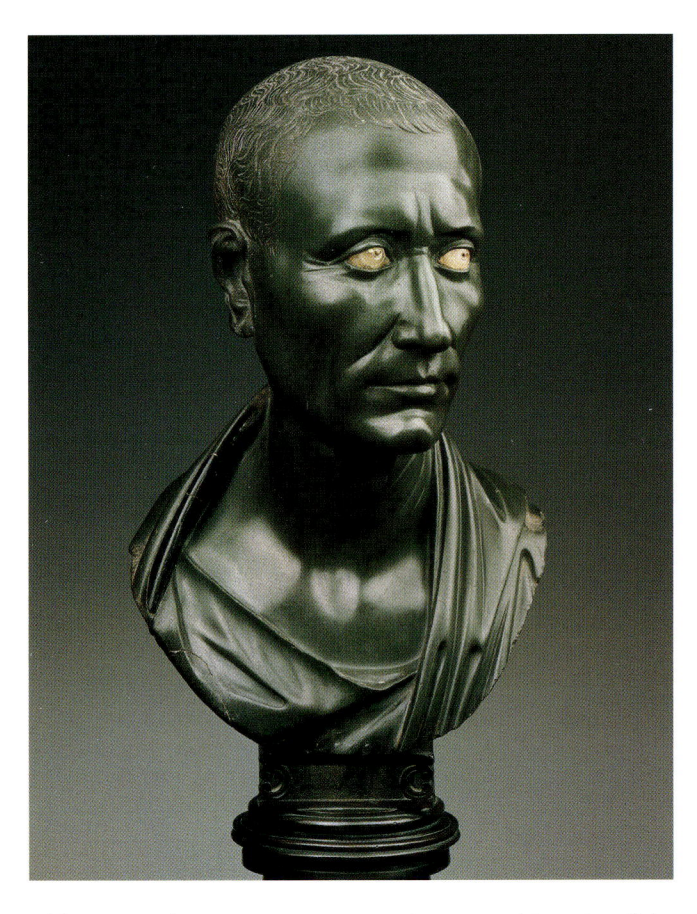

Abb. 3   C. Julius Caesar (100–44 v. Chr.), Porträtbüste. Staatliche Museen zu Berlin, Antikensammlung Inv. Sk 342.

Abb. 4   Augustus (63 v. Chr.–14. n. Chr.), Togastatue. Rom, Musei Capitolini Inv. 495.

Jahre 221 v. Chr. hatte Rom bereits militärische Operationen gegen die Histrier durchgeführt.[10] Eine dauerhafte Lösung war aber nicht erzielt worden.

Nachdem das karthagische Problem beseitigt war, ging Rom daran, die Regionen Norditaliens wieder fest einzubinden. Koloniegründungen und eine Aufstockung der Bevölkerung in bereits bestehenden Kolonien bildeten dabei probate Mittel. Gesandte der Städte Placentia und Cremona baten etwa im Jahre 190 v. Chr. um die Ansiedlung von Neubürgern. Als Neugründungen in dieser Zeit entstanden z. B. Bologna, Parma und Mutina.[11] Eine wichtige Rolle im Verteidigungssystem Roms sollte aber das im Jahre 181 v. Chr. gegründete Aquileia einnehmen.[12]

Trotz aller Schutzmaßnahmen, die Rom in den ersten zwei Jahrzehnten des 2. Jhs. v. Chr. traf, bestand weiterhin eine Bedrohung durch histrische Piraten. Ein Zeichen dafür mag eine kurze Notiz bei Livius (39, 55, 4) sein, der für das Jahr 183 v. Chr. von den Bestrebungen des M. Claudius berichtet, auf einen Krieg gegen die Histrier hinzuarbeiten. Der Senat verweigert dies aber, weil man gerade dabei sei, die Kolonie Aquileia zu gründen. So erklärt sich auch die Anlage von Aquileia als Bastion gegen diese Stämme.[13]

Die Histrier verstanden sehr wohl die Stoßrichtung der Koloniegründung. In den Jahren nach 180 v. Chr. hatte sich die politische Führung bei den Histriern verändert. Livius (41, 1, 1) berichtet, ein Mann namens Aepulo sei seinem Vater in der Herrschaft gefolgt und habe eine neue Politik betrieben, die auf den militärischen Konflikt mit Rom ausgerichtet gewesen sei.[14]

In den Jahren 178–177 v. Chr. entwickelte sich nun der militärische Konflikt, der im einzelnen hier nicht dargestellt werden kann. Fakt ist, daß sich die Histrier gegen die römische Übermacht nicht behaupten konnten und die damals existierenden histrischen Städte Mutila, Faveria und Nesactium durch die römischen Legionen genommen wurden. Von diesen drei Städten ist lediglich Nesactium identifiziert. Mutila kann eventuell in Medulin, also in unmittelbarer Nähe von Pula, lokalisiert werden, während Faveria sich bislang einer Lokalisation entzogen hat.[15]

Folgt man der Schilderung bei Livius (41, 11, 4–6), müssen sich bei der Eroberung von Nesactium dramatische Szenen abgespielt haben. Von der Aussichtslosigkeit ihrer Lage überzeugt, begingen die Verteidiger der Stadt und ihre Familien Selbstmord.[16]

Das vorrangige Interesse Roms – die Sicherung Italiens im Norden und die Sicherheit der Seewege in der nördlichen Adria – war mit dem Sieg von 177 v. Chr. erreicht. Unmittelbare territoriale Ansprüche Roms konzentrierten sich auf die Küstenregion und die fruchtbaren Täler. So wurde etwa ein Drittel Istriens dem *ager publicus populi Romanum*, dem römischen Staatsland, zugeschlagen (Abb. 2). Die einheimische Bevölkerung hingegen wurde in die unwirtlichen Gegenden des istrischen Hochlandes abgedrängt. Unruhen waren damit vorprogrammiert. So mußte etwa C. Sempronius Tuditanus in seinem Konsulat 129 v. Chr. einen allgemeinen Aufstand der Histrier niederschlagen.[17]

Gegen Ende des 2. Jhs. v. Chr. begann der Romanisierungsprozeß langsam zu greifen. Für die weitere Geschichte Istriens und das zu diesem Zeitpunkt als *colonia* wohl noch zu gründende römische Pula spielte nun die verwaltungstechnische Einordnung in das römische Provinzialsystem und die daraus entstehende Verstrickung in die Bürgerkriege des 1. Jhs. v. Chr. eine wesentliche Rolle. Die Quellen dazu sind nicht besonders aussagekräftig. Es scheint so, daß die Region in spätrepublikanischer Zeit der Provinz Illyricum zugerechnet wurde. Es muß an dieser Stelle aber auch darauf hingewiesen werden, daß Illyricum – obwohl immer als eigenes Territorium gesehen – zusammen mit der Provinz Gallia Cisalpina verwaltet wurde. Somit ist eine Verbindung Istriens auch mit Gallia Cisalpina möglich.[18]

Der innenpolitisch nicht unumstrittene C. Iulius Caesar (100–44 v. Chr.) (Abb. 3) hatte nach seinem Konsulat im Jahre 59 v. Chr. die Provinzen Gallia Cisalpina, Gallia Transalpina und Illyricum übernommen.[19] Sehr schnell hatte sich eine Krisensituation entwickelt, die Caesar nutzte, um in Gallien Krieg zu führen. Mit der Konferenz von Lucca im Jahre 56 v. Chr. war die Amtsführung Caesars in seinen Provinzen verlängert worden.[20] Als in Gallien im Jahre 52 v. Chr. der Aufstand des Vercingetorix losbrach, witterten auch die histrischen Stämme Morgenluft, so daß es zu ersten kriegsbedingten Verwüstungen kam.[21] Noch dramatischer sollte es für die illyrische Provinz werden, als sich Caesar und Pompeius politisch so weit auseinander gelebt hatten, daß der Bürgerkrieg unausweichlich war. Die überwiegende Zahl der römischen Städte Illyriens stellte sich auf die Seite des Pompeius und fand sich nach der Schlacht von Phasalos auf der Seite der Verlierer wieder. Unterdessen hatten die histrischen Stämme die Gunst der Stunde genutzt und erneut die römischen Städte an der Küste angegriffen. Dabei wurde wohl auch Pula erheblich beschädigt.[22]

Während der Diktatur Caesars scheint für die Provinz Illyricum und somit für Istrien eine Phase der Konsolidierung eingetreten zu sein. Diese endete aber mit der Ermordung Caesars am 15. März 44 v. Chr. jäh. Schnell bildeten sich im ausbrechenden Bürgerkrieg Koalitionen. Auf der einen Seite standen Octavian (63 v.–14 n. Chr.) (Abb. 4) als Adoptivsohn und Erbe Caesars, Marcus Antonius und Lepidus, die sich als Rächer Caesars verstanden, während sich auf der anderen Seite dessen Mörder befanden, die vorgaben, im Interesse der Republik gehandelt zu haben. Erneut wurde der Balkan zum Schlachtfeld. In diesem Konflikt stellte sich Pula auf die Seite der «Republikaner». Diese Haltung sollte nicht ohne Konsequenzen bleiben, da später verstärkt Anhänger des Octavian in der Region angesiedelt wurden.[23]

Nach der Schlacht von Philippi im Jahre 42 v. Chr., aus der die Caesarianer siegreich hervorgingen, kam es zur Neuordnung Ita-

Abb. 5   Die Regionen Italiens.

liens. Die Provinz Gallia Cisalpina und damit auch Istrien wurde Italien zugeschlagen (Abb. 6).[24] Außerdem wurden die politischen Kräfte in Rom neu geordnet. Mit dem Vertrag von Brundisium fiel Octavian die westliche Reichshälfte einschließlich Istriens zu.[25] Bereits 41 v. Chr. führte Octavian eine wichtige Reform durch: Italien wurde in elf Regionen gegliedert. Dabei wurde Istrien der Regio X zugeschlagen, die den Namen «Venetia et Histria» führen sollte (Abb. 5). Die Grenzen wurden aber nicht endgültig festgeschrieben, wie sich später in Istrien zeigen sollte. Im Jahre 16 v. Chr. wurde nämlich die Grenze zu Illyrien neu definiert (Abb. 7).[26]

In der Folgezeit hatte Octavian neben der Auseinandersetzung mit Marcus Antonius und Kleopatra auch im histrischen Raum militärische Probleme zu lösen. Exemplarisch seien hier die militärischen Unternehmungen des Cn. Asinius Pollio, dem Consul des Jahres 40 v. Chr., im Jahre 39 v. Chr. oder die Militäroperationen der Jahre 35 und 31 v. Chr. angeführt, die aber keine endgültige Befriedung der Region brachten. Außerdem war zu beobachten, daß nun auch die Territorien Istriens von den Einfällen feindlicher Völker bedroht waren. Im Jahre 16 v. Chr. drohten so Angriffe der Noriker und Pannonier, die aber verhindert werden konnten. Konsequent war daher nur, daß Octavian im Folgejahr Tiberius und Drusus mit der Unterwerfung dieser Völkerschaften beauftragte, was auch bis 14 v. Chr. gelang. Neue Gefahren für Istrien drohten zwischen 6–9 n. Chr. mit dem Pannonischen Aufstand, der von Tiberius niedergeschlagen werden konnte.[27]

Mit diesem Sieg begann eine Phase der Konsolidierung in Istrien, in der viele Siedlungen in den Rang einer *colonia* oder eines *municipium* erhoben wurden. Wohlstand entfaltete sich auch, weil der landwirtschaftliche Großgrundbesitz ein Patronatssystem mit sich brachte, was vor allem die verschiedenen Denkmäler in den Städten Istriens verdeutlichen. Während des ganzen 1. Jhs. n. Chr. durchlebte Istrien das Schicksal Italiens. Finanzkrisen führten schließlich gegen Ende des 1. Jhs. n. Chr. dazu, daß Istrien unter Nerva (96–98 n. Chr.) und Traian (98–117 n. Chr.) zunächst unter eine direkte Verwaltung durch *curatores rei publicae* gestellt wurde. Bei der Amtsausübung wurde darauf geachtet, daß diese Beamten nie dort tätig waren, wo sie wohnten. Als Beispiel dafür kann eine Inschrift aus Concordia angeführt werden. Der Rat der Stadt Pula ließ dort ein Ehrendenkmal für einen Q. Decius Sabinianus aufstellen, der sich während seiner Amtszeit korrekt verhalten hatte.[28]

Eine weitere Verwaltungsreform führte Hadrian (117–138 n. Chr.) durch. Er gab die augusteischen Regionen auf und führte an ihrer Stelle vier größere Verwaltungseinheiten ein, bei denen die Regio X Venetia et Histria der Transpadana zugewiesen wurde.[29]

In der 2. Hälfte des 2. Jhs. n. Chr. wurde Italien und damit auch Istrien immer wieder durch Angriffe von außen bedroht. Um diesen Situationen gerecht zu werden, wurde das Römische Reich mehrfach neu geordnet. Eine umfassende Reform führte Diocletian durch. Seine Verwaltungsreform bestand darin, das gesamte Reich in zwölf Diözesen zu teilen. Das alte Italien wurde dabei geteilt. Jedoch verblieb Histrien bei der Diözese Italia und bildete die Präfektur Venetia et Histria.[30]

Zum Ende der Antike hin erfuhr Histrien und damit auch Pula eine wechselvolle Geschichte. Mit der Reichsteilung von 395 n. Chr. fiel die Region dem westlichen Reichsteil zu. Nach dessen endgültigem Untergang durch die ostgotische Landnahme erfuhr Italien und damit Istrien zunächst eine Phase der Stabilität. Da es in der Folgezeit den ostgotischen Herrschern aufgrund kultureller und religiöser Unterschiede nicht gelang, ihr Staatswesen nachhaltig in Italien zu etablieren, gewann Ost-Rom große Teile Italiens zurück, so auch Istrien. Antike Traditionen mit einer christlichen Überformung konnten nochmals auferstehen. Gegen Ende des 6. Jhs. zeichnete sich eine endgültige Wende ab. Die Langobarden fielen nach Istrien ein, während gleichzeitig Slawen und Awaren ihren Druck auf die Region erhöhten. Die romanisierte Bevölkerung zog sich in die Küstenstädte zurück, und das Mittelalter bahnte sich an.[31]

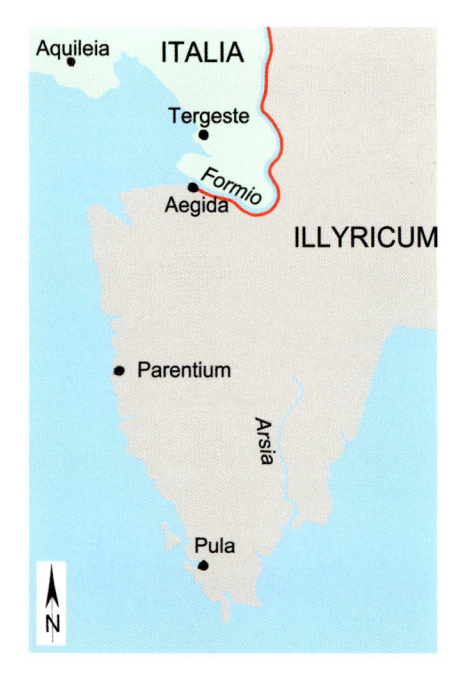

Abb. 6 Die Grenzen Italiens im Verhältnis zu Illyrien im Jahre 42 v. Chr. Neben den wichtigsten Orten sind der Formio als Grenzfluß und die Arsia (heute Raša) angegeben.

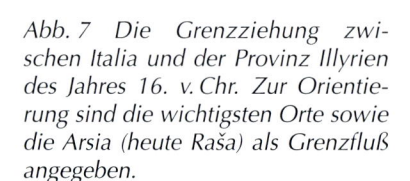

Abb. 7 Die Grenzziehung zwischen Italia und der Provinz Illyrien des Jahres 16. v. Chr. Zur Orientierung sind die wichtigsten Orte sowie die Arsia (heute Raša) als Grenzfluß angegeben.

Abb. 8 Pula. Ansicht des Archäologischen Museums Istriens vom Garten aus.

COLONIA IULIA POLA POLENSIS HERCULANEA – POLA – PULA

Die Überschrift dieses Kapitels zeigt schon, welch wechselhafte Geschichte die Stadt im Laufe der Jahrhunderte erfahren hat. Sicher lassen sich ihre Geschichte und ihre Denkmäler an dieser Stelle nicht umfassend beleuchten, wie es auch schon nicht möglich war, im vorangegangenen Abschnitt die Geschichte Istriens in Gänze darzustellen. Daher mußten auch hier Prioritäten gesetzt werden, mit denen ein verläßliches Bild der Stadt gezeichnet werden kann. Anfangs mögen die einzelnen Aspekte, die angesprochen werden, etwas isoliert wirken, fügen sich dann jedoch zu einem Gesamtbild zusammen.

Zur Forschungsgeschichte in Pula

Die Erforschung des antiken Pula orientierte sich zunächst an den offensichtlichen Denkmälern der römischen Geschichte. Ur- und frühgeschichtliche Monumente waren im Stadtbild nicht erkennbar und blieben der späteren Forschung vorbehalten. Eine grundsätzliche Frage ist, wo eigentlich Forschungsgeschichte ansetzt. Man kann sicherlich zwischen einer vorwissenschaftlichen und einer wissenschaftlichen Auseinandersetzung mit den Denkmälern unterscheiden. Dabei hat jede Richtung ihre eigenen Intentionen, die im jeweiligen Zeitgeist ihre Grundlagen finden. Nichts desto trotz liefert uns auch die nichtwissenschaftliche Auseinandersetzung mit den antiken Hinterlassenschaften eine Fülle von Informationen, die heute sonst verloren wären.

Schauen wir zunächst auf die nichtwissenschaftlichen Auseinandersetzungen mit der Antike in Pula. In nachantiker Zeit wurden die römischen Bauten vornehmlich als Steinbrüche genutzt. Diese Aussage läßt sich unbesehen für weite Teile des ehemaligen Römischen Reiches treffen. Besonders die Bauten, die aus Naturstein errichtet waren, fielen der Ausbeutung zum Opfer. Ein antiquarisches Interesse bestand nicht.

Ein Wandel im Umgang mit den Denkmälern sollte aber schon im 13. Jh. einsetzen. Der Patriarch von Aquileia, Gregor von Monolongo (1251–1263), erließ für den Zeitraum von 1260–1273 ein Verbot, das Steinmaterial der Ruinen zu entwenden. Ausdrücklich galt dieses Verbot für das Amphitheater und das große Theater südlich der Stadt an den Hängen des Monte Zaro. Wer gegen dieses Verbot verstieß und ertappt wurde, mußte mit einer Strafe von 100 byzantinischen Dukaten rechnen.[32]

Diese erste Denkmalschutzmaßnahme blieb aber zeitlich begrenzt. Weitere Versuche, die antiken Denkmäler vor der Vernichtung zu schützen, datieren in das Jahr 1458. Der Steinraub war wohl so umfassend geworden, daß sich der Stadtrat genötigt sah, die Ausbeutung der Ruinen und den Export des Steinmaterials zu verbieten. Im Jahre 1583 war es schließlich dem venezianischen Senator Gabriele Emo zu verdanken, daß der Steinraub durch die Republik Venedig zeitweise eingeschränkt wurde. Er verhinderte den Abriß des Amphitheaters. Noch heute gibt eine Inschrift darüber Auskunft.[33]

Mit dem wiedererwachenden Interesse der Renaissance an der Antike vollzog sich in der Behandlung der Denkmäler ebenfalls ein Wandel. Reisende begannen zunächst damit, vor allem epigraphisches Material zu sammeln und publizistisch aufzuarbeiten. Wohl am Anfang dieser Tradition steht im kroatischen Raum

Abb. 9   Pula. Archäologisches Museum. Vor dem Museum und im Garten sind zahlreiche Steindenkmäler des römischen Pula ausgestellt.

Cyriacus von Ancona (1391–nach 1449), der zu Beginn des 15. Jhs. die Balkanregion bereiste. Im Jahre 1418 oder 1419 hielt er sich in Pula auf. Seine Forschungen wurden aber erst 1664 in Rom unter dem Titel «Epigrammata reperta per Illyricum» veröffentlicht. In der Tradition des Cyriacus standen weitere Autoren, die epigraphisches Material sammelten und veröffentlichten.[34]

Im 15. und 16. Jh. – ebenfalls ganz unter dem Einfluß der Renaissance – wurden die erhaltenen Baureste erforscht. Künstler, Architekten und Reisende dokumentierten in bildlichen Darstellungen und Beschreibungen das, was noch vorhanden war und lieferten so Unterlagen, die uns heute wichtige Aufschlüsse über Bauten liefern, die im Laufe der Zeit noch zerstört wurden.[35]

Der gebürtige Bologneser Sebastiano Serlio (1475–1554) gehörte mit zu den ersten Architekten, die sich mit den antiken Denkmälern Pulas auseinandersetzten.[36] Serlio hielt sich 1536 in Pula auf. Erleichtert wurde seine Arbeit durch den Umstand, daß er für die Republik Venedig arbeitete. Venedig oder die örtlichen Vertreter der Stadt gingen ansonsten sehr vorsichtig mit Reisenden um, die mehr als kaufmännisches Interesse an bestimmten Orten zeigten. Ständig glaubte man an Spionage, wie Robert Adam (1728–1792) noch 1757 bei seinem dem Diocletianspalast gewidmeten Aufenthalt in Spalato erfahren mußte.[37] Serlio dokumentierte mit seinen Zeichnungen u. a. das große Theater und das Amphitheater. Etwa zeitgleich mit Serlio entstanden die Bauaufnahmen von Andrea Palladio (1508–1580).[38]

In einem erweiterten Sinne der Dokumentation und Erforschung des antiken Pula können sicher auch Arbeiten eingegliedert werden wie die von Antoine Deville, der in der 1. Hälfte des 17. Jhs. als Festungsbauer im Auftrag Venedigs in Pula tätig war. Er liefert in seiner Beschreibung der Stadt – oder in dem, was er nicht beschreibt – wichtige Informationen.[39]

In den Reigen der Künstler und Reisenden, die sich mit den antiken Denkmälern Pulas auseinandergesetzt haben, gehören Jakob Spon (1647–1685)[40] und George Wheler (1650–1723)[41], die in den Jahren 1674–1675 eine Reise durch Italien, Dalmatien, Griechenland und den Nahen Osten unternahmen. Spon, schweizerischer Abstammung, jedoch in Lyon geboren, war Arzt, der sich aber während seines Studiums in Paris intensiv mit der Altertumsforschung auseinandersetzte. George Wheler hingegen stammte aus einer besseren englischen Familie, die in der Auseinandersetzung zwischen Krone und Parlament in England auf der Seite Charles I. gestanden hatte und nach dessen Ende ins Exil in die Niederlande ging. Dort wurde Wheler auch geboren. Nach dem Studium in Oxford, wo Wheler sich wohl auch mit der Altertumskunde beschäftigt hatte, ging er 1674 nach Rom. Hier lernte er Spon kennen, und ihre gemeinsamen Reisepläne entstanden. Spon veröffentlichte später eine Reisebeschreibung mit dem Titel «Voyage d'Italie, de Dalmatie, de Grece, et du Levant, fait aux années 1675 & 1676». Der Aufenthalt Spons und Whelers in Pula fällt wohl in die Sommermonate des Jahres 1675.[42]

Ein kontinuierliches Interesse an den antiken Denkmälern Pulas zeigen die Arbeiten Gianbattista Piranesis (1720–1778). Dargestellt werden von ihm Forumstempel, Amphitheater und Sergierbogen. Die Tafeln entstanden zwischen 1743 und 1747.[43] Problematisch ist bei allen Darstellungen Piranesis, daß er nicht unbedingt die Wirklichkeit abbildete. Teilweise ordnete er verschiedene Antiken in neuen Zusammenhängen an. Er komponierte Antikenlandschaften, die vom Zeitgeist beeinflußt waren.[44]

Im Laufe des 18. Jhs. setzte eine zunehmende Verwissenschaftlichung ein. So sind die Darstellungen und Bauaufnahmen weitaus nüchterner, die James Stuart (1713–1788) und Nicholas Revett (um 1720–1804) anfertigten. Auf ihrer Reise nach Griechenland, die in die Jahre von 1751–1755 fiel, mußten sie in Venedig lange auf ein Schiff warten, das sie an ihr Ziel bringen sollte. Um diese Wartezeit zu verkürzen, nahmen sie Aufenthalt in Pula und fertigten dort ihre Pläne und Darstellungen an. Eine Veröffentlichung erfolgte später im Rahmen ihrer «Antiquities of Athens», die mit mehreren Bänden erschienen.[45]

Etwa eine Generation nach Stuart und Revett waren aber noch andere Reisende unterwegs, die uns über den Denkmälerbestand Pulas informieren. Dabei handelt es sich um den Zeichner Louis François Cassas (1756–1827)[46] und Joseph Lavallée, Marquis de Bois Robert (1747–1816)[47], der zunächst Offizier war und sich später als Literat betätigte. Im Jahre 1782 begaben sich beide auf eine Reise, die sie nach Istrien und Dalmatien führen sollte. Es stand wohl von Anfang an fest, daß die beiden Reisenden ihre Erfahrungen in einem Buch veröffentlichen wollten. Cassas übernahm dabei die bildliche Erfassung der Reiseziele in Form von Aquarellen, während Lavallée sich um den schriftlichen Teil kümmern sollte. Die Reiseroute führte entlang der Küste, so daß Pula beinahe zwangsläufig besucht werden mußte. Insgesamt 18 Darstellungen mit Motiven aus Pula sollten in dem erst 1802 erschienen Reisebericht mit dem Titel «Voyage pittoresque de l'Istrie et de la Dalmatie» veröffentlicht werden. Die Blätter und der Text, die sich mit antiken Denkmälern auseinandersetzen, stellen eine wichtige Quelle für Pula dar.

Ein Aspekt, der hier nicht unterschlagen werden soll, betrifft einen Zweck, der weit über das antiquarische Interesse hinausgeht. Lavallée hatte bei der Veröffentlichung sehr stark die Interessen der französischen Republik an der Region hervorgehoben und mit seinen genauen landeskundlichen Beschreibungen

Abb. 10 Pula. Archäologisches Museum. Blick in einen Ausstellungsraum: Die archäologischen Funde werden durch historische Darstellungen ergänzt.

Abb. 11 Pula. Skizze der Hafenbucht mit den Inseln. Die hellgrau angelegte Fläche entspricht etwa dem bebauten Areal der Stadt um das Jahr 1970 herum. Im Vergleich dazu ist der römische Stadtkern dunkelgrau gehalten.

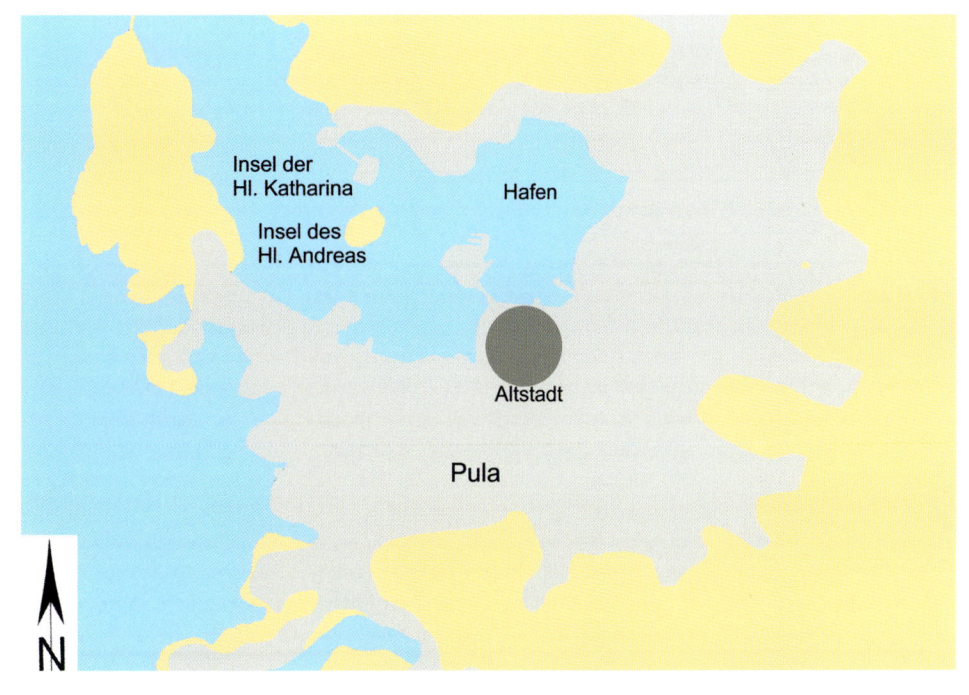

Abb.12   Pula. Blick von dem Stadthügel (Zitadelle) auf das Amphitheater und die Stadt.

ein Handbuch für das französische Militär geschaffen. Nicht umsonst erscheinen in der Subskriptionsliste Persönlichkeiten wie Napoleon Bonaparte (1769–1821) als erster Konsul sowie etwa die Generäle Moreau (1763–1813) und Bernadotte (1763–1844).[48]

Praktisch genutzt werden konnte das Buch schon wenige Jahre später. Mit den Friedensschlüssen von Preßburg (1805) und Schönbrunn (1809) geriet Istrien, also auch Pula, unter französische Kontrolle, und es wurden die Illyrischen Provinzen eingerichtet.[49] Die venezianische Herrschaft über Istrien war bereits nach dem Italienfeldzug Napoleons in den Jahren 1796–1797 zusammengebrochen. Im Tausch gegen das linke Rheinufer hatte im Jahre 1797 Österreich im Vertrag von Campo Formio u. a. Istrien erhalten. Nachdem im Zweiten Koalitionskrieg (1799–1802) die oberitalischen Republiken von Frankreichs Gnaden zusammengebrochen waren, mußte Napoleon für die gesamte Region eine Neuordnung durchführen, die in den erwähnten Friedensschlüssen von Preßburg und Schönbrunn einen Abschluß fand.[50]

In der Zeit der französischen Besetzung Istriens war die Erforschung der antiken Denkmäler keineswegs zum Erliegen gekommen. Ein wichtiger Schritt bestand darin, daß Marschall Marmont (1774–1852), der seit 1809 den Titel eines Herzogs von Ragusa trug, schon unmittelbar nach dem Ende des Zweiten Koalitionskrieges damit begann, Steindenkmäler aus Pula zu sammeln und im Tempel der Dea Roma und des Augustus auszustellen.[51]

Nach dem Ende der französischen Besetzung Istriens infolge des Wiener Kongresses von 1815 fiel das Territorium wieder an das Habsburger Reich. Kaiser Franz I. (1768–1835) zeigte Interesse an seinen neuen Territorien und gab Impulse zur Erforschung der römischen Vergangenheit Pulas. Was allerdings die Erforschung der Stadt wesentlich beförderte, war der Faktor, daß ab 1823 Pula neben Triest zum Hauptkriegshafen der Donaumonarchie ausgebaut wurde. Bei der Errichtung von Neubauten für militärische und zivile Zwecke kamen immer wieder Reste der römischen Vergangenheit ans Tageslicht. Nicht immer wurden diese Reste sorgfältig dokumentiert, so daß manches heute unklar ist, wenn man die alten Fundberichte liest.

Einer der wichtigsten Erforscher des antiken Pula und Istriens ist mit Sicherheit Anton Gnirs (1873–1933), der als Professor an der österreichischen Marine-Realschule und als Kustos der Antikensammlung in Pula tätig war. Neben seiner Tätigkeit in Pula war Gnirs auch Konservator der Zentralkommission für Denkmalpflege. Seine Forschungen hat er in zahlreichen Beiträgen veröffentlicht, von denen hier besonders zwei Titel hervorgehoben werden müssen: Dabei handelt es sich einmal um sein Buch «Pola, ein Führer durch die antiken Baudenkmale und Sammlungen», 1915 in Wien erschienen, und «Istria praeromana», das 1925 in Karlsbad veröffentlicht wurde. Mit dem Ende der Habsburger Monarchie und den territorialen Verlusten Österreichs mußte auch Gnirs sich ein neues Tätigkeitsfeld suchen. Ab 1918 war er als Gymnasialprofessor in Böhmen und als Konservator des Archäologischen Instituts an der Karls-Universität zu Prag tätig. Trotz der äußeren Umstände ging sein Interesse an der Archäologie Istriens nicht verloren.[52]

Nach dem Ersten Weltkrieg war für Istrien zunächst ein politischer Schwebezustand zu konstatieren. Sowohl das damalige Königreich Jugoslawien als auch das Königreich Italien beanspruchten Istrien jeweils für sich. Man kann sich unschwer vorstellen, daß dieser Zustand für die archäologische Erforschung Pulas nicht unbedingt förderlich war. Erst im Jahre 1924 wurde zwischen Jugoslawien und Italien festgelegt, daß Triest und Istrien sowie Rijeka (Fiume) an Italien fallen sollten.[53] Die folgenden zwei Jahrzehnte waren im Hinblick auf archäologische

Forschungen stark von italienischen Archäologen bestimmt, die Grundlagenarbeit leisteten. Hervorzuheben sind etwa Attilio Degrassi, der das epigraphische Material zusammenstellte, oder Mario Mirabella Roberti, der neben der Ausgrabungstätigkeit in Pula mit seinem archäologischen Stadtplan eine wichtige Grundlage für die Erforschung der Stadt schuf.

Neben Einzelpersonen, die hier nicht alle aufgeführt werden können, war es vor allem eine Institution, von der im 19. Jh. und den ersten Jahrzehnten des 20. Jhs. wichtige Impulse zur Erforschung des antiken Istriens ausgingen. Es handelte sich um die «Società istriana di archeologia e storia patria», die zunächst ihren Sitz in Poreč hatte. Durch ihre archäologischen Forschungen hatte die Gesellschaft eine eigene Sammlung aufbauen können, die in Konkurrenz zu den kommunalen Sammlungen Pulas stand. Für die Forschung war es aber offensichtlich, daß es sich hier um einen unbefriedigenden Zustand handelte. Im Jahre 1925 erreichte man eine Vereinigung der kommunalen Sammlungen Pulas mit denen der Società istriana, um sie in einem Provinzialmuseum in Pula auszustellen. Das neue Museum wurde schließlich im Jahre 1930 eröffnet.

Während des Zweiten Weltkrieges konnte die Museumsarbeit aufrecht erhalten werden. Aufgrund der unklaren Verhältnisse der unmittelbaren Nachkriegszeit gelangten zunächst Teile der Museumssammlungen in italienischen Besitz, die aber 1961 zurückgegeben wurden. Die damaligen Mitarbeiter des Museums standen nun vor der Aufgabe, eine neue Ausstellung zu konzipieren und zugleich die archäologische Forschung im Raum Pula zu betreuen. Mit der Eröffnung der neuen Ausstellung im Jahre 1973 war ein wichtiger Schritt für die archäologische Forschung getan, denn wer sich umfassend mit den antiken Denkmälern Istriens beschäftigt, kommt auf die eine oder andere Art zum Archäologischen Museum Istriens in Pula (Abb. 8 – 10). Die Aktivitäten des Museums spiegeln sich in zahlreichen Publikationen der Mitarbeiter des Hauses wider, mit denen sie ihre Forschungsergebnisse aus Pula vorlegen.[54]

Die geographische Lage Pulas

Geographisch gesehen liegt die heutige Stadt Pula ausgesprochen günstig, weil sie durch eine Meeresbucht, die tief in die Landmasse der istrischen Halbinsel eingreift, über einen ausgezeichneten Naturhafen verfügt (Abb. 11). Dieser Hafen gilt als der geschützteste in der nördlichen Adria, wie noch aufzuzeigen sein wird.[55] Die antike Küstenlinie verlief deutlich näher zum Siedlungsareal hin. Dies konnte an einigen Stellen, so etwa am Amphitheater, nachgewiesen werden.[56]

Geologisch gesehen wird die Bucht durch eine versunkene Doline gebildet. Bei einer Doline handelt es sich um eine zumeist kreisförmige Auswaschung von Kalk, die häufig in Karstgebieten vorkommt. In der Bucht von Pula ist die Form der Doline eher durch ein Oval bestimmt.

Begrenzt wird die Bucht von Pula an der Nord- und Südseite jeweils durch Landspitzen, die sich weit in das Meer hinaus erstrecken. Der Bucht vorgelagert sind die Brioni-Inseln, die für eine Siedlung strategische Vorteile bieten, weil sie gleich einem Sperriegel genutzt werden können. In römischer Zeit trugen sie den Namen *Pullariae Insulae*.[57]

Die Bucht von Pula ist durch zwei kleine Inseln, die die Namen der Heiligen Andreas und Katharina tragen, gegliedert. Diese natürliche Sperre sichert die Bucht zusätzlich gegen potentielle Eindringlinge ab.

Bei den bereits erwähnten Landspitzen, die sich in das Meer erstrecken, handelt es sich nicht um ebenes Gelände, sondern um Höhenzüge, die sich auch zum Landesinneren hin fortsetzen, sich dann aber zu einzelnen Hügeln mit dazwischen liegenden Tälern auflösen. Die Höhenzüge selbst fallen sanft zur Küste hin ab.

In einiger Distanz zu den bereits erwähnten Höhenzügen verläuft in einem größeren Bogen eine zweite Gebirgskette, die zum Landesinneren hin sanft ansteigt. So entstanden Flächen, die für Siedlungen und landwirtschaftliche Nutzung geeignet sind. Außerdem bieten beide Höhenzüge eine gute Abschirmung gegen widrige Winde.

Weiter oben ist bereits kurz eine Hügelgruppe angesprochen worden. Die Hügel weisen eine Höhe bis 50 m über dem Meeresspiegel auf. Von Bedeutung für die Siedlungsgeschichte Pulas ist jedoch der mittlere, 38 m hohe Hügel, der sich deutlich vom übrigen Stadtgebiet absetzt und heute eine Zitadelle aus venezianischer Zeit trägt. Im folgenden wird er als Stadthügel bezeichnet. Die beherrschende Stellung des Hügels läßt sich nachvollziehen, wenn man von der Zitadelle aus über die heutige Stadt schaut (Abb. 12).

Gründungsgeschichte und vorrömische Besiedlung

Die frühesten Erwähnungen Pulas einschließlich der Überlieferung einer Gründungsgeschichte finden sich im 3. Jh. v. Chr. bei Kallimachos aus Kyrene (frg. 11 Pf)[58] und bei Lykophronos (Alexandra 1022)[59], die in Alexandria tätig waren. Beide Dichter schildern einen mythologischen Hintergrund zur Gründungsgeschichte, der aber nichts mit der historischen Realität zu tun hat. Schließlich wollten sowohl Kallimachos als auch Lykophronos

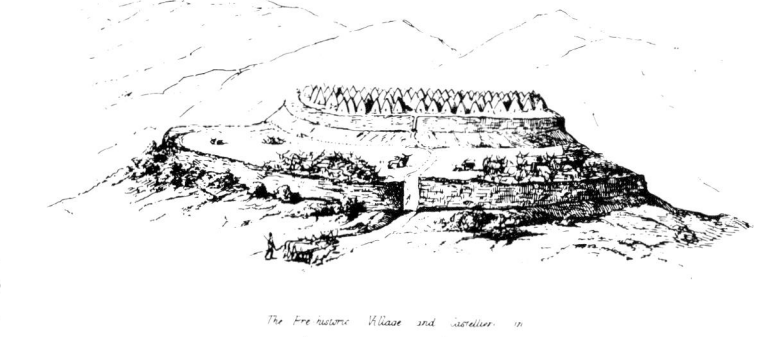

Abb. 13 Die vorgeschichtliche Siedlung auf dem Stadthügel von Pula mag ein ähnliches Aussehen gehabt haben wie die hier abgebildete Rekonstruktionszeichnung eines Castelliere, die R. F. Burton im Jahre 1874 veröffentlichte.

keine Geschichte schreiben. Ausgangspunkt für ihre Schilderung ist jeweils die Argonautensage mit dem Goldenen Vlies. Iason floh mit Medea, nachdem er das Goldene Vlies erbeutet hatte. Jedoch – so die beiden Dichter – verfolgten kolchische Truppen die Fliehenden. Weil aber ihre Bemühungen zu keinem befriedigenden Ergebnis kamen, hätten die Kolcher aus Furcht vor Strafe auf eine Rückkehr in die Heimat verzichet und eine Stadt gegründet, die den Namen Pólai (Πόλαι) erhalten habe. Kallimachos verknüpft die Gründungsgeschichte explizit mit dem Terminus φύγαδες. Damit beschreibt er die Ansiedlung als Stadt der Verbannten.

Diese Überlieferung hielt sich in der Antike hartnäckig. So berichten auch Pomponius Mela[60] (2, 57), Plinius[61] (nat. 3, 129) und Strabo[62] (5, 1, 9) von einer kolchischen Gründung.[63]

Wirklichen Aufschluß über den Namen Pula haben aber erst die ethymologischen Forschungen des frühen 20. Jhs. erbracht. Diese leiteten den Begriff «Pula» aus dem Illyrischen ab. Dort steht das Wort für «Quelle». Gemeint sein könnte damit die Fonte Carolina.[64]

Die frühesten Siedlungsspuren in Pula stammen vom Stadthügel. Es handelte sich dabei um ein sog. Castelliere oder Gradišče, eine Wallburg, die in Istrien und den angrenzenden Gebieten als prähistorische Siedlungsform vorkam. Oft liegen diese Befestigungen auf Hügeln (Abb. 13). Die Häufigkeit dieser Siedlungsform reichte der Forschung aus, um eigene Kulturen zu definieren. Sie werden als «civiltà dei castellieri istriani» oder «cultura dei castellieri» bezeichnet. Die «civiltà dei castellieri» wird allgemein sehr früh angesetzt, während die «cultura dei castellieri» in der spätesten Bronzezeit beginnt und bis in die Eisenzeit reicht.[65]

Auf dem Stadthügel von Pula und an dessen Abhängen konnte A. Gnirs einige Befunde beobachten, die bis in die Bronzezeit zurückreichen. Dazu zählen auch der Befund einer Befestigungsmauer sowie einer Nekropole des 6.–5. Jhs. v. Chr. (Abb. 14). Bei einigen Gräbern handelte es sich um Körperbestattungen mit Beigaben, die vom Inventar her eindeutig La Tène-Charakter aufweisen.[66] Sie deuten vielleicht auf eine Besiedlung des Stadthügels nach der keltischen Invasion des 4. Jhs. v. Chr. hin. Insgesamt gesehen ist das Material aber zu dürftig, um hier eine Aussage zur Siedlungskontinuität oder über deren Qualität zu treffen. Berücksichtigt man die Liste der istrischen Städte im 2. Jh. v. Chr., die Livius überlieferte, so fehlt Pula. Eine große Siedlungkontinuität ist daher nicht anzunehmen.[67]

Die Gründung der römischen Stadt

Im vorangestellten Überblick zur Geschichte Istriens war deutlich geworden, daß die Siedlungen der Histrier gründlich zerstört worden waren. Es stellt sich die Frage, ob Rom ein Interesse daran haben konnte, in diesen Gebieten ein Machtvakuum entstehen zu lassen? Grundsätzlich ist diese Frage sicher zu negieren, bedenkt man, welche Anstrengungen Rom unternommen hat, um Norditalien im Laufe des 2. Jhs. v. Chr. wieder unter seine Kontrolle zu bringen. Als Mittel der Romanisierung sahen wir dort die Gründung von Kolonien mit unterschiedlichem Rechtsstatus. Die berechtigte Frage ist nun, ob nicht schon bald nach der Eroberung Histriens eine römische Siedlungstätigkeit gleich welcher Art im Raum Pula einsetzte?

Ein anderer Zeitpunkt, der für das Entstehen einer römischen Siedlung in Pula in Frage kommt, bietet die Niederschlagung eines Aufstandes der Histrier im Jahre 129 v. Chr. durch C. Sempronius Tuditanus.[68] Ausgehend von der militärischen Notwendigkeit könnte ein befestigtes Lager angelegt worden sein, das den Platz des vorgeschichtlichen Castilliere eingenommen haben könnte (Abb. 15). Die Forschungen des 19. und 20. Jhs. haben aber keine schlüssigen Beweise erbracht. Dies liegt vorrangig an der intensiven Bebauung des Stadthügels bis in die Neuzeit hinein, die die meisten Spuren älterer Besiedlung beseitig hat. Zudem erwähnte Antoine Deville in seiner Beschreibung der Stadt und des Hafens keine antiken Reste auf dem Hügel.

Die mangelnden Befunde auf dem Stadthügel haben in der Forschung zu Spekulationen geführt. So ging man lange davon aus, hier auch das Kapitol der Stadt annehmen zu können. Dabei stand wohl das Leitbild Pate, daß das Kapitol bevorzugt auf einem Hügel angelegt war, so wie etwa in Rom. Daneben mag auch ein Altar für Jupiter Victor[69], der im Bereich des Plateaus gefunden wurde, diese Vorstellungen beflügelt haben, wenn man davon ausgeht, daß nur ein Jupiterheiligtum in der Stadt üblich ist. Grundsätzlich kann man aber die Existenz eines eigenständigen Heiligtums für Jupiter Victor hier nicht ausschließen, da es durchaus vorkommen kann, daß zwei innerstädtische Kulte für den Gott parallel nebeneinander existieren.[70] Daneben könnte aber auch auf dem Stadthügel ein Kult für Hercules bestanden haben, der ebenfalls durch einen Weihaltar belegt ist, und dessen Prominenz sich etwa auch in der Porta Herculea und in verschiedenen Funden spiegelt.[71]

Vermutlich enstand aber schon parallel mit dem Militärstützpunkt eine zivile Siedlung, die durch den guten Hafen begünstigt wurde. Spärliche Befunde in der Nähe des späteren Forums, die in dessen Kontext behandelt werden, können als Beleg herangezogen werden. Die angeführten Faktoren mögen mit dazu beigetragen haben, daß C. Julius Caesar das Gemeinwesen in seine Romanisierungspolitik Istriens einbezogen hat. In den 50er Jahren des 1. Jhs. v. Chr. wurden etwa Tergeste und Salona zur *colonia* erhoben.[72] Die neuere Forschung neigt dazu, auch für Pula eine entsprechende Erhebung anzunehmen, die jedenfalls in caesarische Zeit fällt. Es gibt gewiß genug Argumente, um dieser Annahme folgen zu können.[73] Die ältere Forschung möchte jedoch eine Koloniegründung in augusteischer Zeit annehmen.[74]

Neben der allgemeinen historischen Entwicklung ist es vor allem eine Inschrift von der Porta Herculea, die L. Calpurnius Piso[75] und L. Cassius Longinus[76] nennt. Sicher ist jedenfalls, daß Calpurnius Piso und Cassius Longinus nach dem 15. März 44 v. Chr. wohl kaum noch gemeinsam in einer Inschrift auftauchen dürften. Cassius Longinus stand auf der Seite der Caesarmörder, während Calpurnius Piso der Schwiegervater des ermordeten Diktators war. Zur Eingrenzung des Datums können auch personenbezogene Daten herangezogen werden. Für Piso wird etwa ein Sterbedatum im Jahre 43 v. Chr. angenommen. Die Ämterlaufbahn des Cassius Longinus sieht ihn im Jahre 44 v. Chr. als Volkstribun (*tribunus plebis*) in Rom, und schon 43 v. Chr. geht er nach Asien. Hinsichtlich der Inschrift von der Porta Herculea sollte man aber eine Option nicht ausschließen. Sie könnte durchaus auf eine städtische Siedlung hinweisen, die noch nicht den Status einer *colonia* besaß.

Ein anderes starkes Argument für eine Erhebung zur *colonia* in caesarischer Zeit liefert der vollständige Name Pulas, der bei Plinius (nat. 3, 129) mit «[…] colonia Pola, quae nunc Pietas Iulia […]» angegeben wird. Der Begriff der Pietas fand in der caesarischen Propaganda ebenfalls seit den 50er Jahren des 1. Jhs. v. Chr. seinen Niederschlag. In späterer Zeit fällt der Zusatz «pietas» fort, wie eine Inschrift aus dem 2. Jh. n. Chr. belegt.[77]

Das Territorium von Pula

Nach heutiger Sichtweise neigt man dazu, den Stadtbegriff sehr eng zu sehen. Häufig vergessen wir, daß die Stadt ein Umfeld benötigt, durch das sie erst lebensfähig ist. Eine Stadt, die etwa vom Geldhandel lebt, bedarf nur eines kleinen Territoriums und kann trotzdem überleben und großen Reichtum erwirtschaften. In der Antike hing der Wohlstand einer Stadt aber viel stärker von der Fläche ab, die es als Territorium, als *ager*, besaß und wie seine Centurisation, seine Gliederung, aussah. Diese Frage hat schon im 19. und frühen 20. Jh. Interesse geweckt, wie die Forschungen von P. Kandler und B. Schiavuzzi belegen. Neue Wege zur Erforschung der Limitation ermöglichte dann die Luftbildarchäologie, so daß wir heute ein recht gutes Bild über die Grenzen der Kolonieager auf der istrischen Halbinsel besitzen. Eine Grenzlinie verläuft im Westen der Halbinsel von der Einmündung des Lim-Fjords (kroatisch Limski zaljev) entlang seiner Südküste, um dann in fast gerader Linie bis zum Raš-Fjord (Raški zaljev) im Osten zu verlaufen. Die übrigen Grenzen des Ager werden durch die Küsten vorgegeben (Abb. 2).[78]

Innerhalb des so definierten Agers befindet sich nun aber auch Nesactium. Wie wir weiter unten sehen werden, war Nesactium eine eigenständige *res publica*, die vermutlich in claudischer Zeit den Status der Autonomie erlangt hat. Eine differenzierte Sicht auf ihren Ager scheint augenblicklich nicht möglich.

Infrastruktur – Stadtplan und Straßen in Pula

Das Bild einer Stadt wird sehr stark durch den Stadtplan, seine Straßen und Plätze geprägt. In Pula können wir durch glückliche Umstände noch heute den römischen Stadtplan erkennen und beschreiben. Die Wasserversorgung gehört zwar grundsätzlich auch in diesen Kontext, vor allem die Leitungen, die dem Straßenverlauf folgen. Jedoch ist es sinnvoller, alle wasserwirtschaftlichen Anlagen in einem eigenen Kapitel zu behandeln.

Denken wir heute an eine römische Stadtgründung, so entsteht vor unseren Augen eine geplante Stadt mit orthogonalem Grundriß. Im 1. Jh. v. Chr. entstanden etwa Städte wie Luca, Verona, Turin oder Aosta nach diesem Muster.[79] Aber diese Stadtentwürfe waren keineswegs zwingend. Abweichungen waren oft durch das Gelände geprägt oder durch ältere Siedlungen, auf deren zentrale Einrichtungen oder Kulte Rücksicht genommen werden mußte.

Gerade am Stadtplan von Pula zeigt sich diese Entwicklung. Als Keimzelle der Stadt muß man sicher den Stadthügel sehen, der im wesentlichen von drei vorgeschichtlichen Wegen erschlossen wurde, wenn man den Ausführungen von A. Gnirs folgt. Dabei führte ein Weg am Ostfuß des Stadthügels am späteren Herculestor vorbei. Der zweite Weg setzte am Westfuß des Stadthügels an und verlief zur Nordostecke des späteren Forumsbereichs. Spuren eines dritten Weges stellte Gnirs im nordöstlichen Bereich des Stadtareals fest (Abb. 14, 3a–d). Durch diese Wege scheinen zumindest Schwerpunkte im römischen Stadtplan vorbestimmt gewesen zu sein, zumal die römische Straßenführung weitgehend auf das vorgeschichtliche Wegesystem Rücksicht nimmt. Schaut man sich unabhängig von den vorgeschichtlichen Wegen den Stadtplan an, wird deutlich, daß zwei Straßenzüge konzentrisch um den Stadthügel verlaufen und weitere radial auf ihn zustreben. Gelegentlich wurde der Stadtplan mit der Gestalt eines Spinnennetzes verglichen (Abb. 16).[80]

Der untere Straßenring bildete den *decumanus* (Abb. 16, 1), im Osten an der Porta Aurea beginnend, am Forum vorbeilaufend und schließlich im Nordosten an der Porta San Giovanni endend. Er folgt damit dem prähistorischen Weg (Abb. 14, 3c). Zugleich bildet der *decumanus* die Grenze zwischen der *pars inferior* und der *pars superior* der Stadt. Im heutigen Straßenverlauf entspricht der *decumanus* der Via Sergia und der Via Kandler. Die Unterteilung in eine *pars superior* und eine *pars inferior* geht auf eine antike Gliederung des Stadtgebietes zurück, die epigraphisch belegt ist (Abb. 16, 1a–b).[81]

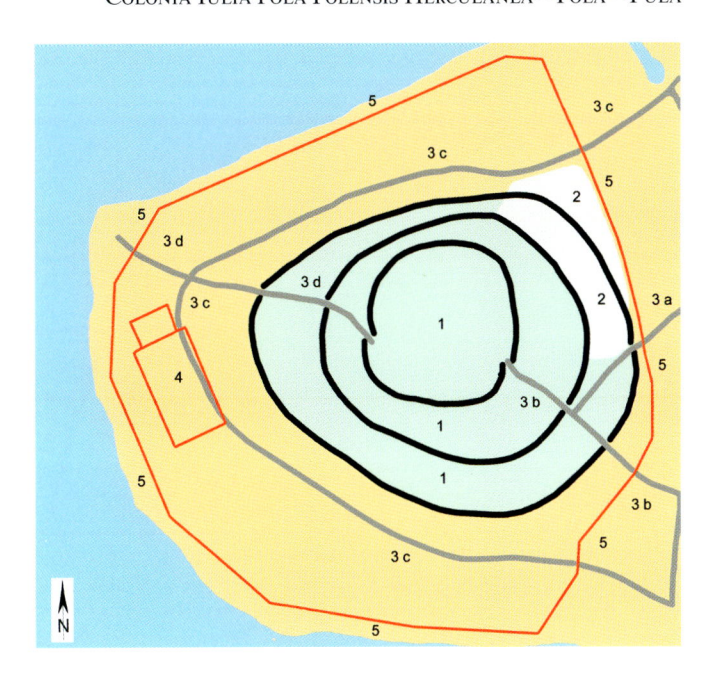

Abb. 14 Pula. Die Karte zeigt das vorgeschichtliche Castelliere (1) und die zugehörige Nekropole (2) auf dem Stadthügel von Pula sowie das vorgeschichtliche Wegesystem (3a–d). Zusätzlich angegeben sind als Orientierungshilfe das Areal des späteren römischen Forums (4) und der spätere Mauerverlauf (5). Die Küstenlinie, die in der vorliegenden Karte angegeben ist, mag nicht in allen Details der geschichtlichen Situation entsprechen, zumal auch Krizmanić, bei dem die Vorlage abgedruckt ist, sich durch die skizzenhafte Anlage seiner Abbildung einer genauen Festlegung entzogen hat.

Abb. 15 Pula. Die Karte bildet den Siedlungsbereich des frühen Pula skizzenhaft ab. Deutlich wird, daß das Castrum (1), dessen Anlage nicht sicher datiert ist, die Position der vorgeschichtlichen Befestigung (Abb. 14,1) einnimmt. Im Bereich der Befestigung ist eine Zisterne (2) vorhanden. Aus den Quellen wissen wir, daß das Stadtgebiet in zwei Zonen unterteilt war, einmal der «pars superior», der den Stadthügel bis zu seinem Fuß (1–3) umfaßt. Die «pars inferior» (4) erstreckt sich im Norden, Süden und Westen. Der Forumsbereich (5) ist demnach der «pars inferior» zuzurechnen. Die Stadtmauer (6) umfaßt beide Bereiche. Drei große Überlandwege (7a–c) erreichen Pula von Osten. Eine Straße (7a) geht über Parentinum nach Tergeste, eine weitere (7b) nach Nesactium und die dritte – folgt man Krizmanić – nach Mutila.

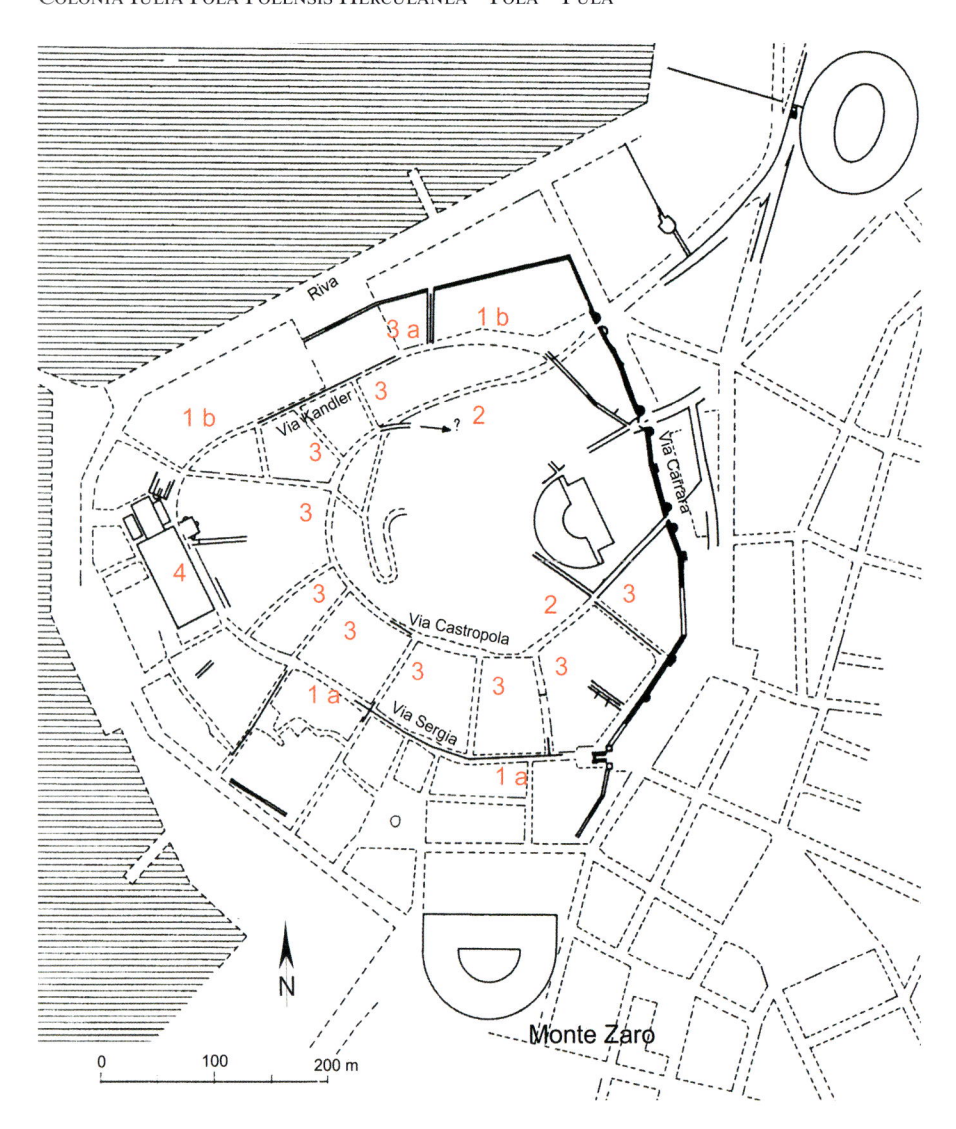

Abb. 16 Pula. Übersicht über das römische Straßennetz. Der «decumanus» (1) bildet die Grenze zwischen der «pars superior» und der «pars inferior» der Stadt. Eine weitere ringförmige Straße wird durch die Via Castropola (2) gebildet. Darüber hinaus erfolgte eine Gliederung durch die radialen Hangstraßen («clivi») (3).

Der obere Straßenring verläuft etwas unterhalb der Hügelkuppe des Stadthügels und entspricht der Castropola Ulica (Via Castropola) (Abb. 16, 2). Er beginnt an der Porta Herculea im Osten, verläuft dann um die Hügelkuppe herum, um schließlich an der Porta San Giovanni auf den *decumanus* zu treffen. Vermutlich war der Straßenring im Abschnitt zwischen der Porta Gemina und der Porta San Giovanni geschlossen.[82]

In der Gründungsphase der Kolonie waren die Straßen relativ einfach gestaltet. Straßenpflaster konnte nur an einigen Toranlagen nachgewiesen werden, so an der Porta Aurea (Abb. 19, 4) und der Porta San Giovanni (Abb. 19, 5). Weil an diesen Stellen, die durch den Verkehr stark frequentiert waren, keine Wagenspuren nachgewiesen werden konnten, geht man davon aus, daß relativ zügig eine neue Pflasterung erfolgte, die in augusteische Zeit oder in die 1. Hälfte des 1. Jhs. n.Chr. datiert werden muß. Wahrscheinlich wurde zur gleichen Zeit ein Kanalsystem angelegt, das durch eine Reihe von Fundstellen belegt ist. Die Fahrbahnbreite lag zwischen 2,30–2,60 m. Dabei ließen sich keine großen Unterschiede zwischen den *clivi*, den radialen Hangstraßen, und den Straßen in der ebenen *pars inferior* beobachten. Selbst der *decumanus* wies keine größere Straßenbreite auf. Die Gehwege zu beiden Seiten der Fahrbahn hatten jeweils eine Breite von 1,20–1,40 m.[83]

Für das Stadtbild prägend war auch der Umstand, daß parallel mit der Pflasterung des Zentrums der Stadt Portiken entstanden. Nach welchen Prinzipien die Straßen Portiken erhielten, läßt sich nach der Befundlage nicht schlüssig beantworten. Nachgewiesen wurden sie auch an Nebenstraßen, so in der *pars inferior* südlich des Forums.[84]

Ein weiterer Befund, der für den Stadtplan von Interesse ist, betrifft die Stadtgrenze. Bei Bauarbeiten im Bereich der römischen bzw. spätantiken Stadtmauer an der Via Carrara, etwa 15 m südlich der Porta Herculea, stieß man auf Reste von vorgeschichtlichen Befestigungsmauern. Damit scheint sich die Ausdehnung der römischen Stadt an älteren Gegebenheiten orientiert zu haben.

In den Wirren des Bürgerkrieges, der nach der Ermordung Caesars tobte, wurde die Stadtanlage Pulas in Mitleidenschaft gezogen. Daher mußten in augusteischer Zeit umfassende Baumaßnahmen durchgeführt werden, die sich verständlicherweise auch im urbanen Raum äußerten.

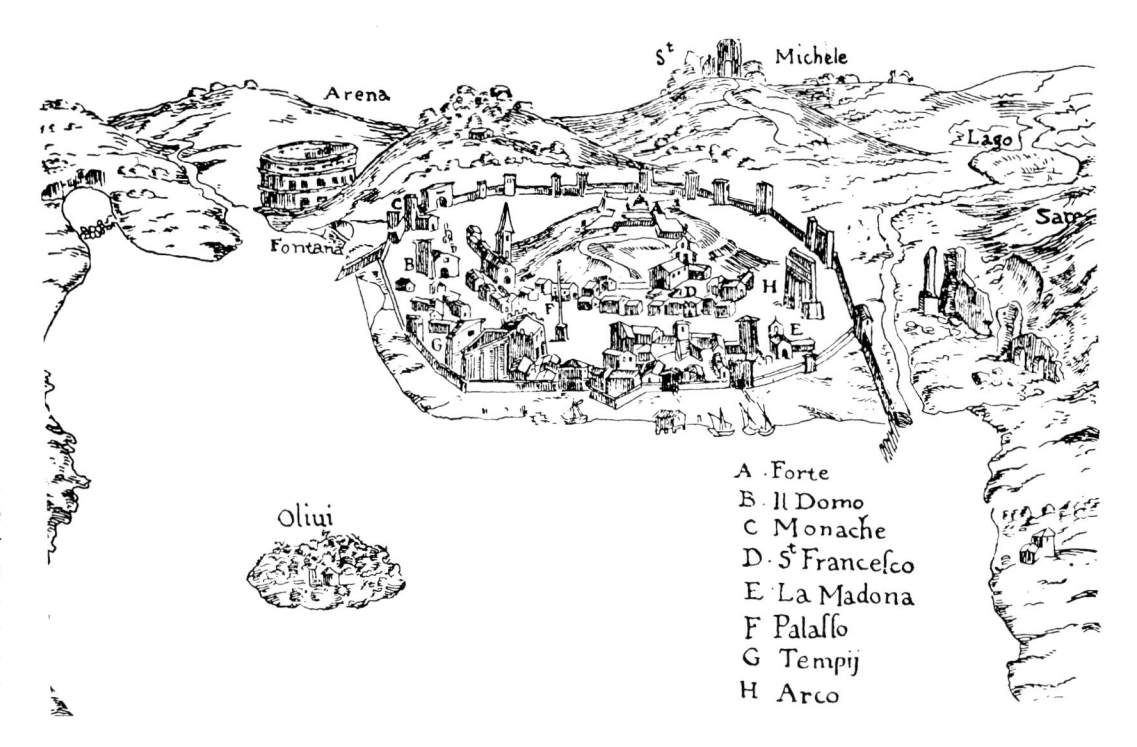

Abb. 17 Pula. Stadtansicht von Antoine Deville aus dem 17. Jh. mit der Darstellung der damals sichtbaren antiken Denkmäler. Daneben vermittelt sie auch einen Eindruck von den Befestigungen der Stadt.

STADTMAUERN UND TORE

Ein wichtiger Bestandteil einer antiken Stadt bildeten die Stadtmauern, die häufig auch die Grenze des Pomeriums festlegten, jene Grenze, die von sakralrechtlicher Bedeutung war. Auch Pula verfügte über einen Mauerring, der im Laufe der Jahrhunderte immer wieder verändert wurde und sich teilweise noch heute im Stadtbild beobachten läßt. Über die real existierenden Mauerreste hinaus erlaubt es der Stadtplan, sich den Verlauf der Verteidigungsanlagen vorzustellen. Daneben vermitteln alte Darstellungen, die zwar die mittelalterliche und frühneuzeitliche Mauer zeigen, einen Eindruck, wie die Mauern wohl in römischer Zeit ausgesehen haben. Bei diesen Darstellungen kann man etwa an die Graphiken von Cassas denken.

Von der Zerstörung zur Erforschung der Stadtmauern

Die Erforschung der römischen Stadtmauern in Pula ist eng mit dem Wandel in der Kriegstechnik verbunden, der auf der Einführung von Geschützen beruhte. Die mittelalterlichen Verteidigungsanlagen entsprachen nicht mehr den Erfordernissen und mußten angepaßt werden. Schon im 17. Jh. war der Republik Venedig – als Herrscherin über Pula – klar gewesen, daß die alten Mauern nicht mehr ausreichten. So entstand etwa auf dem Stadthügel zwischen 1630 und 1632 die noch heute existierende Zitadelle, deren Architekt der Franzose Antoine Deville war. Der Mauerring blieb dabei aber ein Bestandteil der Verteidigung (Abb. 17).

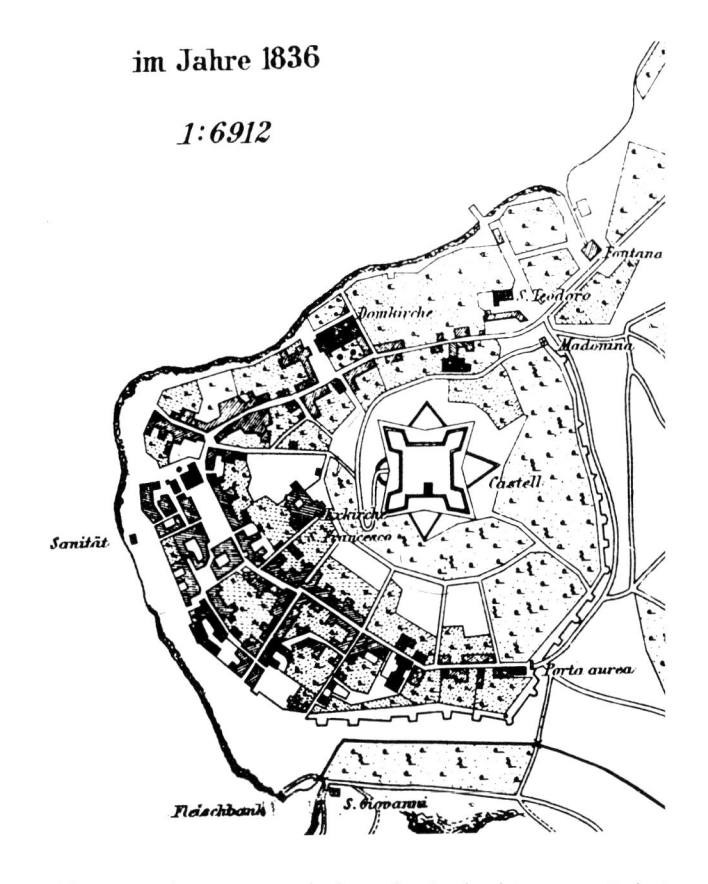

Abb. 18 Pula. Katasteraufnahme des Stadtgebietes von Pula im Jahre 1836. Die Karte zeigt deutlich, daß Pula im frühen 19. Jh. nur noch sehr spärlich bewohnt war. Gleichzeitig dokumentiert die Karte noch einen Teil der Stadtmauern im Süden und Osten der Stadt.

17

STADTMAUERN UND TORE

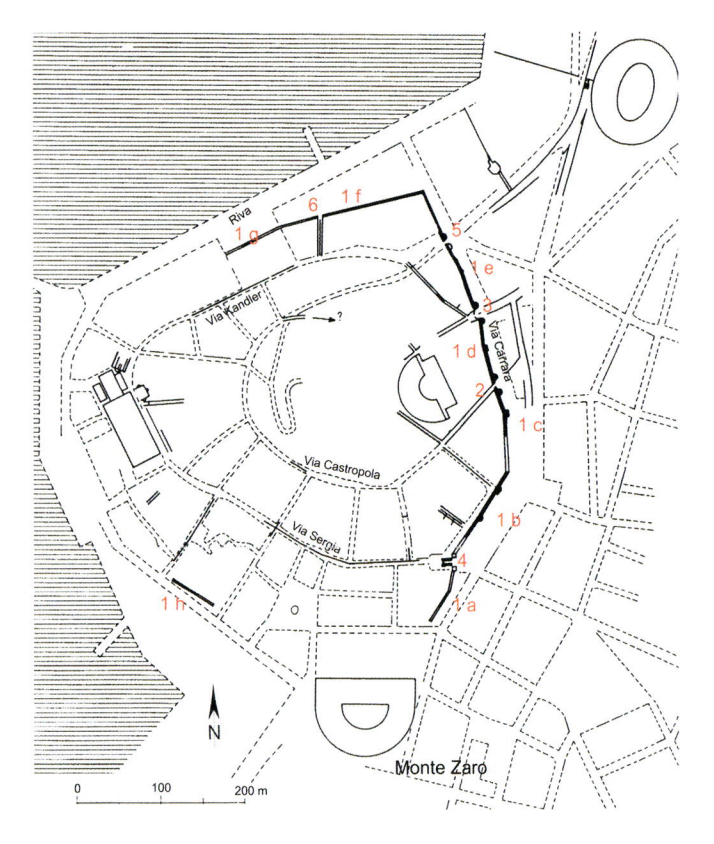

Abb. 19 Pula. Stadtmauern und Tore. 1 Stadtmauer; 2 Porta Herculea; 3 Porta Gemina; 4 Porta Aurea mit Sergierbogen.

Mit den Napoleonischen Kriegen war eine weitere kriegstechnische Entwicklung eingetreten, die ganz andere Anforderungen an Befestigungen stellte. Als logische Konsequenz verloren in ganz Europa viele Städte ihre alten Mauerringe. Im Jahre 1814 begannen die französischen Besatzer in Pula damit, die nunmehr überflüssigen Mauern der Stadt zu schleifen und so ein Hindernis für die Stadtentwicklung aus dem Weg zu räumen. Zunächst spielte dies keine große Rolle, da im Jahre 1815 die Stadt nur 300 Einwohner zählte. Seuchen wie Pest und Malaria hatten die Einwohnerzahl schrumpfen lassen. Impulse für die Stadtentwicklung kamen mit dem Ausbau des Hafens von Pula zum Hauptkriegshafen der Habsburger Monarchie ab 1823. Auch die Entwicklung der Bevölkerungszahl war beachtlich: im Jahre 1880 war die Bevölkerung auf 25 500 und 1914 auf 60 000 angestiegen.[85] Diese Entwicklung trug natürlich dazu bei, daß die Stadtmauern nach und nach zerstört wurden, bis nur noch Reste zu sehen waren. Während der Zerstörungsphase des 19. Jhs. wurden aber immer wieder die Reste der antiken Mauer dokumentiert und besonders einige der Tore konserviert (Abb. 18).[86]

Die Stadtmauern – Verlauf, Ausführung und Entwicklung

Kommen wir nun zu den Mauern selbst (Abb. 19). Neben ihrem Verlauf und ihrer Gestaltung ist vor allem die Frage nach ihrer Entstehungszeit von Interesse. Im Rahmen der Diskussion um die Entstehungszeit des Mauerrings stellte sich auch bald die Frage, ob es bei der Mauer unterschiedliche Bauphasen gab und woran diese zu unterscheiden seien. Bevor man diese Frage beantworten kann, muß man klären, wie man in diesem Kontext eine Bauphase definiert. Wenn wir jede kleine Baumaßnahme an der Mauer als Bauphase bezeichnen wollen, kommen wir schnell zu einer unübersichtlichen Baugeschichte. Aus diesem Grunde sollen im Folgenden nur die Maßnahmen als Bauphase angesprochen werden, welche die Mauern als Gesamtheit betreffen, während die einzelnen Baumaßnahmen, soweit sie wichtig sind, im jeweiligen Kontext behandelt werden. Unter der Prämisse lassen sich für die antike Stadtmauer zwei Bauphasen ermitteln: die erste Bauphase datiert in die Gründungszeit der *colonia*, während die zweite Bauphase in spätantike Zeit fällt.

Um die erste Bauphase datieren zu können, müssen vor allem die Bautechnik, das Baumaterial und Vergleichsbeispiele herangezogen werden, die sicher datiert sind. Eine zentrale Rolle spielt aber auch die Inschrift von der Porta Herculea (Abb. 19, 2), die schon einmal im Zusammenhang mit der Gründung der *colonia* angesprochen wurde. Nachdem wir gesehen haben, daß durch die Inschrift das Tor in caesarische Zeit gehört, ist folgende Beobachtung von großer Bedeutung. Die Maueranschlüsse im Bereich

Abb. 20 Pula. Blick auf die Stadtmauer im Bereich Trg Portarata und Via Carrara.

Abb. 21 Pula. Stadtmauer im Bereich der Via Carrara.

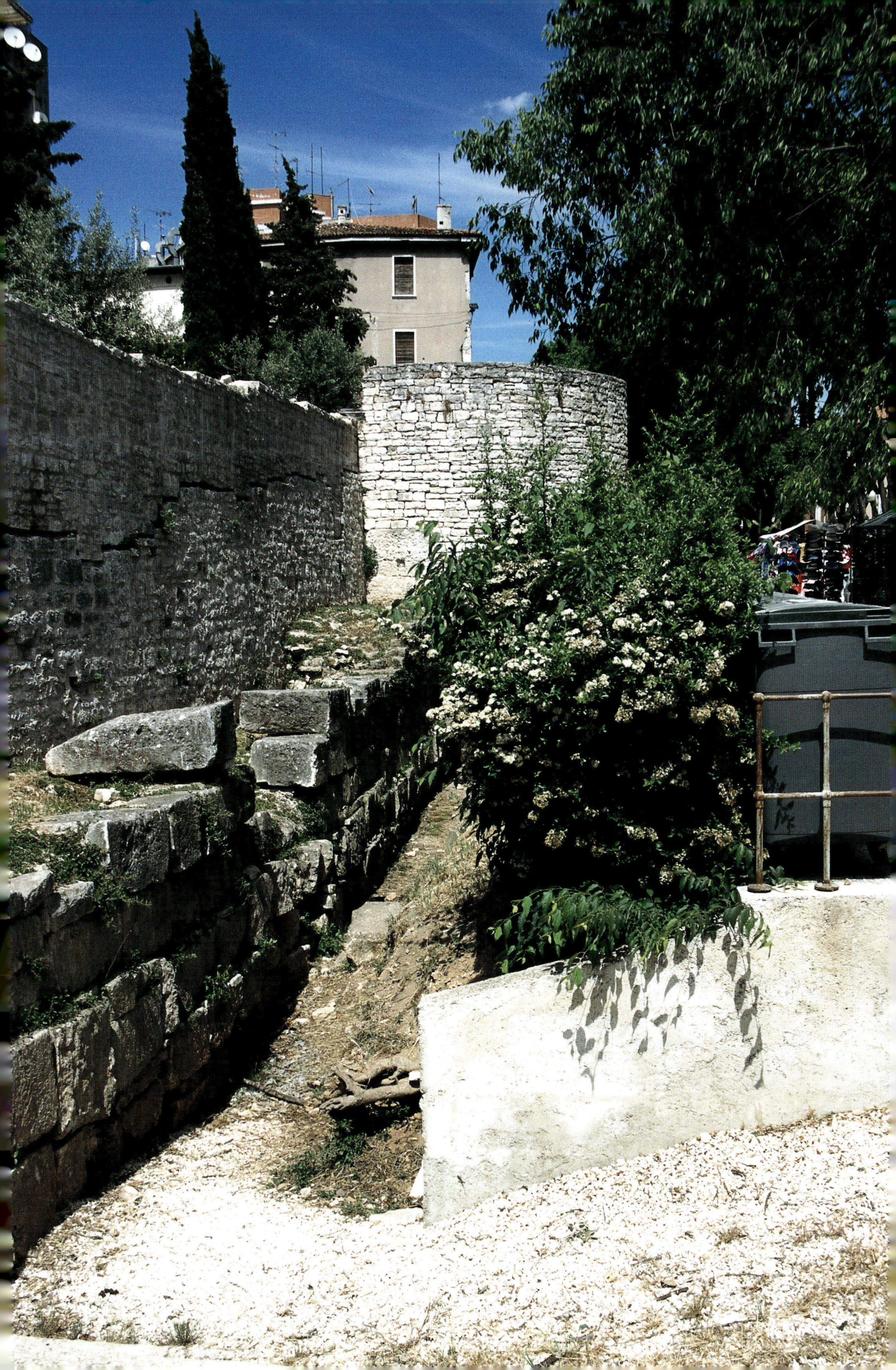

Abb. 22 Pula. Stadtmauer. Die Detailaufnahme verdeutlicht die unterschiedlichen Bauausführungen. Im unteren Bereich finden wir sorgfältiges Quadermauerwerk, während sich darüber kleinteiliges Mauerwerk erhebt. Dies muß mit späteren Erneuerungsarbeiten an der Mauer in Verbindung gebracht werden.

des Tores sind in die Kurtine (Mauer) eingebunden, so daß beide Strukturen gleichzeitig entstanden sein müssen.

Die zweite Phase wird in das 5. und 6. Jh. n. Chr. datiert. Für diesen zeitlichen Ansatz werden vor allem historische Fakten herangezogen. Als Gründe für den Ausbau der Befestigungsanlagen in Pula und in anderen Städten Norditaliens werden etwa die Bedrohung des Landes durch die Westgoten im Jahre 403 oder die Zerstörung Aquileias durch die Hunnen im Jahre 452 n. Chr. angeführt.[87]

Wenden wir uns zunächst der ersten Bauphase der Stadtmauer zu und betrachten ihren Verlauf sowie ihre einzelnen Elemente. Die Stadt verfügte über einen geschlossenen Mauerring, der im heutigen Straßennetz etwa beschrieben ist mit der Trg Portarata, der Carrarina Ulica, der Riva und der Flaciusova Ulica. Größere Mauerreste mit Toranlagen haben sich im Bereich vom Trg Portarta bis zur Carrarina Ulica erhalten (Abb. 19, 1b–c).

Von der Konstruktion her zeigte sich, daß die Mauer insgesamt auf dem gewachsenen Felsen gründete. Die Kurtine bestand aus Schalenmauerwerk, also aus Steinquadern an der Vorder- und Rückseite mit einem verfüllten Kern aus Mörtel und Bruchstein. Die Mauer differierte in ihrer Breite erheblich: An der Seeseite (Abb. 19, 1f–g) war sie lediglich 2 m stark, während die Mauer auf der Landseite eine Stärke von 2,40–2,80 m aufwies. Das optische Erscheinungsbild der Mauer nach außen hin war durch einen Kalkverputz geprägt. Außerdem war sie vermutlich mit Zinnen bekrönt (Abb. 20). Mlakar erwähnt in diesem Zusammenhang noch einen Wehrgang. Ob dieser mit dem *agger*, einer Erdaufschüttung an der Innenseite der Mauer, zu verbinden ist, läßt sich aufgrund der Literatur nicht sagen.[88]

Die Wehrhaftigkeit der Mauer wurde durch eine Reihe von Türmen unterstrichen. Ihre Anzahl und Positionierung im Mauerverlauf läßt sich aufgrund mangelnder Befunde entlang der Seeseite nicht mehr feststellen. Offensichtlich ist jedoch, daß die Toranlagen von Türmen begleitet waren. Bei den Grundrißformen kamen sowohl Rechteck- als auch Rundtürme vor. Von der

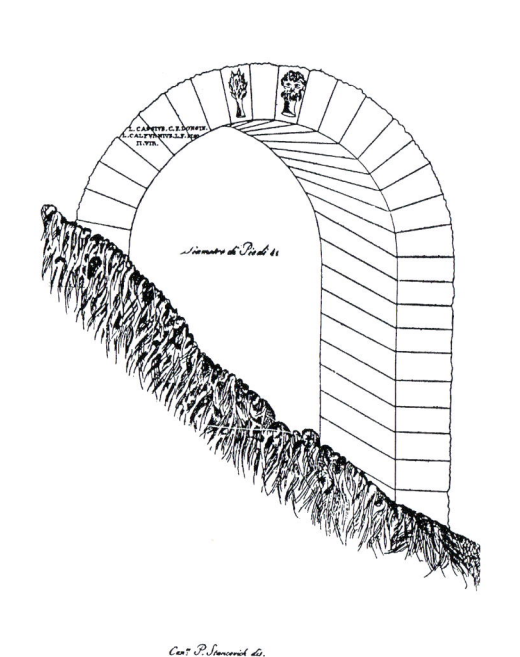

Abb. 23 Pula. Porta Herculea. Zeichnerische Aufnahme durch Stancovich im 19. Jh.

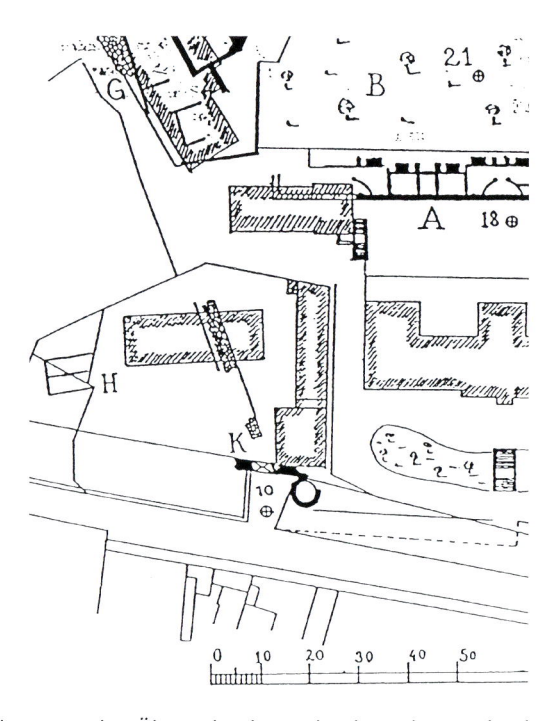

Abb. 24 Pula. Übersicht der archäologischen Befunde im Bereich der Porta Herculea von A. Gnirs aus den Jahren 1900–1902.

Höhenentwicklung her werden die Türme die Mauerkronen deutlich überragt haben und ebenfalls mit Zinnen versehen gewesen sein.

Bevor wir uns mit den Toranlagen auseinandersetzen, werfen wir einen Blick auf die zweite, spätantike Bauphase, weil diese vor allem die Kurtine und die Türme betrifft. Angesichts der oben skizzierten Bedrohung war es zwingend notwendig geworden, den alten Mauerring zu verstärken, der jedoch in seiner Ausdehnung erhalten blieb.

Wenig innovativ errichtete man unmittelbar vor der alten Mauer eine zweite (Abb. 21. 22), so daß die Mauerstärke auf 4,00 m stieg. Lediglich im Bereich der Porta S. Giovanni wurde der antike Mauerverlauf aufgegeben. Man rückte die Mauer deutlich näher an die Küstenlinie heran, um einem potentiellen Gegner den Raum für eine Angriffsformation zu nehmen. Außerdem wurden weitere Türme errichtet.[89]

Die Mauerausführung selbst ist ein Zeugnis der Krisensituation. Der Zeitdruck und die knappen finanziellen Mittel, die für diese Maßnahmen vorhanden waren, zwangen die Büger Pulas dazu, Grabdenkmäler aus den Nekropolen vor der Stadt und Architekturteile von städtischen Gebäuden für die Verteidigungsanlage zu verwenden.[90]

Die Torbauten von Pula

Der Zugang zur Stadt erfolgte über mindestens fünf Stadttore, von denen heute im Stadtgebiet noch drei ganz oder in Teilen vorhanden sind. Bei diesen Toren handelt es sich um die Porta Herculea (Abb. 19, 2), die Porta Gemina (Abb. 19, 3) und die sog. Porta Aurea (Abb. 19, 4). Die Porta Aurea stellt einen Sonderfall dar, weil sie mit einem Bogenmonument, dem Sergierbogen, verbunden ist. Während das eigentliche Stadttor nur noch durch moderne Aufmauerungen des Grundrisses erkennbar ist, erhebt sich der Sergierbogen noch in seiner ursprünglichen Gestalt.

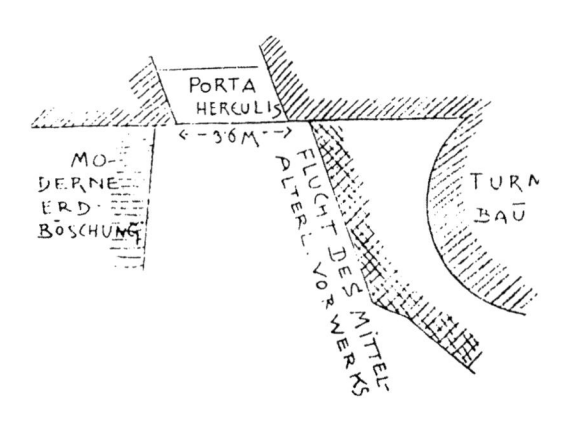

Abb. 25   Pula. Detailplan der Porta Herculea aus dem Jahre 1913 von A. Gnirs.

Porta Herculea

Sicher das früheste ist das sog. Herculestor. In venezianischer Zeit war das Tor vollständig verschwunden bzw. spielte keine Rolle. Im Jahre 1816 wurden die Strukturen des Herculestores erstmals wieder so sichtbar, wie es sich heute darstellt. Allerdings war die Präsentation von 1816 nicht dauerhaft (Abb. 23). Die Stadtentwicklung und die veränderten militärischen Anforderungen des 19. Jhs. führten dazu, daß in den Jahren 1857 und 1858 im Bereich des Herculestores Befestigungswerke zerstört wurden und Nivellierungsarbeiten mit der Anschüttung von Erdmaterial erfolgten. Zu Beginn des 20. Jhs. wurden immer wieder Beobachtungen im Bereich des Tores gemacht. In den Jahren von 1900–1902 und im Jahre 1913 erfolgten weitere Untersuchungen.

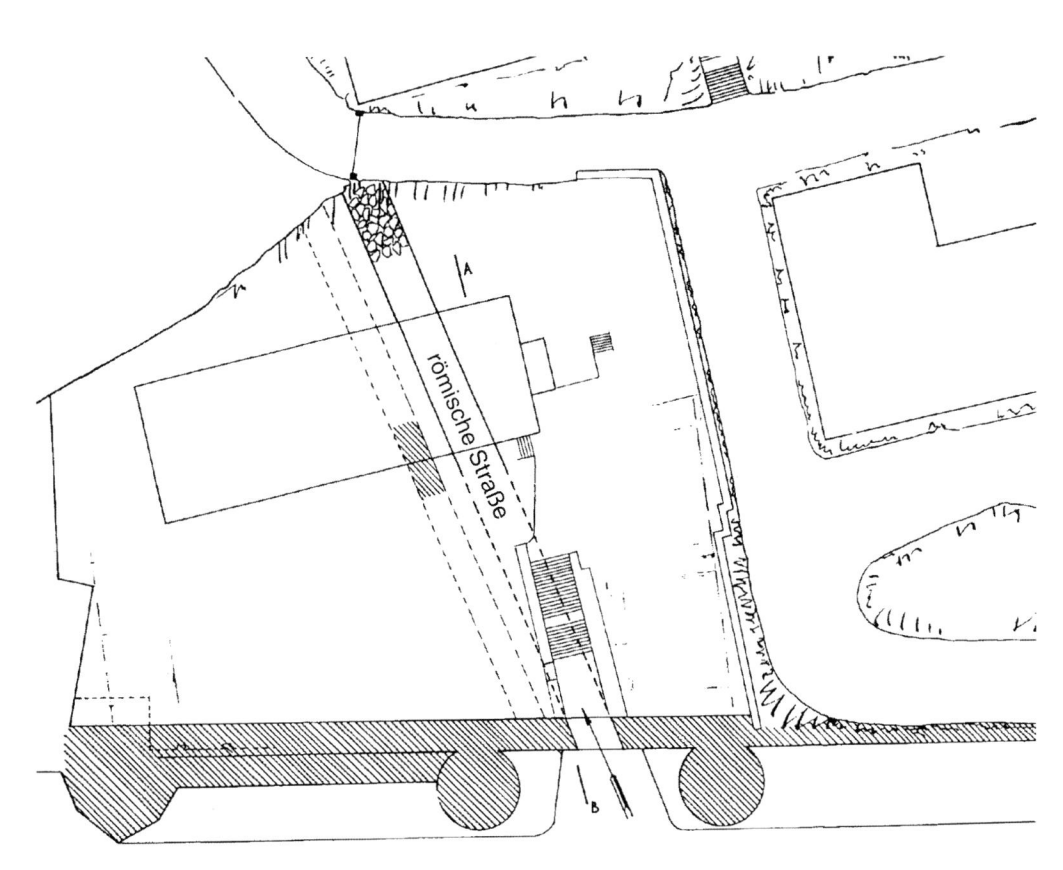

Abb. 26   Pula. Porta Herculea. Der Plan zeigt die Ergebnisse der Untersuchungen aus den Jahren 1932–1933. Gegenüber dem Plan von A. Gnirs (Abb. 24) aus dem Jahre 1912 hat sich die Befundsituation deutlich verdichtet.

Stadtmauern und Tore

Abb. 27 Pula. Porta Herculea von der Via Carrara aus gesehen. Das Tor zählt zu den ältesten Bauten der Stadt, wie Inschriften deutlich machen. Die gesamte Anlage ist durch mächtige Rundtürme gesichert. Im Hintergrund erkennt man das Gebäude der italienischen Gemeinde in Pula.

Abb. 28 Pula. Porta Herculea. Blick von der Via Carrara auf die Rundtürme, die die Toranlage flankieren.

Die Grabungen von 1900–1902 klärten eindeutig den Verlauf der Straße, die von der Porta Herculea in die Stadt führte (Abb. 24. 25). Dabei wurde aber das antike Niveau zerstört, so daß das heutige Laufniveau 0,80 m unter dem antiken Niveau liegt. Die Grabungen von 1913, die vor dem Tor durchgeführt wurden, brachten Erkenntnisse über die Mauerstruktur. Es zeigte sich, daß die mittelalterliche Mauer sich eng an die römische Befestigungsanlage anlehnte. Untersuchungen in den 1930er Jahren konnten die Erkenntnisse vertiefen.

Eine neue Gelegenheit, sich mit der Porta Herculea und ihrer Umgebung zu beschäftigen, boten sich dem Archäologischen Museum in Pula, als in der Zeit von 1997–1998 Baumaßnahmen im Bereich des Anwesens der Italienischen Gemeinde Pulas erfolgten. Eine Auffälligkeit bei der Porta Herculea besteht darin, daß der Mauereinschnitt für das Tor schräg verlief (Abb. 26). Schon Gnirs hatte die Vermutung geäußert, daß hier möglicherweise Rücksicht auf einen vorrömischen Weg genommen wurde.

Das Tor selbst zeigt eine Breite von 3,60 m und eine Höhe von 4,70 m. Errichtet worden ist es aus Quadern, die sorgfältig gearbeitet sind. Nach oben hin schließt das Tor mit einem Keilsteinbogen ab. Am Schlußquader findet sich ein stark verwittertes Relief, welches einen bärtigen Kopf mit gekräuseltem Haar zeigt, auf einem weiteren Quader links davon ist das Relief einer Keule zu sehen. Hier handelt es sich wohl eindeutig um eine Darstellung des Hercules, die damit namengebend für das Tor wurde (Abb. 27. 28).

Durch die Inschrift, die schon mehrfach angesprochen wurde, war das Tor in seiner Grundform, wie es sich auch heute darstellt, um die Mitte des 1. Jhs. v. Chr. entstanden. In römischer Zeit war es aber wohl erforderlich, die Toranlage noch einmal zu verstärken, wie die Untersuchungen von 1997/98 zeigten. In einer Ausbauphase, die in die Jahre zwischen 16 v. Chr. und 9 n. Chr. fällt, erhielt die Toranlage eine Bastion, ein *propugnaculum*.[91] Wie lange diese Bastion bestanden hat, läßt sich nicht sagen.

Porta Gemina

Folgt man der Mauer weiter nach Norden, so kommt man zur Porta Gemina (Abb. 19, 3), die auch den Abschluß des erhaltenen Mauerabschnittes bildet. Heute passiert man das Tor, wenn man von der Via Carrara aus das Archäologischen Museum Istriens besuchen will (Abb. 29).

Freigelegt wurde die Toranlage ab 1814. Der englische Architekt und Reisende Thomas Allason (1790–1852) besuchte auf seiner Reise nach Griechenland zwischen 1814 und 1817 auch Pula und dokumentierte bildlich den Zustand des Tores während der Freilegung.[92]

In der Vergangenheit wurde das Tor allgemein in das späte 2. Jh. n. Chr. oder zu Anfang des 3. Jhs. n. Chr. datiert.[93] Grundlage für diesen zeitlichen Ansatz bildeten stilistische Analysen des Baudekors. Jedoch war übersehen worden, daß gerade die Bauelemente, die herangezogen wurden, nicht dem originalen Befund entsprachen, wie er bei Allason dokumentiert war, sondern vielmehr auf Restaurierungsmaßnahmen von P. Nobile zurückgehen. Die mit Sicherheit originalen Bauelemente verweisen mit ihren Einzelformen auf eine Entstehungszeit in der 1. Hälfte des 1. Jhs. n. Chr.[94] Eine Inschrift, die am Tor zu sehen ist, bietet keinen hinreichenden Ansatz zur Datierung (Abb. 30).

Die heute sichtbaren Reste der Porta Gemina gehören zu einem Neubau, der eine ältere Toranlage an dieser Stelle ersetzte. Beim ersten Tor handelte es sich um eine Toranlage mit nur einem Durchgang, der von quadratischen Türmen flankiert war. Statt eines Torhofes sprang die Mauer trichterförmig zurück. Die Durchfahrtsbreite bei diesem Tor betrug etwa 3 m (Abb. 31).[95]

Die spätere Porta Gemina unterscheidet sich in ihrem Aufbau erheblich von ihrer Vorgängerin. Sicher das auffälligste ist, daß es sich um ein Doppeltor handelt, das ebenfalls von Türmen flankiert war. Dabei fluchtete die Fassade des Tores mit der Kurtine. Zur Stadtseite hin schloß sich ein trapezoider Torhof an, der schließlich mit nur einer Durchfahrt den Zugang zur Stadt ermöglichte. Die Mauerstärke des Tores und des Torhofes legen nahe, daß der gesamte Bereich nur eingeschossig angelegt war. Führungsschlitze für ein Fallgitter, die im oberen Bereich der Durchgänge beoachtet werden konnten, hätten bei einem kompletten Fallgitter eine Mehrgeschossigkeit des Tores vorausgesetzt. So ist davon auszugehen, daß lediglich der obere Bereich mit einem Fallgitter gesichert war, während sonst normale Flügeltore vorhanden waren (Abb. 32).[96]

Abb. 29   Pula. Porta Gemina. Blick von der Stadtseite in Richtung Via Carrara. In der Verlängerung des rechten Durchganges, über die Straße hinweg, befindet sich einer der wenigen Reste einer Nekropole, der im Gelände noch erkennbar ist: das oktogonale Mausoleum.

Abb. 30   Pula. Porta Gemina. Inschriftentafel am Tor.

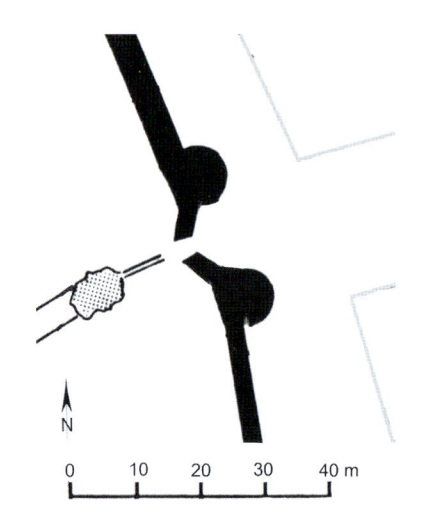

Abb. 31   Pula. Porta Gemina. Skizzierter Grundriß der Toranlage in ihrer ersten Bauphase. Statt eines Torhofes findet sich hier ein Trichter.

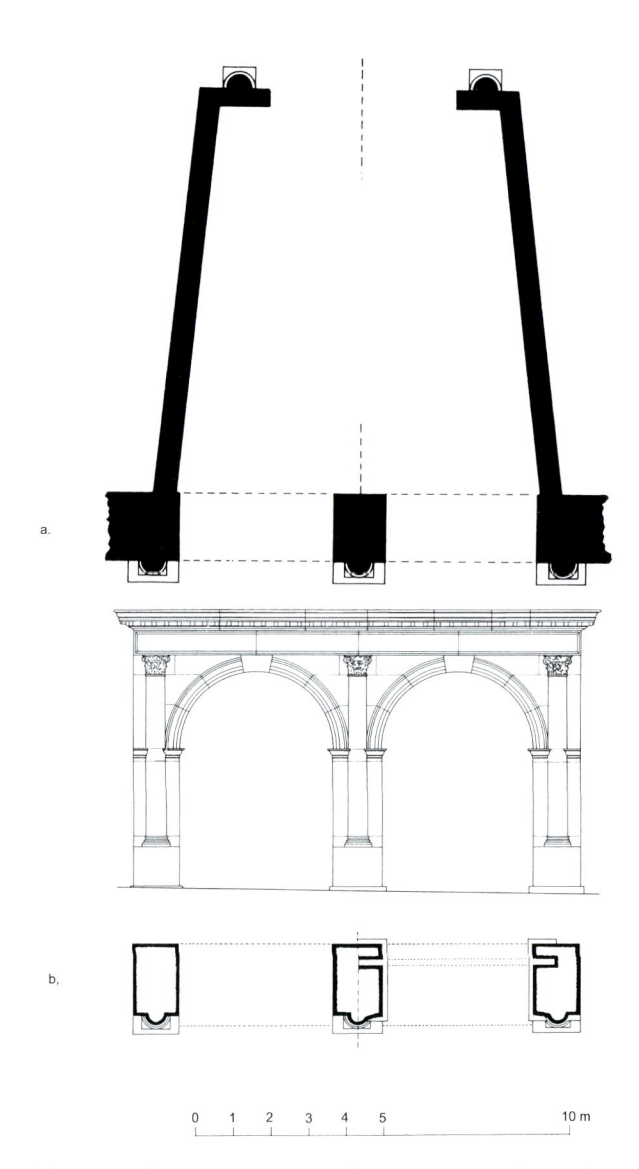

Abb. 32   Pula. Porta Gemina in der zweiten Bauphase, die in die Mitte des 1. Jhs. n. Chr. fällt. a) Grundriß, b) Aufriß, von der Landseite gesehen.

Abb. 33   Pula. Porta Gemina. Detailaufnahme des Kranzgesimses an der Außenseite des Tores.

Die Dekoration des Tores mit seinen beiden Durchgängen ist relativ schlicht, auch wenn Einzelformen üppig erscheinen. So wird die Fassade von vorgelegten Halbsäulen und Pilastern gegliedert, die Kompositkapitelle tragen. Der folgende Architrav ist wieder schmucklos, während das Kranzgesims reich dekoriert ist (Abb. 33).

Porta San Giovanni und Hafentor

Die Porta San Giovanni (Abb. 19, 5) und das Hafentor (Abb. 19, 6) sind heute nicht mehr erhalten. Sie sind teilweise auch nur unzureichend dokumentiert worden. Daher können wir uns an dieser Stelle kürzer fassen. Das Hafentor wurde im Jahre 1914 von Gnirs untersucht. Er stellte dabei ein einfaches Tor fest, das über keine größeren fortifikatorischen Elemente verfügte. Die Torbreite lag bei 2,60 m und die Tiefe bei 2,10 m (Abb. 34, 2).[97] Von den Dimensionen her vergleichbar ist die Porta San Giovanni, die 1937/38 durch M. Mirabella Roberti ausgegraben wurde. Im Gegensatz zum Hafentor wies dieses Tor mächtige flankierende Rundtürme auf, die einen Durchmesser von 7,40 m besaßen (Abb. 35).[98]

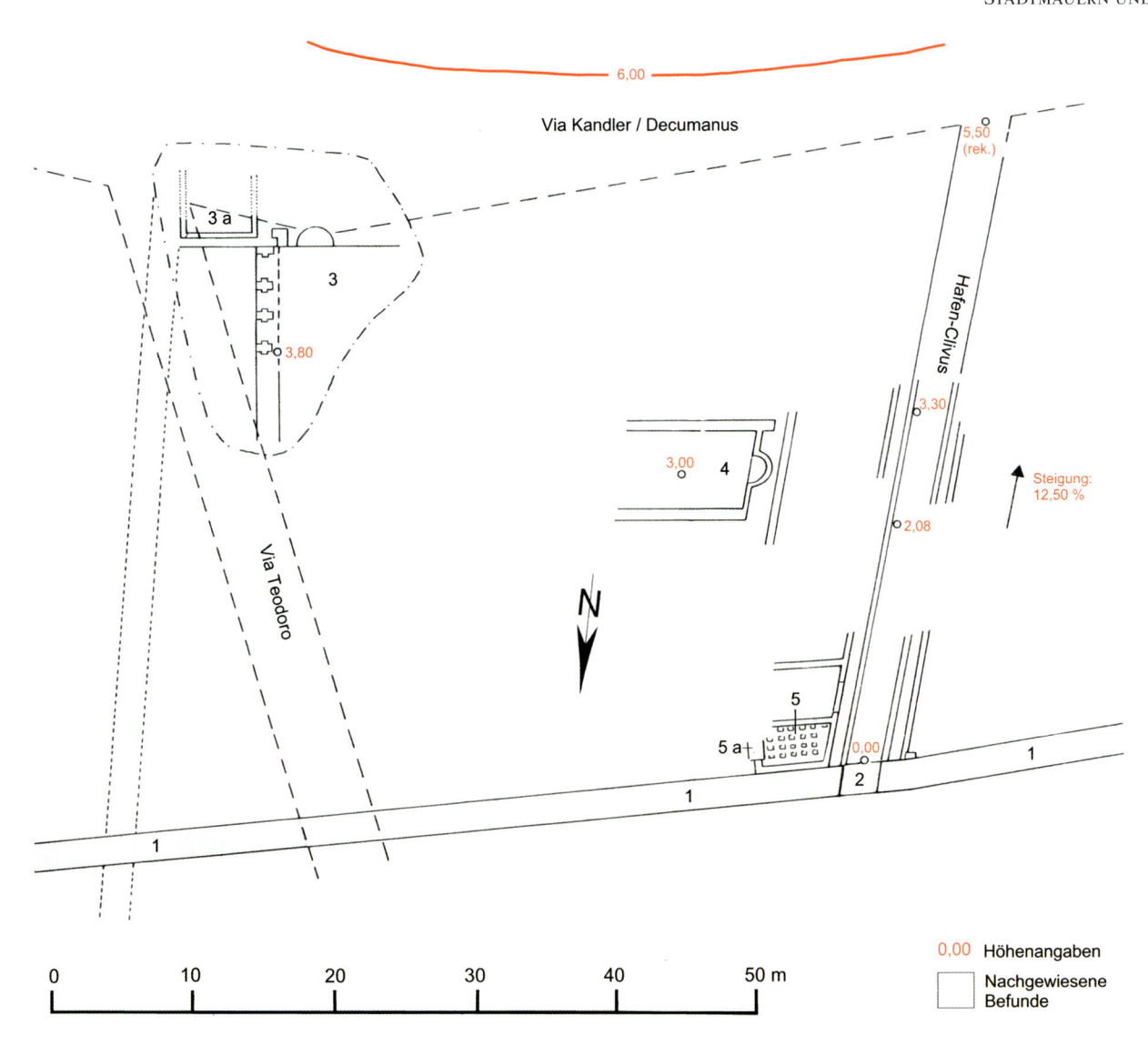

Abb. 34 Pula. Befunde im Bereich des Hafentores, in dem einige Reste der Stadtmauer (1) entdeckt werden konnten. Dabei kam auch das Hafentor (2) ans Tageslicht. Ein mögliches Brunnenhaus (3) mit Zisterne (3a), ein Grottenraum (4) sowie ein Raum mit Hypokaustenheizung (5) mit Praefurnium (5a) wurden im engeren Umfeld des Hafentores festgestellt. Fischer möchte die Befunde 3–5 mit Thermenanlagen in Verbindung bringen.

Die Porta Aurea und der Sergierbogen

Die sog. Porta Aurea (Abb. 19, 4) muß als das Haupttor der Stadt angesprochen werden, weil die Via Flavia – von Aquileia und Triest kommend – hier die Stadt erreichte. Die Toranlage hatte die Zeitläufe mit verschiedenen Modifikationen bis in das frühe 19. Jh. überdauert. Daher ist der gesamte Torbereich, sowohl das eigentliche Stadttor als auch der Sergierbogen, durch zahlreiche Darstellungen von Künstlern und Reisenden dokumentiert. Zwischen 1826 und 1829 wurde die Toranlage abgebrochen. Der Sergierbogen konnte damals nur knapp vor der Zerstörung bewahrt werden. Denkmalpflegerische Maßnahmen in den letzten Jahren, die auf archäologische Untersuchungen in den Jahren 1994–1995 beruhen, erlauben es aber, die ursprüngliche Situation nachzuvollziehen. Auf dem Trg Portarta hat man den Grundriß der alten Toranlage wieder aufgemauert (Abb. 36). Dabei wurden im Gegensatz zum hier abgebildeten Plan Rundtürme rekonstruiert (Abb. 37).[99]

Schauen wir uns zunächst den Zustand in der Stadttorfunktion an. Sicher ist wohl, daß das Tor zweigeschossig war und durch Türme flankiert wurde, die über die Flucht der Kurtine vorsprangen. Die Porta Aurea wies drei Durchgänge auf, die unter-

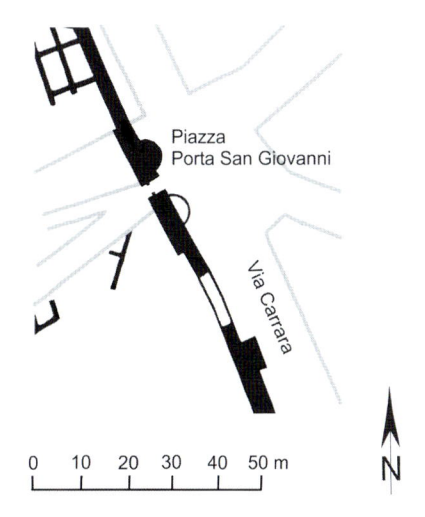

Abb. 35 Pula. Porta San Giovanni. Das römische Tor ist heute im Gelände nicht mehr sichtbar. Die einzige Grundlage für die Darstellung bietet der archäologische Stadtplan von M. Mirabella Roberti.

Abb. 36 Pula. Porta Aurea bzw. Sergierbogen. Diese seitliche Ansicht zeigt neben dem Sergierbogen die antike Stadttorsituation, die mit geringen Abweichungen bis in das frühe 19. Jh. hinein bestanden hat. Als Markierung im Pflaster sieht man die Seitenwände des Torhofes. Aufgemauert hingegen sind die beiden vorspringenden Rundtürme.

schiedlich breit waren. Die Breite des mittleren Durchgangs betrug etwa 3,80–4 m. Die seitlichen Durchgänge waren erheblich schmaler, sie wiesen wohl eine Breite von etwa 1,20 m auf. Es schloß sich ein Torhof an, der leicht trapezoid war und auf den später zugefügten Sergierbogen zulief. Die Seiten des Hofes wiesen Mauern auf. Diese Torform hat in leichter Variation auch im Mittelalter bestanden. Cassas und Lavallée haben den Torbereich in mehreren Darstellungen dokumentiert. Besonders interessant ist dabei eine Ansicht aus nördlicher Richtung, die die Schmalseite des Sergierbogens, die Mauer des Torhofes und schließlich die mittelalterliche Stadtmauer zeigt.[100]

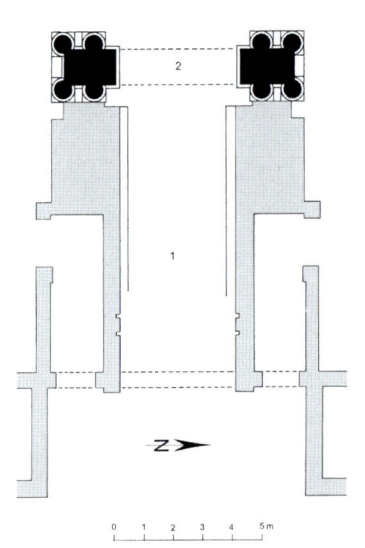

Abb. 37 Pula. Porta Aurea und Sergierbogen. Im Plan ist die Porta Aurea (1) grau hinterlegt, während der Sergierbogen (2) als erhaltenes Monument schwarz angelegt ist.

Bei dem Sergierbogen handelt es sich eindeutig um einen Ehrenbogen. Die Verbindung von Stadttor und Ehrenbogen ist nicht ungewöhnlich. Exemplarisch läßt sich die Porta Leoni in Verona anführen.[101] Aufgrund dieses Charakters hebt der Bogen sich einerseits deutlich von der Porta Aurea ab, andererseits wird er aber doch in seiner Gestalt erheblich vom Stadttor bestimmt (Abb. 37, 2. 39). Diese Abhängigkeit betrifft einmal die Dimension des Bogens. Die Breite des Denkmals liegt bei 8 m und entspricht somit der Breite des Torhofes in seinem hinteren Teil. Das enge Verhältnis von Ehrenbogen und Stadttor spiegelt sich besonders in der Höhenentwicklung mit 10,62 m oder 36 römischen Fuß. Hier wird wahrscheinlich die Höhe der Porta Aurea aufgegriffen. Weniger abhängig ist dagegen die Tiefenentwicklung des Bogens, die 2,30 m beträgt. In der Forschung wurde darauf hingewiesen, daß sich die Maßverhältnisse am Sergierbogen deutlich von anderen Ehrenbögen unterscheiden. Diese seien in ihrer Gestalt erheblich gedrungener (Abb. 39–41).

Auch in der Dekoration wirkt sich die enge Verbindung von Stadttor und Bogen aus. Da durch das Stadttor bzw. die Mauern des Torhofes ein Teil der Außenseite des Bogens verdeckt wurde, wurden diese Partien nicht mit Dekor versehen oder dieses nur summarisch angelegt.

Sicher der auffälligste Unterschied, der zwischen Stadttor und

Sergierbogen formal erkennbar ist, betrifft die Durchgänge. Während die Porta Aurea drei Durchgänge aufwies, existierte beim Sergierbogen nur einer, dessen Breite bei 4,30 m liegt.

Die Fassade des Bogens zeigt eine Gliederung, welche die Bereiche seitlich des Durchgangs betont. Zu beiden Seiten findet sich eine vorspringende Sockelzone, die als Basis für jeweils zwei Dreiviertelsäulen dient. Diese Dreiviertelsäulen weisen Kanneluren auf und enden in korinthischen Kapitellen. Es folgt ein dreigliedriger Architrav, der um den Bogen herum verläuft. Es schließen sich ein Fries an und schließlich ein Kranzgesims. Den Abschluß bildet eine Attika, die durch drei vorgelegte Postamente gegliedert ist (Abb. 42). Hier hatten Statuen der zu ehrenden Sergier ihre Aufstellung gefunden.

Durch die noch näher im Rahmen der Datierungsfrage zu besprechenden Inschriften auf den Postamenten ist bekannt, wer genau geehrt werden sollte. Es handelte sich um drei Angehörige der Familie der Sergier, die neben militärischen Meriten auch die höchsten zivilen Ämter in Pula bekleidet hatten. Die Statuen selbst sind nicht mehr vorhanden, doch die Dübellöcher erlauben eine ungefähre Rekonstruktion der statuarischen Dekoration (Abb. 43). Danach waren die äußeren Statuen, die L. Sergius und Cn. Sergius darstellten, lebensgroß gehalten. Hinter ihnen muß aufgrund der Einlaßspuren jeweils eine weitere Statue gestanden haben. Es läßt sich nur vermuten, daß es sich dabei um Victorien oder um Personifikationen gehandelt hat. Eindeutig hervorgehoben war L. Sergius Lepidus, dessen Statue auf dem mittleren Podest aufgestellt war. Sein Standbild muß überlebensgroß gewesen sein, wodurch seine Bedeutung hervorgehoben wurde. Diesem Bestand wurde wohl später eine weitere Statue zugefügt, die neben L. Sergius Lepidus aufgestellt wurde: die Statue von Salvia Postumia, die durch die Inschrift als Stifterin des Bogens bezeugt ist.[102]

Die Reliefdekoration des Bogens bewegt sich im Spannungsfeld von Motiven, die sich einerseits mit Triumph verbinden lassen, andererseits aber auch starken sepulkralen Bezug aufweisen. Schauen wir zunächst auf die Reliefs, die einen Bezug zum Triumph besitzen. Am deutlichsten wird dieser Aspekt durch die mehrfache Darstellung von Victorien. Wir finden Siegesgöttinnen einmal auf Bigen, zweispännigen Wagen, die die Stiftungsinschrift flankieren (Abb. 44). Dieses Motiv ist aber in seiner Interpretation nicht unumstritten: Traversari wollte die Göttinnen nicht als Victorien deuten, sondern sah in ihnen Darstellungen der Selene, die in Teilbereichen Unterweltsaspekte zeigt.[103] Der gesamte Kontext spricht aber doch eher für eine Interpretation als Victorien. Daneben erscheinen diese Göttinnen in den Bogenzwickeln. Ihnen zugeordnet sind Kränze, Tropaia und Palmen-

Abb. 38 Pula. Sergierbogen. Die Aufnahme zeigt den Bogen vom Trg Portarata aus. Im Gebäude rechts des Sergierbogens wohnte in den Jahren 1904–1905 der Schriftsteller James Joyce (1882–1941).

zweige, also Elemente, die zum Standard der Siegessymbolik gehörten (Abb. 45).[104] An etwas weniger prominenter Stelle finden wir nochmals Hinweise auf den Siegesaspekt. So an den Schmalseiten des Bogens in den Abbildungen von aufgetürmten Waffen.

Dem sepulkralen Bereich kann vor allem ein Relief zugewiesen werden, das sich im Bogenscheitel des Durchgangs, der sonst mit einer Kassettendecke versehen ist, befindet. Hier ist ein Adler abgebildet, der eine Schlange in seinen Krallen trägt (Abb. 46). Die Forschung hat deutlich herausgestellt, daß dieses Motiv dazu dient, die Apotheose, die Vergöttlichung des Verstorbenen, bildlich darzustellen. Gewiß dürfen wir aber in Pula den Anspruch auf Vergöttlichung nicht voraussetzen, sondern im Motiv nur eine Verbindung zum Totenkult sehen.[105]

Zur Interpretation des übrigen Baudekors gibt es unterschiedliche Auffassungen. Mlakar etwa möchte die Akanthusranken auf den Pilastern, die den Durchgang betonen und zugleich die Basis für den Torbogen bilden, in einen sepulkralen Kontext einordnen. Gleiches gilt für die Weinreben, die die Seitenwände des Durchgangs schmücken (Abb. 47). Neutraler sind dagegen die Ausführungen von Fischer, der betont, daß Dekorationselemente wie Girlanden und Eroten, Bukranien und Akanthusranken nicht eindeutig einem Bereich zugeordnet werden könnten. In diesem Zusammenhang verweist er auf deren Vorkommen in der luxuriösen Hausausstattung aber auch im Grabbereich.[106]

Haben wir uns bislang mit der Gestalt des Bogens beschäftigt und einen Blick auf den Grund seiner Errichtung geworfen, so gilt es nun, seine zeitliche Stellung näher zu bestimmen. Für die Datierung ist dabei die schon kurz erwähnte Inschrift wichtig, die sich im Attikabereich befindet. Die Inschrift benennt als zu

Abb. 39 Pula. Sergierbogen. Gesamtansicht des Bogens von der Stadtseite aus. Im Hintergrund findet sich der Trg Portarata.

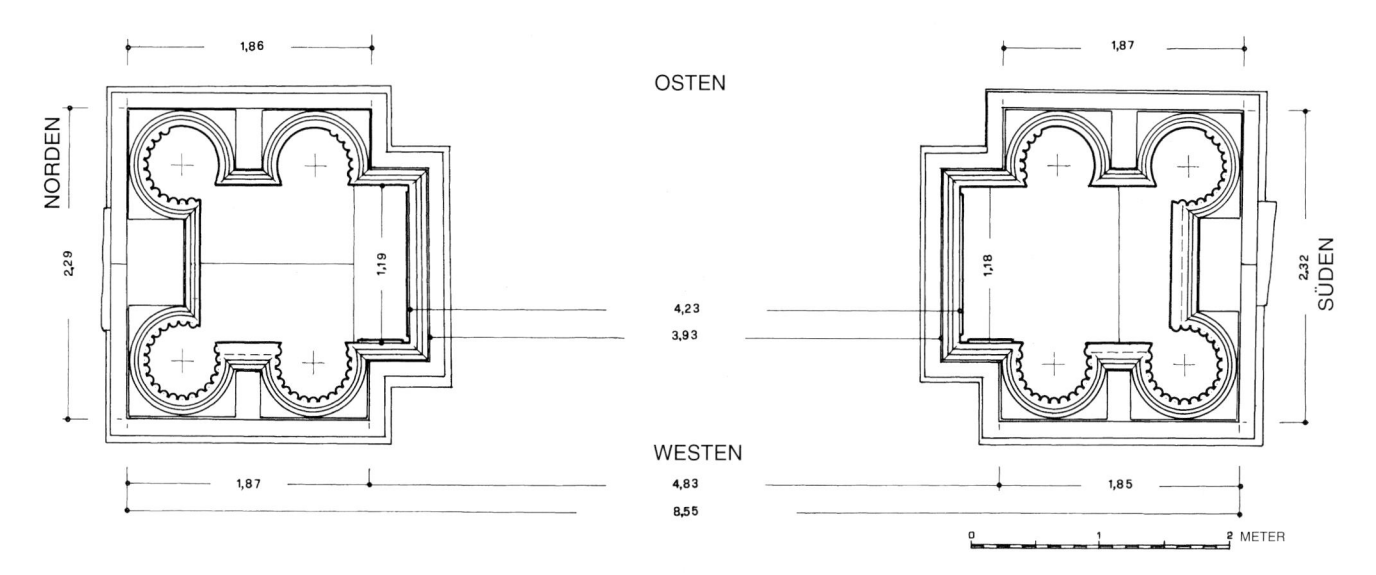

Abb. 40   Pula. Sergierbogen. Grundriß.

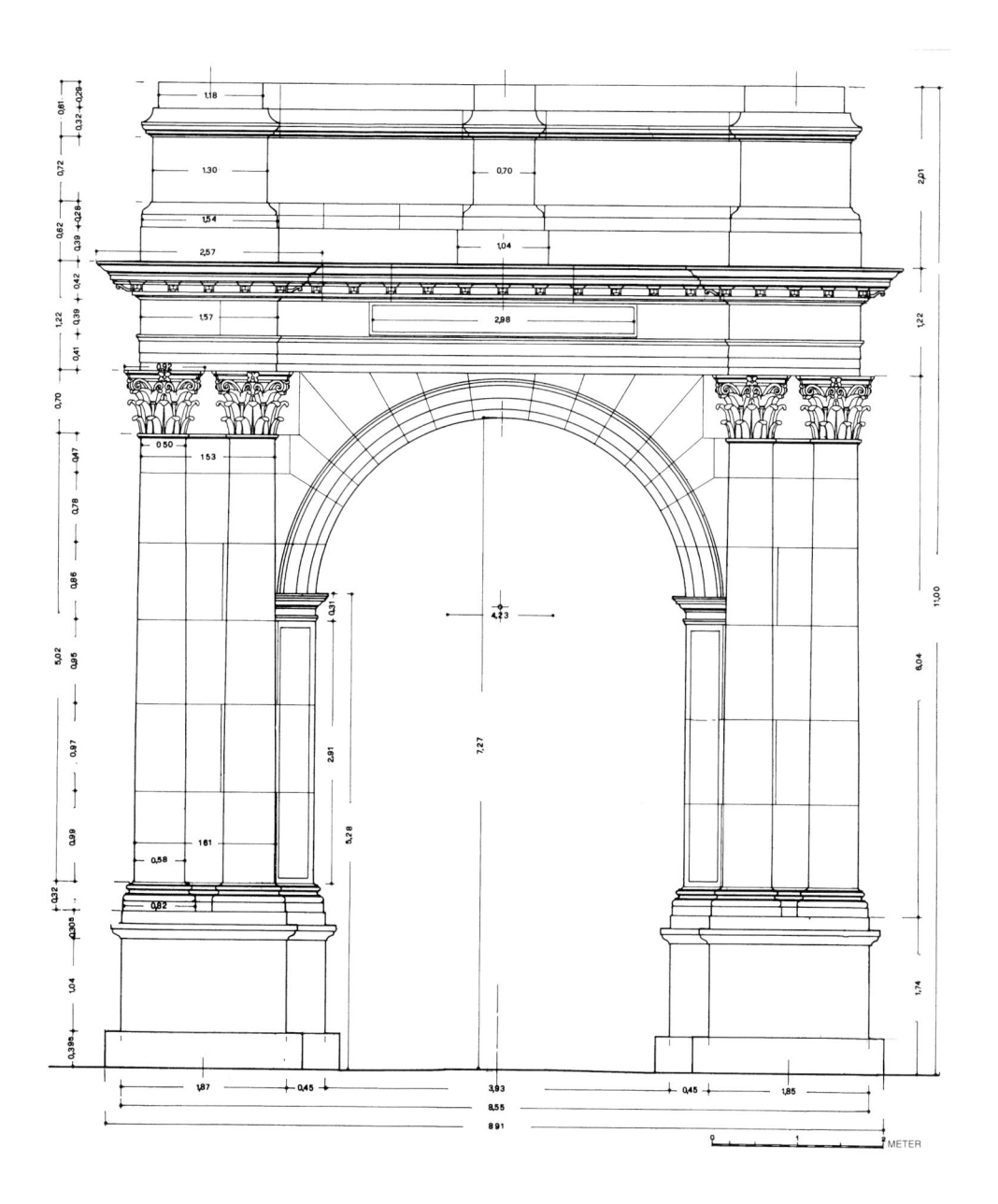

Abb. 41   Pula. Sergierbogen. Aufriß.

STADTMAUERN UND TORE

Abb. 42   Pula. Sergierbogen. Das Attika-Geschoß des Bogens von der Stadtseite aus. Die Attika trägt die Inschriften, die den Bogen den Sergiern zuordnet. Über den Sockeln standen ursprünglich die Statuen der durch die Inschriften Geehrten.

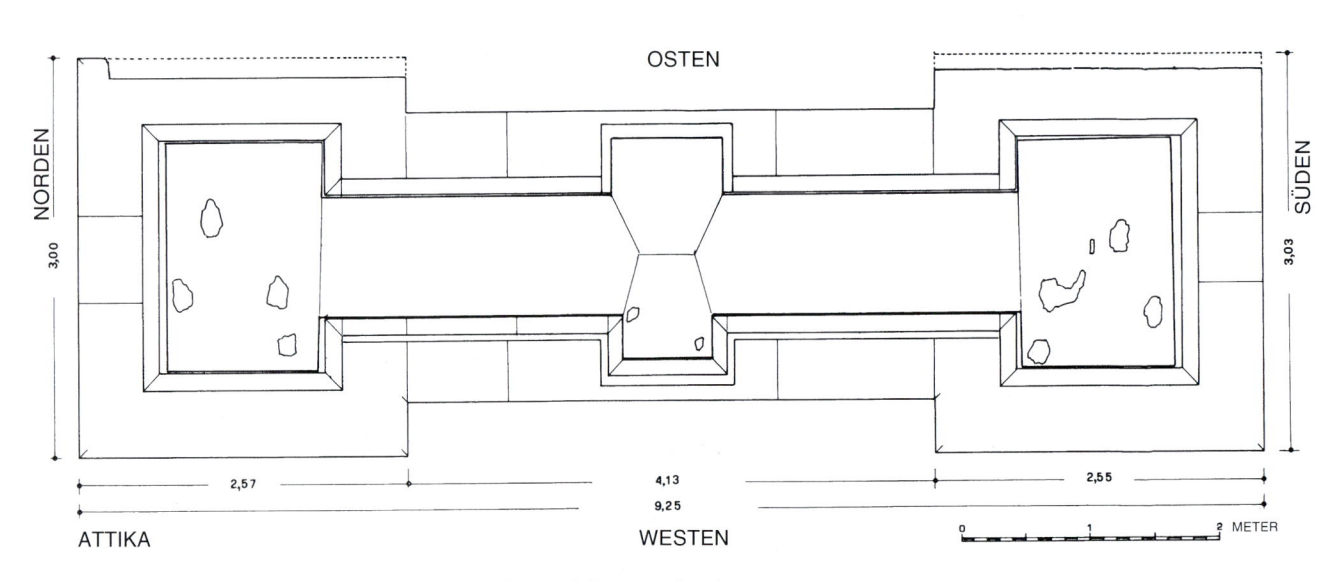

Abb. 43   Pula. Sergierbogen. Plan der Attika mit den Einlaßspuren für die Statuen.

Ehrende L(ucius) Sergius C(aius) F(ilius) Aed(ilis), L(ucius) Sergius L(uci) F(ilius) Lepidus Aed(ilis) Trib(unus) Mil(itum) Leg(ionis) XXIX und schließlich Gn(aeus) Sergius C(ai) F(ilius) IIVir Quinqu(ennalis).[107] Diese Namen stehen jeweils auf den Podesten. Ergänzt wird die Inschrift einmal durch die Nennung der Salvia Postumia Sergia auf dem Attikafeld zwischen erstem und zweitem Podest sowie in einem gesonderten Schriftfeld in der Mitte der Attika, in dem betont wird, daß Salvia Postumia Sergia den Bogen mit eigenem Geld (*de sua pecunia*) errichtet hatte (Abb. 48). Dieser Umstand selbst ist keineswegs ungewöhnlich, wie etwa das Beispiel des Gavierbogens in Verona belegt (Abb. 49).[108]

Die Datierung des Bogens ist nicht ganz unproblematisch, wie Bernard Andreae betonte. Bei der Datierung gibt es zwei An-

Abb. 44 Pula. Sergierbogen. Detailaufnahme aus der Gebälkzone der Stadtseite. Im linken Bereich ist ein Teil der Inschrift zu lesen, der belegt, daß Flavia Sergia den Bogen mit ihrem eigenen Geld («sua pecunia») errichtet habe. Auf der rechten Seite ist die Inschrift durch einen zweispännigen Wagen begrenzt. Erkennbar ist auch eine der Victorien, die in den Zwickeln des Torbogens dargestellt sind.

Abb. 45 Pula. Sergierbogen. Detailaufnahme einer der Victorien auf der Stadtseite (links).

Abb. 46 Pula. Sergierbogen. Adlerrelief mit Schlange in der Kassettendecke des Durchgangs.

Abb. 47 Pula. Sergierbogen. Blick auf das florale Dekor im Durchgang des Bogens auf seiner rechten Seite.

sätze. Zunächst ist der historische zu beleuchten. Die Inschrift nennt den *tribunus militum* L. Sergius Lepidus, der auf der Seite des späteren Augustus an der Schlacht von Actium teilnahm. Die Legio XXIX, die von ihm befehligt wurde, fiel einer augusteischen Heeresreform nach der Schlacht von Actium zum Opfer, wie Mlakar bei seinem Datierungsvorschlag voraussetzt. Die XXIX. Legion wird sonst nur noch auf einem Grabstein in Etrurien erwähnt.[109] Da keine weiteren Informationen zu dieser Legion vorliegen, spräche sicher vieles dafür, deren Auflösung bald nach Actium anzunehmen. Problematisch ist aber, daß der etrurische Grabstein einen Greifen als Motiv trägt. Das Greifenmotiv steht in einer engen Verbindung mit der augusteischen Apollonideologie, die erst später weiter verbreitet wurde. Damit würde das Ende der XXIX. Legion nicht mehr näher zu bestim-

Abb. 48   Pula. Sergierbogen. Detailaufnahme der Gebälkzone auf der Stadtseite mit der Stifterinschrift der Salvia Postumia Sergia.

men sein. Daher ist also das historische Element in der Datierung nicht aussagekräftig.

Eine Stilanalyse der einzelnen Elemente könnte bei der Datierung weiterhelfen. Die Ausführung der Rankenfriese mit ihrer hohen Qualität setzen nach Andreae die Ara Pacis voraus, die im Jahre 9 v. Chr. eingeweiht wurde.[110] Die Säulenstellungen auf beiden Seiten des Bogens in Pula sind ohne das Vorbild der beiden Triumphbögen des Augustus auf dem Forum Romanum auch nicht möglich.[111] Die am Sergierbogen vorkommenden korinthischen Kapitelle zeigen stilistische Merkwürdigkeiten. Die Außenhelices (spezielle Einzelform der Blattdarstellung am Kapitell) werden von Blättern eingehüllt. Außerdem ist der Abacus mit einem Eierstab und einem Pfeifenfries versehen. Die nächste Parallele findet sich am Triumphbogen im französischen Orange, der in tiberische Zeit datiert werden muß. Daher hat es in der Forschung auch den Ansatz gegeben, den Sergierbogen in die Zeit zwischen 14 und 37 n. Chr. zu datieren. Fischer weist zudem darauf hin, daß einige der stilistischen Merkmale, auf die hier jetzt nicht im einzelnen eingegangen werden kann, am Tempel der Roma und des Augustus in Pula vorkämen, die aber schon beim östlichen Tempel nicht mehr in Erscheinung träten. Er möchte daher den Bogen unmittelbar an den Tempel der Roma und des Augustus anschließen, also bald nach 14 n. Chr.[112]

Wie paßt nun noch die Erwähnung des Amtes eines Duumvir für Cn. Sergius in den Kontext? Mlakar möchte das Amt mit dem Reichscensus von 29/28 v. Chr. in Verbindung bringen. An dieser Stelle sollte man vielleicht überlegen, ob nicht eine Koppelung an den *census* der Jahre 8 v. Chr. oder 14 n. Chr. in Betracht kommt.[113]

Nachdem wir uns mit den Elementen der Verteidigungsanlagen in ihrem weitesten Sinne beschäftigt haben, gilt es nun, einen Blick auf die weitere Infrastruktur der Stadt zu werfen.

Abb. 49   Verona. Gavierbogen. Es handelt sich hier um ein Bogenmonument, das von privater Seite gestiftet wurde. Das Monument datiert in augusteische Zeit.

DIE WASSERVERSORGUNG DES ANTIKEN PULA

In der antiken Stadtplanung haben schon sehr früh Überlegungen zur Wasserversorgung gegriffen. Ausgangspunkt dafür war, daß die Wasserversorgung eines Gemeinwesens zu den elementaren Bedürfnissen des Menschen zählt. Es ging dabei um die Beschaffung, die Qualität und Quantität des Wassers sowie schließlich um dessen Verteilung. Neben diesen Grundbedürfnissen sollten später auch Überlegungen zur Ausschmückung der Stadt mit Wasseranlagen treten.[114]

Bei der Anlage von Siedlungen, gleich welcher Größe, spielte es eine Rolle, daß ein entsprechendes Dargebot an Wasser vorhanden war, um eine größere Zahl von Menschen zu versorgen. Oberflächengewässer wie Flüsse und Seen oder Quellen waren natürlich für die Wasserversorgung einer Siedlung sehr nützlich. Allerdings griffen schon früh auch Überlegungen zur Qualität dieser Gewässer. Dabei galten Flüsse und Seen als problematisch, weil sie in erheblichem Maße einer Verschmutzung ausgesetzt waren. Man muß sich nur daran erinnern, daß etwa die *cloaca maxima* in Rom in den Tiber mündet.

Natürliche Quellen innerhalb einer Siedlung boten meistens eine gute Wasserqualität, reichten aber mit dem Anwachsen der Einwohnerzahl oft nicht mehr aus. Andere Möglichkeiten der Wasserversorgung mußten geschaffen werden. Es konnten Grundwasserbrunnen angelegt werden oder auch Zisternen. An Flußläufen bestand die Option von Uferfiltraten. Daneben bestand auch die Möglichkeit, das nötige Wasser über eine größere Entfernung über Leitungen in die Siedlung zu führen. Besonders die großen Leitungen haben unser Bild von der Wasserversorgung einer römischen Stadt geprägt.

Abb. 50 Pula. Wasserversorgung. Zisterne (1), Fonte Carolina (2), Brunnenanlage (3).

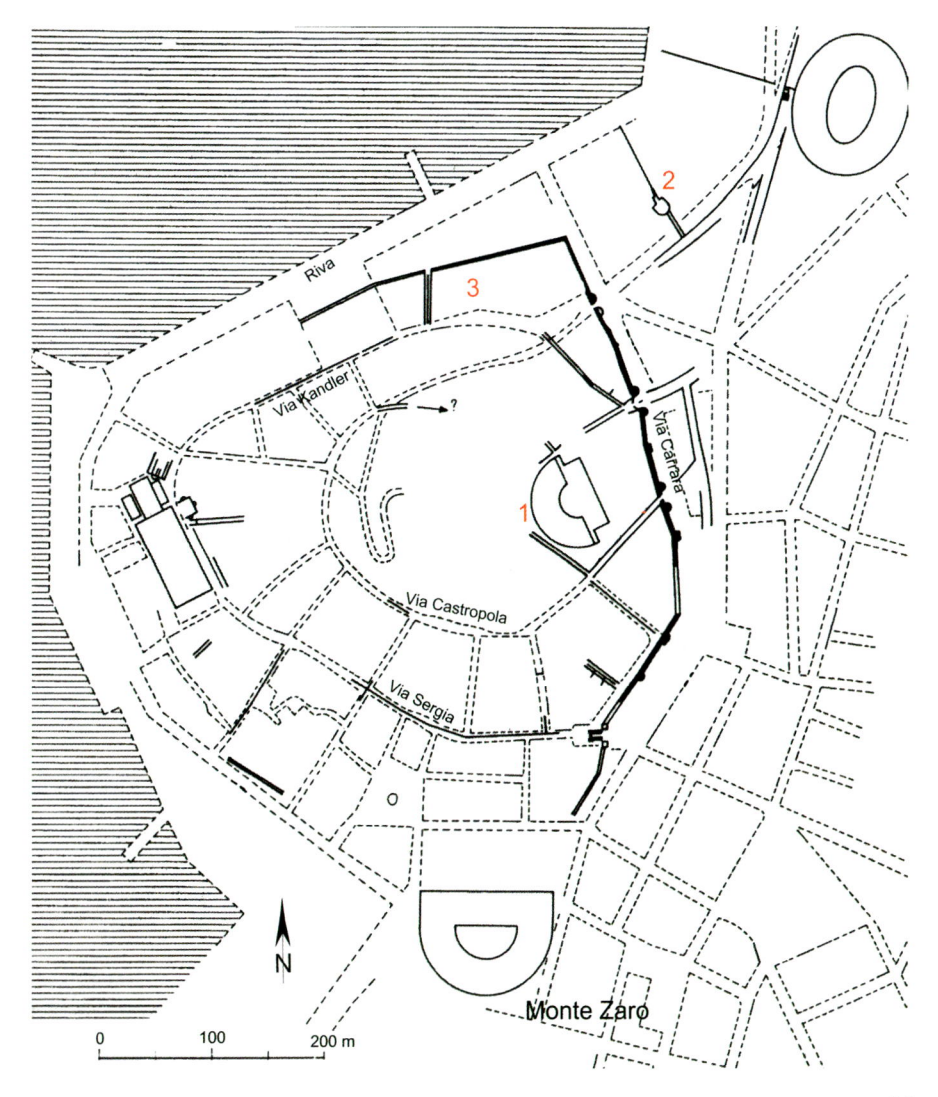

Abb. 51   Pula. Zisterne oberhalb des kleinen Theaters. Es handelt sich um eine rechteckige Kammer, die mit einem Tonnengewölbe abgedeckt ist und im Inneren einen wasserfesten Verputz aufweist.

Zisternen und Wasserleitungen

Wie sah nun die Situation in Pula aus? Blicken wir zunächst auf die Möglichkeit einer Wasserleitung. Im Stadtgebiet selbst haben sich keine sichtbaren Reste einer großen Leitung erhalten. Es existiert jedoch eine Inschrift, die an der Porta Gemina ans Licht gekommen ist. Sie berichtet, ein L. Menacius L. F. Vel. Priscus habe die Aqua Augusta auf eigene Kosten errichten lassen. Diese Leitung habe sowohl die Unterstadt als auch die Oberstadt mit Wasser versorgt. Zusätzlich belegt die Inschrift, daß der Stifter einen Betrag von 400 000 Sesterzen für den Leitungsunterhalt bereitgestellt hatte.[115] Aufgrund der Paläographie und der Titulatur des Stifters kann die Inschrift in die 2. Hälfte des 2. Jhs. n. Chr. datiert werden. Die Inschrift erlaubt aber keine Rückschlüsse auf die Leistungsfähigkeit der Leitung und die Herkunft des Wassers. Allgemein wird in der Forschung vermutet, daß Zisternen auf dem Stadthügel, die z. T. in augusteische Zeit zurückgehen, die Leitung versorgten.[116]

Die bisher bekannten öffentlichen Zisternen in Pula weisen eine Kapazität von gut 1100 m^3 auf (Abb. 50, 1. 51). Unabhängig davon, wie man die Einwohnerzahl Pulas in der Kaiserzeit schätzt, reicht dieses Dargebot an Wasser nicht aus, wenn man die Volumina von entsprechenden Anlagen in Villen vergleicht. Die auf der Insel Brioni gelegene Villa von Val Catena etwa besitzt eine Zisternenanlage mit einer Kapazität, die mit 1500 m^3 angesetzt wird.[117] So ist es auch nicht verwunderlich, wenn im ganzen Stadtgebiet von Pula private Zisternen in Wohnhäusern nachgewiesen werden konnten.

Die Fonte Carolina – frisches Wasser für die Stadt

Natürlich waren diese Zisternen nicht die einzigen Elemente der Wasserversorgung Pulas. Es konnten einige Brunnen in der Stadt nachgewiesen werden, die – für sich genommen – aber wohl auch nicht ausreichten, um den Einwohnern ausreichend Wasser zu liefern.[118]

Einen wichtigen Beitrag zur Wasserversorgung leistete hingegen die schon weiter oben kurz erwähnte «Fonte Carolina», die bis heute Wasser liefert (Abb. 50, 2. 52). Die Quelle war als aufwendige Brunnenanlage bzw. Nymphaeum gestaltet.[119]

Die Quelle liegt außerhalb des antiken Stadtareals im Nordwesten nicht unweit der Küstenlinie. Durch die Pax Romana bestand keine Notwendigkeit, die Quelle in das ummauerte Stadtareal einzufügen. Dies ist keine Ausnahme, wie Vergleiche zeigen. Das prägnanteste Beispiel eines monumentalen Brunnens außerhalb der Stadt findet man in Side.[120]

Die ersten Berichte über den Bau stammen aus dem Jahre 1720. Im späten 18. Jh. berichtete Gian Rinaldo Carli (1720–1795) von einer Mauer aus Marmor, die mit Reliefs versehen gewesen sei. Er selbst habe aber nur Stufen gesehen, über die das Wasser herabfiel. Eine weitere Beschäftigung mit dem Bau fand im Jahre 1820 statt. In Akten aus diesem Jahr wurde die Anlage mit «bagno o lavacro romano» bezeichnet. Außerdem wurde die Anlage durch Bruyn gezeichnet. Als Weisshäupl sich im Jahre 1901 intensiver mit der Fonte Carolina beschäftigte, waren diese Unterlagen bereits nicht mehr vorhanden.

Da die Fonte Carolina ständig Trinkwasser lieferte, konnte man im 19. Jh nicht auf sie verzichten. Den damaligen Kenntnissen über Wasserhygiene folgend beschloß man in den Jahren um 1830 die Quelle in ein neoklassizistisches Gebäude zu integrieren, das dann auch 1831 fertiggestellt war. Eine sorgfältige Untersuchung des heute nicht zugänglichen Baus in den 30er Jahren des 20. Jhs. hat aber die Gestalt des antiken Baus weitestgehend klären können.[121]

Bei dem Nymphaeum handelt es sich um einen Raum, der in seiner Grundform von einem Rechteck ausgeht. An einer Seite ist er um eine Apsis erweitert worden. In der Apsis fanden sich vier Stufen, die der Kurvatur der Apsis folgten. Die obere Stufe war deutlich breiter als die übrigen. Das Wasser quoll aus einer großen Öffnung im Beckenboden. Nach vorne hin wies das Becken eine Wand auf, die allerdings in der Mitte geöffnet war. Durch diese strömte das Quellwasser in eine rechteckige Zisterne, die vorgelegt war.

Da das Wasser anscheinend nicht vollständig der Wasserversorgung der Stadt zugeführt werden konnte, war es notwendig, einen Ablauf einzurichten, der in westliche Richtung, also auf das Meer zu, verlief. Über die aufgehende Architektur läßt sich heute leider nichts mehr sagen. Vergleichsbeispiele lassen aber vermuten, daß die Anlage mit einer Dachkonstruktion versehen war.

Brunnenanlagen in der Stadt

Eine weitere Anlage zur Wasserversorgung Pulas, ein Brunnenhaus, wurde im Jahre 1864 bei Baumaßnahmen entdeckt (Abb. 50, 3. 34, 3. 53). Im Zuge der Stadtsanierung waren ältere Häuser abgetragen worden. Bei der Entdeckung hatte man relativ geringes Interesse am Befund gehabt. So versäumte man die Gelegenheit, den Bau vollständig auszugraben. In den Fundnotizen fehlten sogar genaue Angaben zur Lokalisation. Allerdings wurde eine Bauaufnahme durchgeführt, die Grundriß, Aufriß und Profil umfaßte und von Giovanni Righetti mit Datum vom 25. Februar 1864 ausgeführt wurde.[122]

Schon wenige Jahrzehnte später gelang es A. Gnirs nicht mehr, die Position dieser Anlage eindeutig festzulegen. Aus den spärlichen Notizen, die ihm vorlagen, kamen verschiedene Standorte in die engere Auswahl. A. Gareis hatte 1867 den Befund kurz erwähnt und ihn zwischen dem Dom und der Fonte Carolina angesiedelt. Kandler erwähnte den Bau kurz im Zusammenhang mit der Freilegung der Porta Trigemina. Schließlich gab es noch einen Augenzeugen, der Gnirs berichtete, der Bau habe sich im Bereich zwischen der Infanteriekaserne und der Via Castropola an der Via Kandler befunden.[123]

Bei dem Gebäude handelte es sich um eine Fassade, die aus Pfeilern bestand. Diese ruhten auf einer Schwelle. Nach oben hin trugen sie ein gegliedertes Gebälk. Zur rechten Seite hin stieß diese Fassade im rechten Winkel an eine Mauer. In unmittelbarer Nähe, auf höherem Niveau liegend, wurde eine Zisterne entdeckt, die in ihrer Interpretation eindeutig ist, weil wasserfester Putz (*opus signinum*) nachgewiesen werden konnte. Besonders die Zisterne war es, die Gnirs dazu bewegte, den Befund im Gegensatz zu Kandler als Brunnenhaus zu deuten. Kandler hatte an Läden oder an einen Saalbau mit Nischen gedacht.[124]

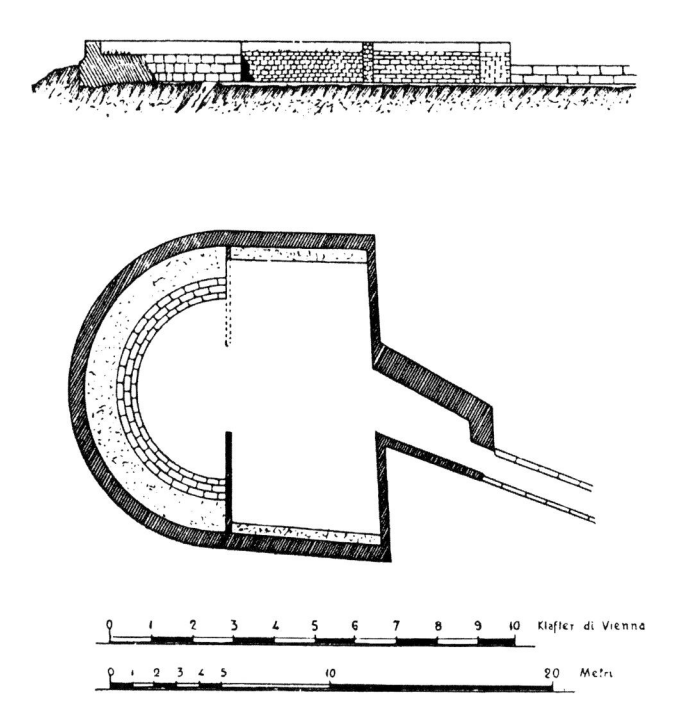

Abb. 52 Pula. Fonte Carolina. Zustand der Anlage im 19. Jh., oben Schnitt durch das Nymphaeum, unten Grundriß.

Badewesen

In einer größeren römischen Stadt erwarten wir beinahe selbstverständlich öffentliche Thermenanlagen. Wie war aber die Lage in Pula, wenn man bedenkt, daß die Wasserversorgung augenscheinlich nicht optimal war. Die Beantwortung dieser Frage ist problematisch, weil Befunde auch zu diesem Bereich nur punktuell untersucht werden konnten und daher viel Raum für Vermutungen lassen.

Für die Existenz von Thermen in der Stadt sprechen einige Befunde, die im 19. und frühen 20. Jh. gemacht wurden. So könnte der oben behandelte Fassadenbau mit angeschlossener Zisterne für eine Badeanlage sprechen (Abb. 34, 3). Fischer möchte hier enge Parallelen zu den Zentralthermen in Pompeji sehen. Als weiteren Bestandteil für eine Thermenanlage zieht er einen Grottenraum heran, der etwa 30 m westlich des Fassadenbaus lag (Abb. 34, 4). Schließlich hatte man an der Stadtmauer einen Raum mit Hypokausten gefunden (Abb. 34, 5), der auf Thermen hindeuten könnte.[125]

Jedoch kann jeder der von Fischer angesprochenen Befunde anders interpretiert werden. Für den Fassadenbau könnte man eine Brunnenanlage annehmen. Der Grottenraum könnte ein Nymphaeum gewesen sein und der Hypokaustenraum zu einem Privathaus gehören.[126] Was möglicherweise noch gegen die Existenz einer Thermenanlage an dieser Stelle spricht, ist ein Hinweis von Galliazzo, der im Zusammenhang mit der frühchristlichen Kirche, dem späteren Dom, auf die Vorgängerbebauung hinweist und eine Thermenanlage in diesem Kontext nicht ausschließt.[127]

Nicht minder hypothetisch ist die Existenz einer Thermenanlage am Amphitheater. Dort war im Jahre 1820 ein Raum freigelegt worden, der über Hypokausten und Tubuli verfügte und eine aufwendigere Dekoration aufwies. Sowohl Heizungselemente als auch Dekoration würden für einen Thermenbau sprechen, doch reicht der Befund nicht aus, um hier sicher von einer Thermenanlage auszugehen.[128]

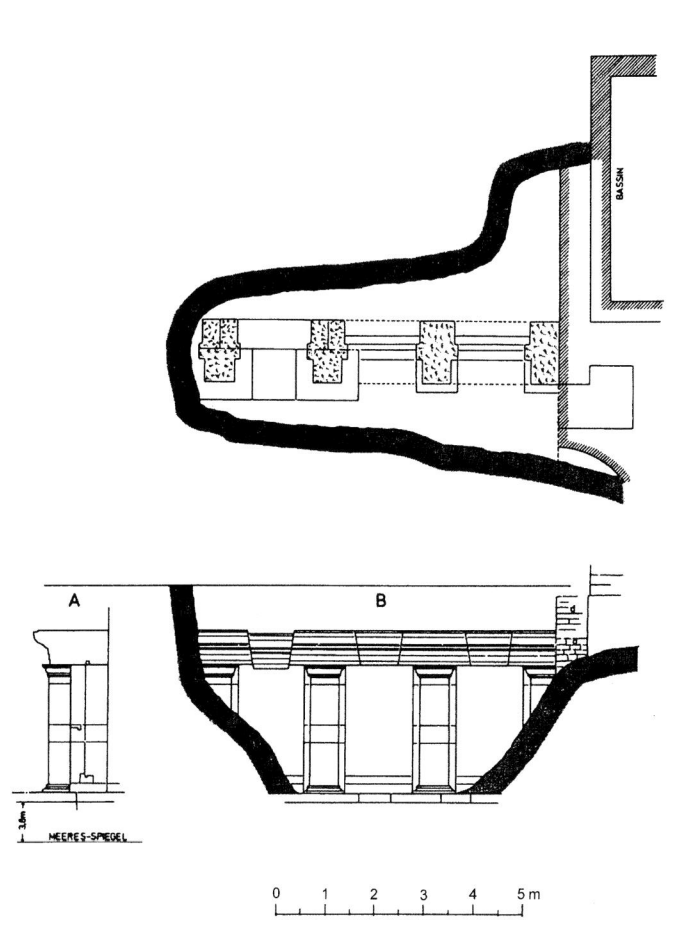

Abb. 53 Pula. Grundriß (oben), Schnitt (unten links) und Aufriß (unten rechts) eines Gebäudes, das im Jahre 1864 ausgegraben wurde und möglicherweise als Brunnenanlage gedeutet werden kann.

DAS RELIGIÖSE UND WIRTSCHAFTLICHE ZENTRUM – DAS FORUM

In einer griechischen oder römischen Stadt nehmen zentrale Plätze, werden sie nun Agora oder Forum genannt, eine wichtige Rolle ein. Hier finden sich Tempel, Verwaltungsgebäude und Denkmäler. Sie bilden gleichsam das kollektive Gedächtnis der Stadt.[129] Von ihrer Funktion her lagen sie im Idealfall auch in der Mitte der Stadt. Ausnahmen gab es jedoch dort, wo auf ältere Strukturen Rücksicht genommen werden mußte.

Die Erforschung des Forumsbereiches in Pula begann schon sehr früh, weil der Tempel des Augustus und der Dea Roma ein unübersehbares Zeugnis der römischen Vergangenheit bildete. Daher war es auch er, der anfangs die Forschungen auf sich zog. In der 1. Hälfte des 19. Jhs. – vor rund 160 Jahren – begann die systematische Erforschung des gesamten Forumsbereiches, wobei aufgrund der lokalen Situation immer nur Ausschnitte aus der Baugeschichte des Forums zutage kamen. Die Ergebnisse der archäologischen Untersuchungen erlauben es aber heute, die geschichtliche Entwicklung des Forums nachzuvollziehen und dabei zwei Hauptphasen zu erkennen. Von diesen fällt die eine in das 1. Jh. v. Chr., während die andere zu Beginn des 1. Jhs. n. Chr. zu datieren ist. Man wird sich an dieser Stelle aber vor Augen führen müssen, daß der Forumsplatz mit seinen Bauten und Denkmälern auch in späterer Zeit verändert wurde.[130]

Die Lage des Forums im Stadtgebiet

Unabhängig von der Entwicklungsgeschichte des Forums soll zunächst auf seine Lage im Stadtplan und seine Dimensionen eingegangen werden. Wie noch in der weiteren Behandlung des Komplexes zu zeigen sein wird, war die Platzanlage bereits von Anfang an in ihrer Ausrichtung und Dimensionierung weitestgehend festgelegt.

Das Forum des römischen Pula liegt im Westen des Stadtareals unweit der Küstenzone und der Stadtmauer, nimmt also eher eine

Abb. 54   Pula. Der Forumsplatz heute, Blick aus nordwestlicher Richtung.

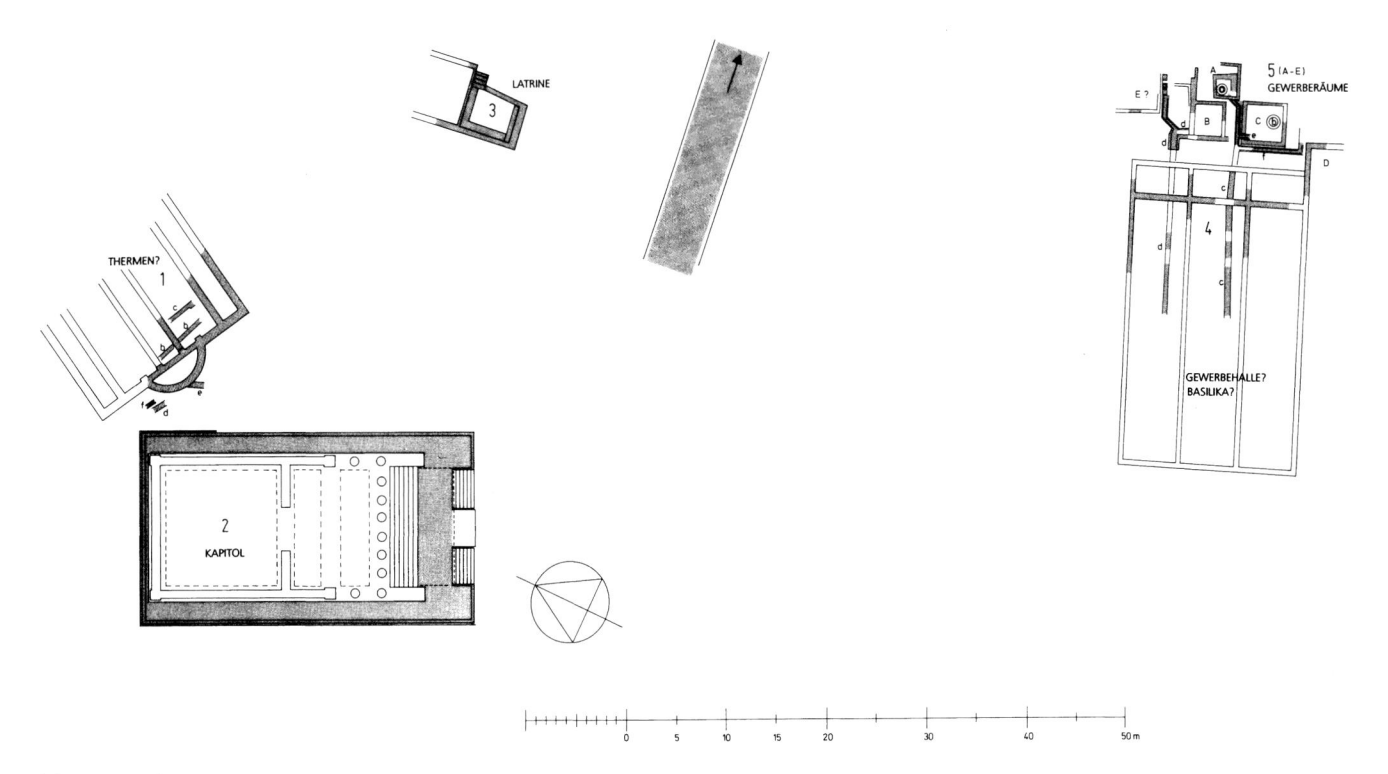

Abb. 55   Pula. Das republikanische Forum.

periphere Lage ein. Die Ausdehnung des Forums läßt sich noch heute gut im Stadtbild nachvollziehen, weil die mittelalterliche Platzanlage etwa Form und Größe des antiken Platzes aufgreift. Die Längsachse des Forums verlief in Nord-Süd-Richtung. Für die Längserstreckung konnten 81 m festgestellt werden. Der heutige Platz ist damit etwas kürzer. Die Platzbreite lag bei 28 m. Dieser Umstand birgt aber andererseits erhebliche Probleme, da die aktuelle Platzrandbebauung über der antiken liegt, diese teilweise zerstört hat oder deren Erforschung verhindert (Abb. 54).

Das republikanische Forum

Bevor wir uns den einzelnen Bauten des republikanischen Forums zuwenden, sei eine allgemeine Bemerkung vorangestellt, die sich auf die Gestalt des Platzes bezieht. In unseren Vorstellungen haben wir zumeist organisierte, strukturierte Plätze vor Augen. Dies können wir für eine Stadt, die im Aufbau begriffen ist, wie es beim republikanischen Pula der Fall war, nicht unbedingt erwarten, weil sich durch den historischen Kontext keine kontinuierliche Bauentwicklung vollzog.

Wenn wir nun die Bauten des republikanischen Forums (Abb. 55) in ihrer chronologischen Reihenfolge darstellen, so beginnen

Abb. 56   Pula. Apsidenbau am Forum. Der Plan zeigt im Detail die Befunde im Bereich des Apsidenbaus, so wie Krizmanić den Bereich dokumentiert hat.

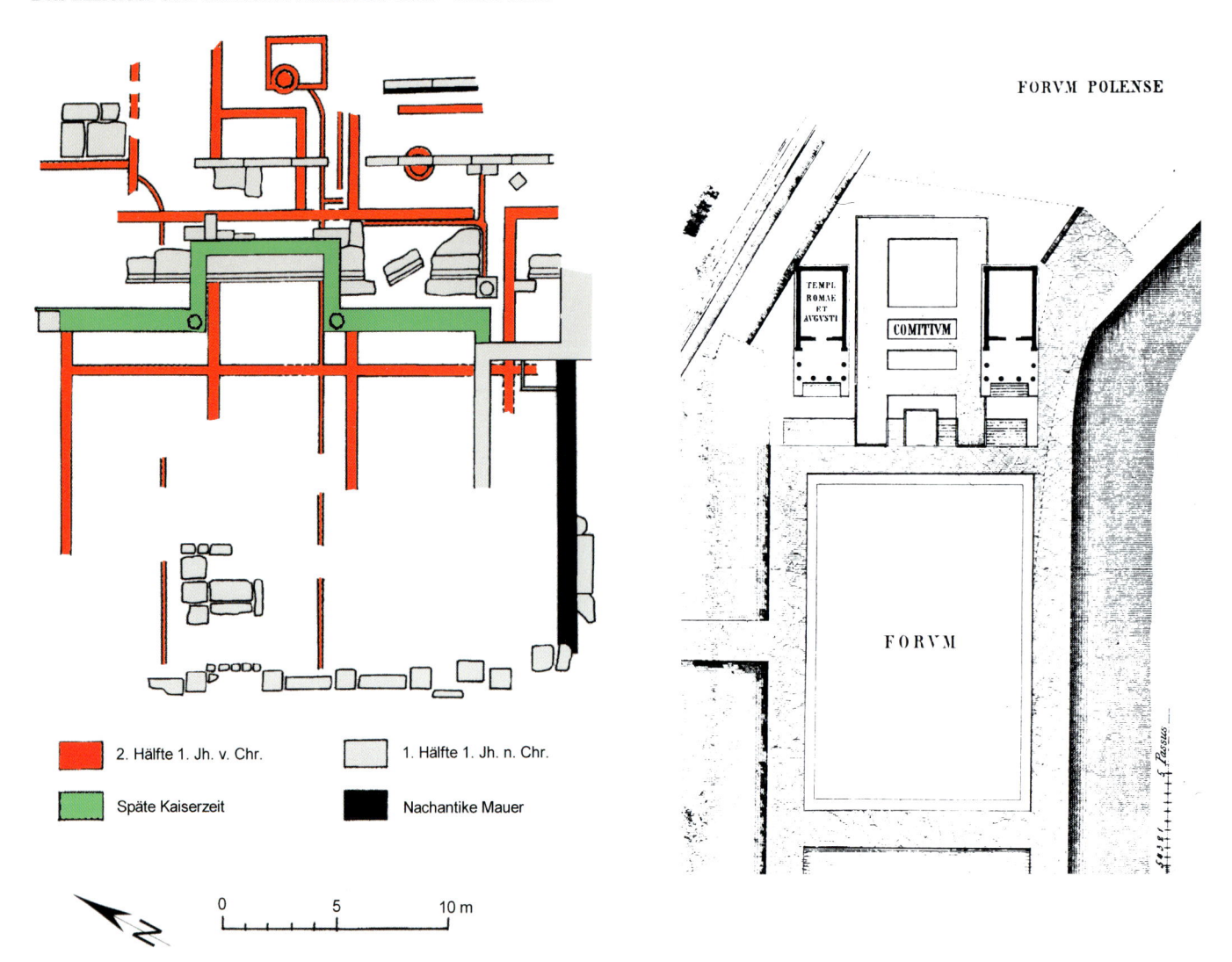

DAS RELIGIÖSE UND WIRTSCHAFTLICHE ZENTRUM – DAS FORUM

Abb. 57 Pula. Gebäudekomplex am Forum, bei dem die Bauphasen I (rot) und II (grau) möglicherweise als Basilika interpretiert werden können.

Abb. 58 Pula. Plan des Forums von P. Kandler im Jahre 1855 gefertigt. Auf diesem Plan ist der mittlere Tempel schon mit seinem Podium erfaßt, wird aber als Comitium angesprochen.

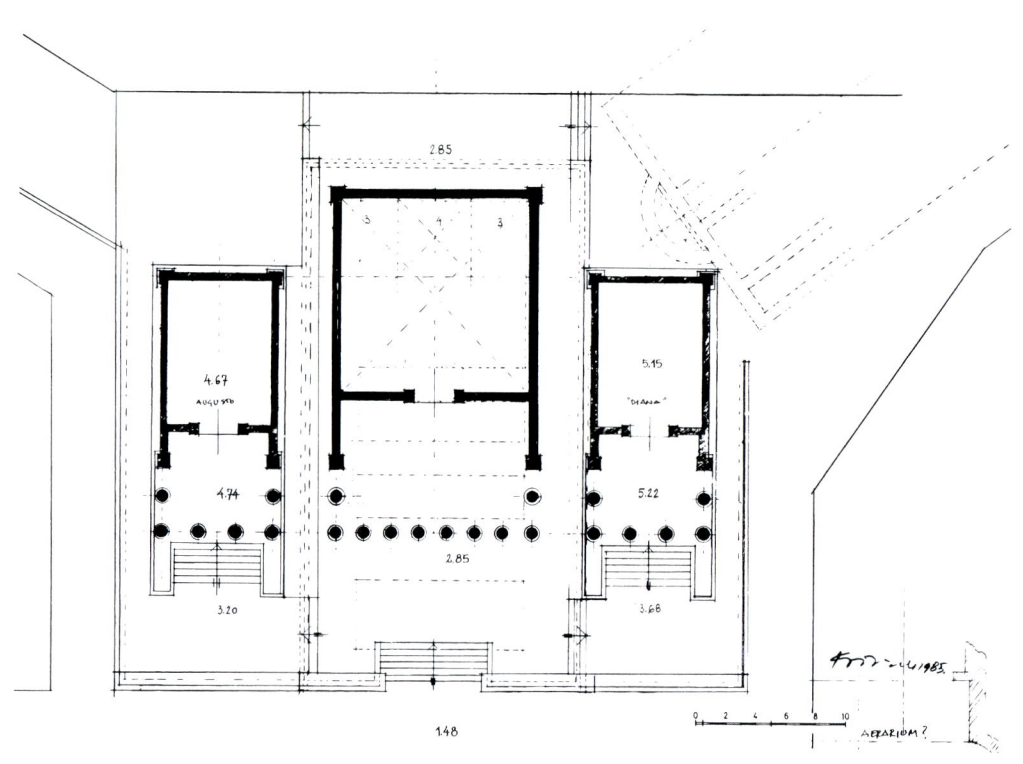

Abb. 59 Pula. Kapitol. Rekonstruktionsversuch.

wir mit einem Befund, der erst bei den archäologischen Untersuchungen von 1975–1976 aufgedeckt wurde.[131] Unmittelbar nordöstlich des gotischen Rathauses von Pula fanden sich die Reste dreier Trockenmauern (Abb. 55, 1b–c) sowie eines Kanals (Abb. 55, 1f), die parallel zueinander in west-östlicher Richtung verlaufen. Aufgrund der Stratigraphie und bautechnischer Beobachtungen kann eine weitere Mauer (Abb. 55, 1e) an die bereits erwähnten Befunde angeschlossen werden. Sie weist jedoch eine abweichende Orientierung auf: sie verläuft etwa in Nord-Süd-Richtung. Durch Keramikfunde lassen sich diese Mauern in das späte 2. oder frühe 1. Jh. v. Chr. datieren. Sie stellen somit die bislang ältesten Zeugnisse römischer Besiedlung in Pula dar.

Der Fundort dieser wenigen Mauern hat bei ihrer Deutung Spekulationen ausgelöst. Durch die enge räumliche Nähe zu den späteren Tempeln vermutete man, in diesen Befunden ein Heiligtum annehmen zu können. Diese Vermutung wurde von G. Fischer zurecht zurückgewiesen.[132]

Das Forum gewinnt an Gestalt – der Apsisbau

Ebenfalls sehr früh entstand ein Apsisbau (Abb. 55, 1. 56), der den eben beschrieben Befund z. T. überlagert. Im Gegensatz zu ihm ist er aber im Stadtbild präsent, weil man den Grundriß in der heutigen Pflasterung dokumentiert hat. Es handelt sich hier um einen Bau von erheblicher Größe, der ursprünglich auch eine beachtliche Höhe besessen haben muß. Diese Vermutung läßt sich gut begründen. Die Mauern des Gebäudes weisen im oberen Bereich noch eine Stärke von 0,80 m auf, während sie an ihrer Basis etwa 1,60 m breit waren. Außerdem gründeten die Fundamente unmittelbar auf dem anstehenden Felsen. Geht man weiter davon aus, daß der Bau in seiner Grundrißgestaltung symmetrisch war, ergibt sich für seine Schmalseite mit der Apsis, die 7 m weit war, eine Breite von 18 m. Über die Längserstreckung in nordöstlicher Richtung können keine Aussagen getroffen werden, weil weiter nach Norden und Nordosten eine dichte Bebauung vorliegt. Ein Fußboden wurde bei dem Bau nicht gefunden; er lag wahrscheinlich oberhalb des Erhaltenen.[133] Aufgrund des Mauerwerks (*opus vittatum*) kann der Bau in die Mitte des 1. Jhs. v. Chr. datiert werden.[134] Die Lage des Baus und seine Form ließen den Gedanken aufkommen, hier die erste Basilika Pulas annehmen zu können. Formale Gründe haben aber Zweifel an dieser Deutung aufkommen lassen. Fischer weist darauf hin, daß in republikanischer Zeit und in der frühen Kaiserzeit nur Basiliken mit rechteckigen Exedren belegt seien. Außerdem läge kein direkter Bezug zum Forumsplatz vor. Als alternative Deutung sieht Fischer hier eine mögliche Thermenanlage.[135]

Gegen eine Deutung als republikanische Basilika sprach auch ein Befund, der in den Jahren 1987–1988 an der Südostseite des Forums entdeckt wurde und eine längere Baugeschichte aufweist (Abb. 55, 4). In diesem Kontext interessiert lediglich die Bauphase I, die in die 2. Hälfte des 1. Jhs. v. Chr. gehört (Abb. 57). Es handelt sich dabei um eine Halle, die von ihrer Form und Dimension her die Funktion einer Basilika erfüllt haben könnte.[136]

Das Kapitol

Was wir bislang für das republikanische Forum noch nicht gesehen haben, ist ein Tempel, der ebenfalls charakteristisch für derartige Platzanlagen ist. Der Tempel des Augustus und der Dea Roma sowie der Osttempel gehörten nun ganz offensichtlich in eine jüngere Phase. Als G. Carrara († 1850) im Jahre 1845 das Areal zwischen den beiden genannten Tempeln an der Nordseite des Forums untersuchte, stieß er auf Reste eines monumentalen Podiums, das teilweise vom Munizipalpalast überbaut ist. Aber erst weitere Untersuchungen durch B. Forlati Tamaro und M. Mirabella Roberti klärten die Ausdehnung des Baus. Weitere De-

Abb. 60 Pula. Das kaiserzeitliche Forum.

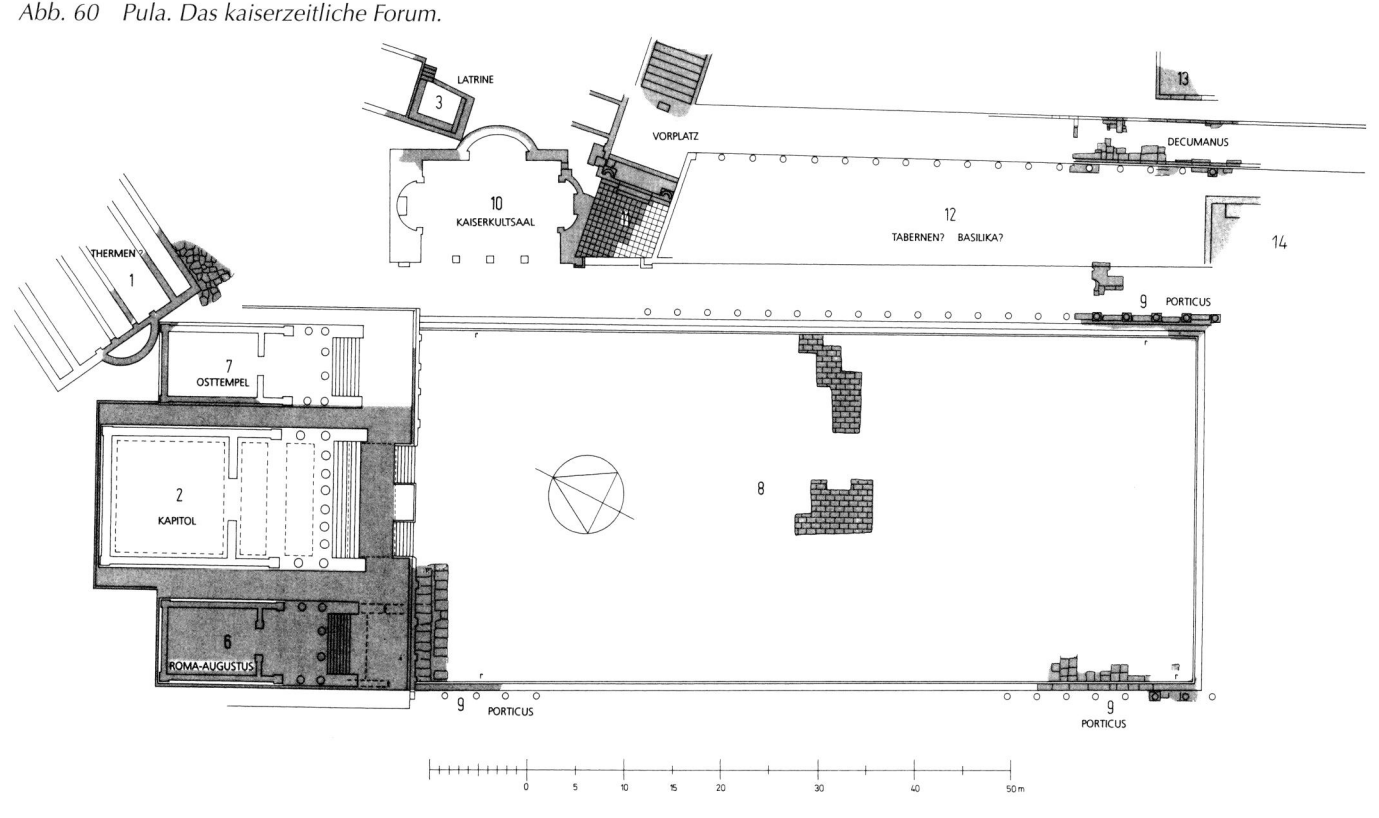

tails konnten bei den archäologischen Untersuchungen der Jahre 1979–1980 und 1987–1988 geklärt werden (Abb. 55, 2).

Das Podium wies eine Breite von 18,60 m und eine Länge von 33,30 m auf. Es besaß wohl ursprünglich eine Höhe von 1,80 m und war außen mit Quadern verkleidet. Im Inneren bestand das Podium aus Gußsteinmauern, die drei Kammern bildeten. Nach Süden befand sich eine Treppenanlage, über deren genaue Gestalt keine Aussagen gemacht werden können, die aber vielleicht über zwei Aufgänge verfügte. Das Gleiche gilt für die aufgehende Architektur, von der nichts erhalten ist. Dieser Umstand wirkte sich auch auf die Deutung des Befundes aus. Im 19. und frühen 20. Jh., also noch mit einem geringeren Kenntnisstand, wurde hier das Comitium, ein Versammlungsgebäude, oder die Rostra, die Rednertribüne, vermutet (Abb. 58).[137] B. Forlati Tamaro wähnte hier eine *ara Istrorum*, nahm also eher einen sakralen Charakter an. Diese Deutung erwies sich als sehr langlebig. So sprach noch Mlakar von einem Altar.[138] Die Dimensionen des Podiums sprechen aber eher für einen monumentalen Tempel, wie schon M. Mirabella Roberti herausstellte. Damit dürfte es sich um das Kapitol Pulas handeln.[139] Zur Rekonstruktion des Baus hat Krizmanić einige Vorschläge gemacht, die Varianten in der Breite des Baus, in der Zahl der Frontsäulen und auch in der Höhenentwicklung des Baus aufweisen (Abb. 59).

Das kaiserzeitliche Forum

Mit Beginn der Kaiserzeit wurde auch das Forum neu gestaltet (Abb. 60). Dabei mußte man auf den älteren Baubestand Rücksicht nehmen. Dies galt besonders für das Kapitol. Man mag überlegen, ob nicht schon bei der Planung des republikanischen Tempels ein Gesamtkonzept bestanden hat, weil sich in der zeitlichen Abfolge die beiden Tempel an der Nordseite unmittelbar an die Baugeschichte des Kapitols auf dem Forum anschließen lassen. Während der Tempel des Augustus und der Dea Roma gut erhalten ist (Abb. 61), hat sich von dem anderen Tempel, der in der Überlieferung als Tempel der Diana angesprochen wird, hier aber neutraler als Osttempel bezeichnet werden soll, nur die Rückseite erhalten. (Abb. 62). Beide Tempel flankierten das Kapitol (Abb. 60, 6–7).[140] Für diese Bauten liegt eine breite Überlieferungsgeschichte vor.

Die architektonische Wirkung der Tempel im Stadtbild

Die heutige Situation vermag nur unzureichend den antiken Eindruck zu vermitteln. Um schon im Vorfeld zu verdeutlichen, wie sich die Lage in Pula darstellte, soll ein Beispiel kurz angespro-

Abb. 61   Pula. Forum. Blick aus südlicher Richtung auf das historische Rathaus (rechts) und den Tempel der Dea Roma und des Augustus.

Abb. 62 Pula. Sog. Tempel der Diana. Rückseite. Durch verschiedene Baumaßnahmen seit dem Mittelalter haben sich von dem Tempel nur geringe Reste erhalten. Dazu zählt vorwiegend die Rückwand und ein kleiner Rest der Seitenwand. Die Aufnahme zeigt, wie das historische Gebäude durch einen Glasanbau einer modernen Nutzung dient.

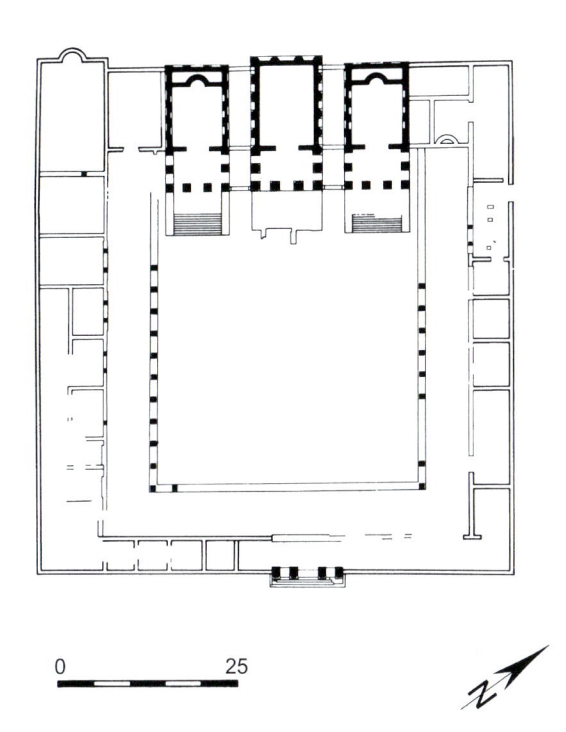

Abb. 63 Sufetula (Tunesien). Plan des Forums.

Auf der folgenden Doppelseite:

Abb. 64 Sufetula (Tunesien). Das Kapitol am Forum von Sufetula vermittelt einen guten Eindruck von dem möglichen Erscheinungsbild des Kapitols in Pula.

chen werden, das wirklich einen Eindruck vermitteln kann. Das nächste Beispiel dreier Tempel, die nebeneinander liegen und als Kapitol angesprochen werden können, findet sich in Nesactium (s. u.). Jedoch ist ihr Erhaltungszustand nicht so, daß man wirklich eine Vorstellung gewinnen kann. Sehr gut nachvollziehbar ist hingegen die Situation am Forum von Sufetula in Tunesien, an dessen Nordseite wir eine entsprechende Baugruppe in gutem Erhaltungszustand finden, die in das 2. Jh. n. Chr. datiert wird (Abb. 63. 64).

Der Tempel der Dea Roma und des Augustus

Die schon erwähnten zwei Tempel in Pula entstanden, nachdem die Stadt in den Auseindersetzungen der römischen Bürgerkriege gelitten hatte. Gut erhalten ist der westliche Tempel (Abb. 60, 6. 65. 66), weil er schon sehr früh in eine der Mutter Gottes geweihte Kirche umgewandelt wurde. Allerdings erfuhr der Bau dadurch auch Veränderungen. So entstand an der Ostseite eine Kapelle, die dem Evangelisten Markus gewidmet war; im Inneren wurden Malereien angebracht. Schäden nahm der Bau im 16. Jh., als ein Brand die westliche Cellawand zerstörte, die aber im 17. Jh. wiederhergestellt wurde (Abb. 67). Die weitere Nutzung des Baus als Kornspeicher fügte dem Bau keine weiteren Schäden zu. Zu Beginn des 19. Jhs. wurde im Tempel durch den französischen Marschall Marmont das erste Lapidarium (Sammlung von Steindenkmälern) in Pula eingerichtet. Im Zweiten Weltkrieg wurde der Bau beschädigt, konnte aber später restauriert werden.

Hinsichtlich der Deutung des Tempels stehen wir auf einem sehr sicheren Fundament, weil die Einlaßspuren der Inschrift, die in Bronzebuchstaben ausgeführt war, eine Zuweisung des Tempels an Dea Roma und an Augustus ermöglichen (Abb. 68). Zugleich bietet sie einen zeitlichen Ansatz, weil sie Augustus als *pater patriae* bezeichnet. Dieser Titel wurde Augustus während seines 13. Konsulats im Jahre 2 v. Chr. verliehen.[141] Damit haben wir einen *terminus post quem*. Da die Inschrift keine Divinisierung aufweist, muß der Tempel vor dem Tode des Augustus, also vor 14 n. Chr. entstanden sein.

Wenden wir uns aber zunächst der Forschungsgeschichte zu. Eine frühe Beschreibung des Augustustempels finden wir bei Jacob Spon und George Wheler.[142] Die beiden Reisenden schreiben zum Tempel: «Unweit des Stadtplatzes steht ein Tempel mit vier korinthischen Säulen an der Front und acht an den Seiten,

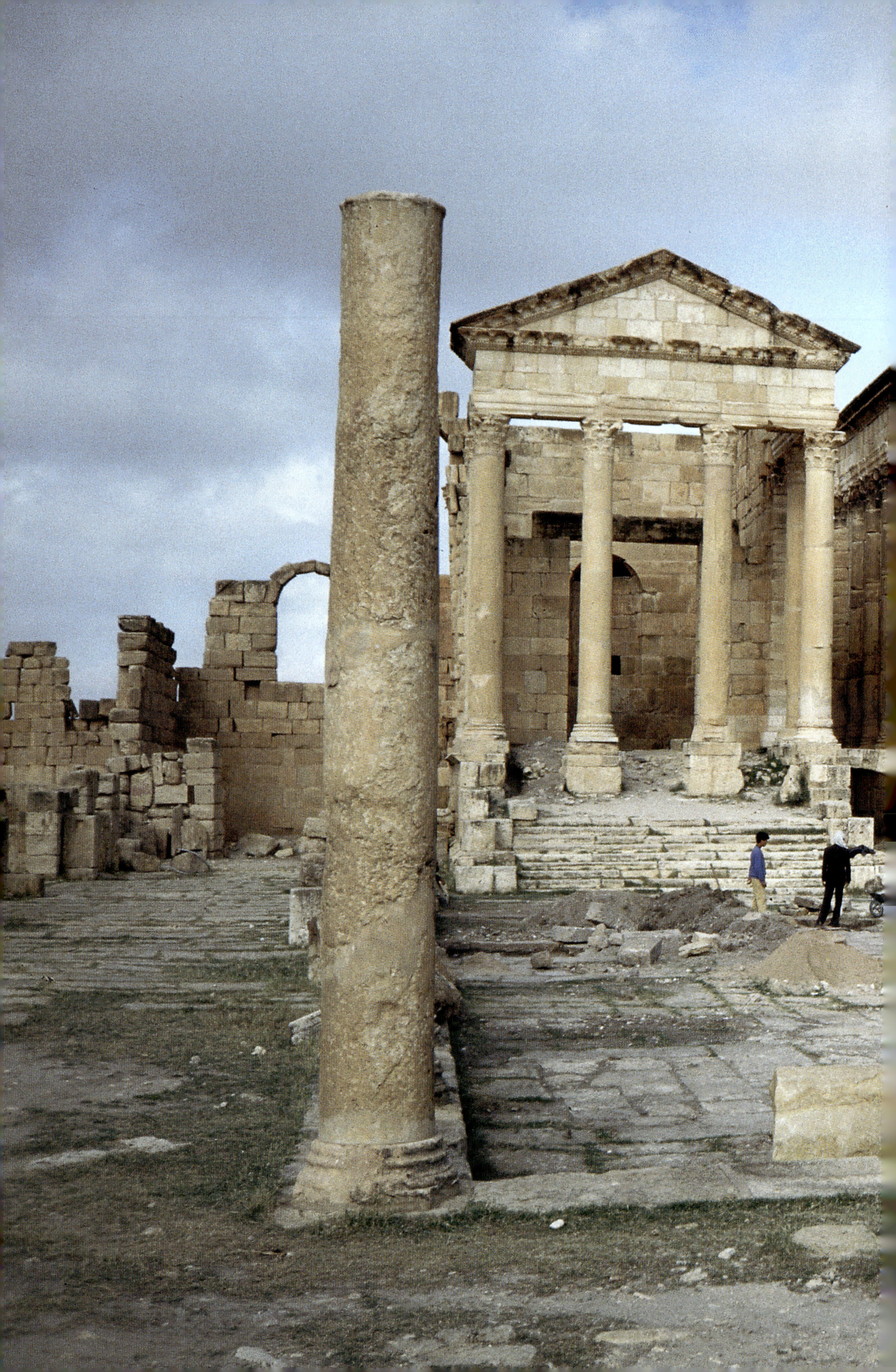

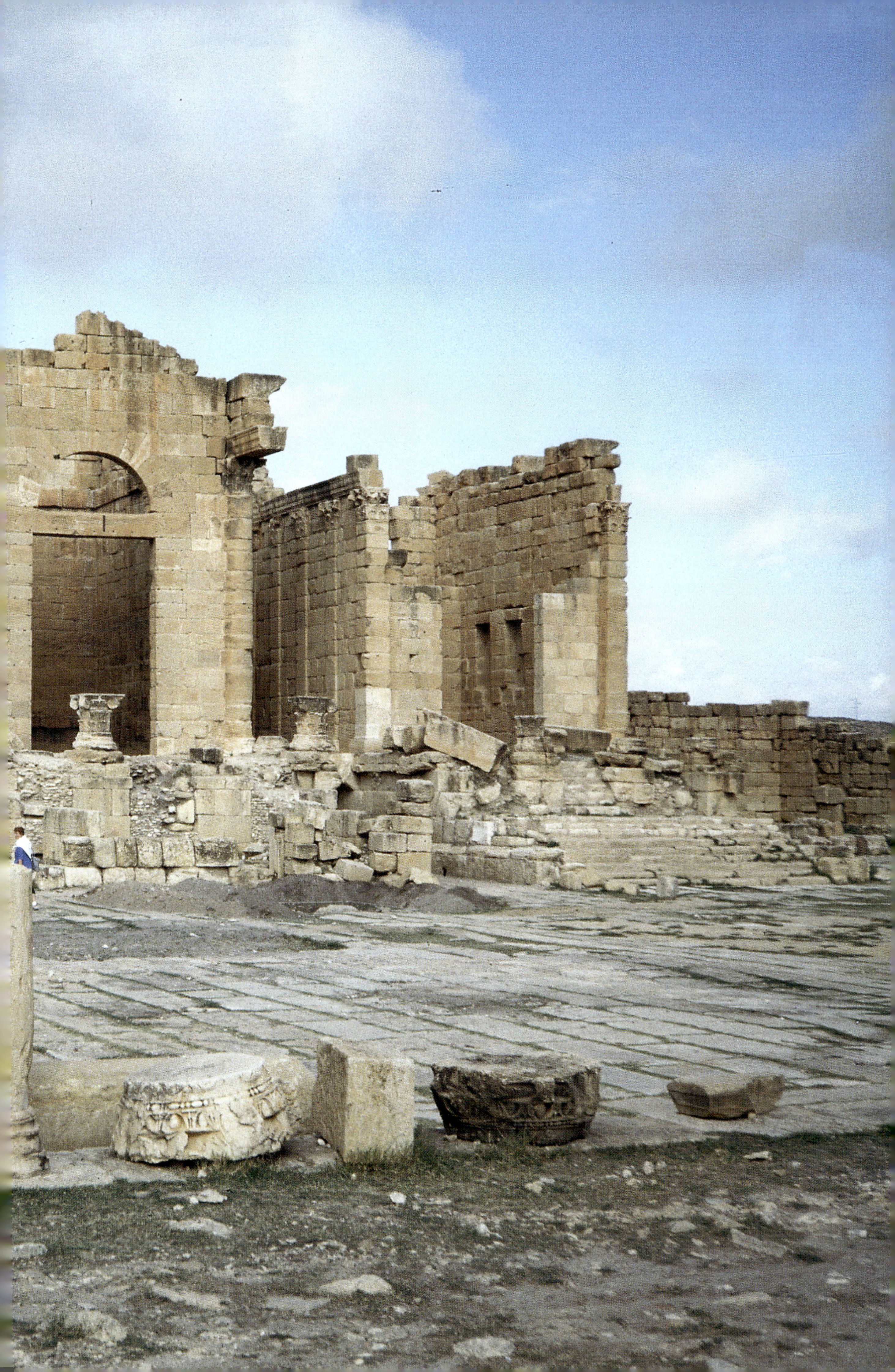

Abb. 65 Pula. Tempel der Dea Roma und des Augustus. Blick aus südlicher Richtung. Die vorgelagerte Treppe ist eine Rekonstruktion.

und einem Fries mit Pflanzenreliefs, der auf sehr gute Bildhauerarbeit hinweist. Das Volk bezeichnet ihn als Dianas Tempel, aber meines Erachtens stellen sich die Dinge etwas anders dar, denn unter dem Giebel steht eine Rom und Augustus gewidmete Inschrift. So ist es oft mit Namen der Fall, die das gewöhnliche Volk Denkmälern gibt, [...]».[143] Parallel zur Beschreibung bildeten Spon und Wheler den Tempel ab. Auffällig ist bei der sonst recht genauen Darstellung, daß das Podium nicht abgebildet wurde, also wahrscheinlich auch nicht sichtbar war.

Ein weiterer Bericht zum Augustustempel wurde etwa vier Generationen später, im Jahre 1782, angefertigt. François Cassas und Joseph Lavallée gaben eine ausführlichere Schilderung des Baus.[144] Sie berichten zum Tempel: «[...] Hier steht auch der Rom und Augustus geweihte Tempel, wie die Inschrift an seiner Fassade besagt. [...] Die Inschrift, über die Spon korrekt berichtete und deren Inhalt auch von Bürger Cassas bestätigt wurde, läßt darüber keinerlei Zweifel offen. [...] Die Bauweise dieses Tempels aus der schönsten Zeit und der besten Art ist in korinthischer Art gehalten. Vier Ziersäulen halten den Giebel der Vorderfront und bilden mit zwei seitlichen Säulen den offenen Porticus vor dem Tempelinneren. Vier korinthische Strebepfeiler (Pilastre) mit schmückenden Kanneluren versehen, stützen die Mauern an den Stockwerken des Bauwerks. An der Front des Säulenvorbaus, d. h. an der Inschriftentafel des Frieses zwischen dem Gebälk (Architrave) und dem Gesims, befindet sich die nach Spon beschriebene Inschrift. Sie ist noch immer gut lesbar. Das ganze Gebäude ist von einem Kranz von verziertem gemeißeltem Blattwerk umrandet, der jedoch wie die Umrandung stellenweise Beschädigungen aufweist und am Ende der rechten Seite fast völlig verschwunden ist. Die Front ist wesentlich weniger beschädigt. Dennoch sind die Säulenpodeste (*stylobates*) fast völlig in der Erde verschwunden, und es sind auch keine Spuren der Treppe zu sehen, die an der Vorhalle hätte stehen müssen. Die Stadtbewohner sind der Meinung, der Tempel habe der Verehrung der Pallas gedient, [...]».[145] Mit vier Bildtafeln haben Cassas und Lavallée den Tempel abgebildet. Dem Zeitgeist entsprechend stellen sie den Tempel auf drei Tafeln in einer Ruinenlandschaft dar, die so wohl nicht bestand. Von großer Bedeutung ist aber eine erste Bauaufnahme des Tempels und ein Rekonstruktionsversuch, der u. a. die vermutete Treppenanlage an der Front berücksichtigt.

Schauen wir uns nun den Tempel im Detail an (Abb. 70. 71).

Das religiöse und wirtschaftliche Zentrum – das Forum

Abb. 66   Pula. Tempel der Dea Roma und des Augustus. Blick aus südwestlicher Richtung.

Ursprünglich wurde für ihn ein eigenes Podium errichtet, das etwa 1,30 m von der Westflanke des Kapitolspodiums entfernt war. Aus diesem Grunde verfügte der Tempel anfangs über eine eigene Treppenanlage. Wohl noch zeitgleich mit der Errichtung des Augustustempels wurde diese Lücke verfüllt, so daß der Augustustempel und das Kapitol auf einem gemeinsamen Podium standen. Nach Abschluß der Bauarbeiten am Augustustempel wurde dessen ursprüngliche Treppenanlage im unteren Bereich aufgegeben. Damit war der Zugang zum Podium nur noch über die Treppenflucht des Kapitols möglich.

Abb. 67   Pula. Tempel der Dea Roma und des Augustus. Blick von Nordwesten auf die Rückseite des Tempels und eine Langseite. Diese zeigt im oberen Bereich kleinteiliges Mauerwerk, das auf Reparaturarbeiten in der frühen Neuzeit zurückgeführt werden kann.

Abb. 68 Pula. Tempel der Dea Roma und des Augustus. Detailaufnahme des Gebälks und eines Teils der zur Inschrift gehörigen Einlaßspuren.

Der Augustustempel zeigt eine Breite von 8,05 m und eine Länge von 17,65 m ohne Hinzuziehung der Treppenanlage. Damit weist er ein Verhältnis von 1:2 auf. Bei der Länge entfallen 11 m (≅ 5/8 der Gesamtlänge) auf den Cellabereich und 6,65 m (≅ 3/8) auf die Vorhalle, den Pronaos. Der Tempel ist aus einem lokalen Stein in Quaderbauweise errichtet worden. Der Pronaos wird an der Front durch vier glatte Säulen gebildet. Hinter den äußeren Säulen findet sich jeweils eine weitere Säule, die auf die Anten der Cella fluchten. Die Anten enden in kannelierten Pilastern. Die Säulen tragen korinthische Kapitelle (Abb. 71). Die Längsseiten und die Rückseite der Tempelcella sind an ihren Ecken ebenfalls mit kannelierten Pilastern betont.

Auf den Säulen der Vorhalle liegt ein dreiteiliger Architrav auf, der im Bereich der Cella als gliederndes Element aufgenommen wird. Es folgt der umlaufende Fries – lediglich an seiner Frontseite durch die Inschrift unterbrochen –, der als Motiv Akanthusranken und Blätterwerk zeigt. Seine hervorragende Ausführung hatte ja schon bei Cassas und Lavallée Begeisterung ausgelöst. Von der Formensprache der Dekoration her läßt sich eine Nähe zu jener des Mars-Ultor-Tempels auf dem Augustusforum in Rom erkennen.[146]

Als oberer Mauerabschluß ist ein Kranzgesims festzustellen, das sich auch im Giebelbereich findet. In der Mitte des Giebelfeldes fand sich ursprünglich ein Kranz oder Clipeus aus Metall, ein rundes Medaillon, mit dem vermutlich Bezug auf die Tempelinhaber genommen wurde. Man mag durchaus vermuten, daß das Objekt eine Vergoldung besaß.[147]

Bei der Beschreibung des Tempels haben wir gesehen, daß die Deutung als Tempel für Dea Roma und Augustus durch die Inschrift gesichert ist. Neue Forschungen von A. Starac erlauben aber vielleicht, eine umfassendere Nutzung des Tempels zu konstatieren. Im Bestand des Archäologischen Museums in Pula finden sich zwei Bruchstücke einer überlebensgroßen, vermutlich etwa 2,20 m großen Statue, deren Fundorte mit dem Forumsbereich angegeben werden, und die erst jetzt als zusammengehörig erkannt wurden. Statuen dieses Typus, so Starac, fanden in iulisch-claudischer Zeit Verwendung für die Darstellung der weiblichen Angehörigen des Kaiserhauses. Starac schließt dar-

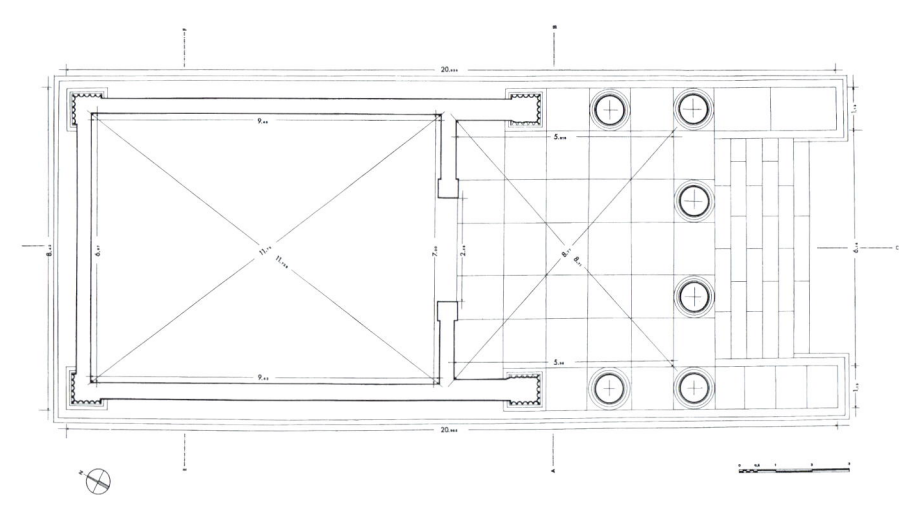

Abb. 69 Pula. Tempel der Dea Roma und des Augustus. Grundriß.

aus auf ein Heiligtum im Forumsbereich, das für den Kaiserkult bestimmt war. Dabei schließt sie als mögliche Kultstätte den Tempel der Dea Roma und des Augustus oder den zentralen Tempel nicht aus. Grundsätzlich für möglich hält sie ein Heiligtum dieser Art auch an der östlichen Längsseite des Forums.[148]

Ein Tempel der Diana oder der Pietas? – Der Osttempel

Kommen wir nun zum Osttempel (Abb. 60, 7). Dieser Tempel ist fast vollständig zerstört. Dies liegt sicher daran, daß schon gegen Ende des 13. Jhs. das Gebäude in ein gotisches Rathaus umgewandelt wurde. Weitere Ein- und Umbauten ließen praktisch fast alle Spuren des Tempels verschwinden. Lediglich die Rückwand und ein kleiner Rest der Seitenwand haben die Zeitläufe überdauert. Daher ist es auch nicht verwunderlich, daß die meisten Reisenden den Tempel in ihren Berichten und Darstellungen übersahen. Immerhin bildeten etwa Piranesi sowie Cassas und Lavallée Rückansichten beider Tempel ab.[149] Man kann bei der Darstellung deutlich erkennen, wie stark die Veränderungen und Zerstörungen waren.

Wir hatten bereits gesehen, daß der Osttempel als letzter Bau an der Nordseite des Forums entstanden ist und wohl nicht zum ursprünglichen Gesamtplan gehörte. Diese Vermutung liegt nahe, weil der Osttempel enger an den Kapitolstempel herangerückt ist als der Augustustempel. Bei zeitgleicher Planung hätte man diesen Schönheitsfehler vermeiden können.[150]

Die geringen Reste des Tempels belegen, daß er entsprechend dem Augustustempel dimensioniert war. Dies läßt sich vor allem an der Höhenentwicklung des Gebäudes an der Rückwand entnehmen. Die Höhe ist mit 11,40 m identisch mit der des Augustustempels. Die bewußte Anlehnung an den Augustustempel dokumentiert sich auch in den Einzelformen des Baudekors (Abb. 72). Dieses belegt auch, daß bei diesem Tempel eine andere Bauhütte tätig war und der Baudekor durchaus einen zeitlichen Abstand zum Vorbild spiegelt. Fischer möchte unter Abwägung aller Datierungsvorschläge, die bis 50 n. Chr. reichen, den Tempel etwa in das 1. Viertel des 1. Jhs. n. Chr. datieren.[151]

Eine weitere Frage ist, wem dieser Tempel geweiht war. Die über Jahrhunderte hinweg tradierte Bezeichnung als Tempel der Diana läßt sich nicht belegen. Eine Interpretation als Tempel für den vergöttlichten Caesar oder für die Pietas wurden etwa von Heinz Kähler in Erwägung gezogen, wobei er sich auf den Umstand stützte, daß Calpurnius Piso als Schwiegervater Caesars in Pula tätig war. Berücksichtigt man den zeitlichen Abstand zwischen Pisos möglicher Tätigkeit in Pula und der Entstehungszeit des Tempels, so verliert die Vermutung an Stichhaltigkeit.[152]

Wahrscheinlicher ist es, den Tempel mit den früh verstorbenen Adoptivsöhnen des Augustus – Caius Caesar und Lucius Caesar – in Verbindung zu bringen, zumal diesen bereits zu Lebzeiten massiv Denkmäler errichtet wurden.[153]

Weniger nachvollziehbar sind dagegen Vermutungen, hier einen Tempel für Hercules als Stadtgott anzunehmen. Zwei Gründe sprechen dagegen: Zunächst existierte wohl auf dem Stadthügel ein entsprechend gestaltetes Heiligtum. Zum anderen ist auffällig, daß die Tempel für lokale Gottheiten gegenüber Tempeln des Kaiserkultes eine eher untergeordnete Rolle einnahmen, was aber hier nicht der Fall ist.[154]

Die Forumsportiken

Mit der augusteischen Ausbauphase des Forumsbereiches wurde vor allem auch der Platz selbst neu gestaltet. Das betraf zunächst die Pflasterung des Forums. Es wurden neue Kalksteinplatten

Abb. 70 Pula. Tempel der Dea Roma und des Augustus. Aufriß.

Abb. 71 Pula. Tempel der Dea Roma und des Augustus. Detailaufnahme eines Eckkapitells.

Abb. 72   Pula. Osttempel. Detailaufnahme des Giebels.

Abb. 73   Asseria. Forum. Auch der Forumsplatz in Asseria war wie in Pula durch Rinnsteine eingefaßt. Sie lassen sich hier noch gut beobachten.

verlegt, die ca. 0,30 m über dem republikanischen Niveau lagen. Mirabella Roberti, der den Platz in den 40er Jahren des vorigen Jhs. untersuchte, konnte diese Pflasterung nachweisen (Abb. 60, 9). Sie gibt zugleich auch Hinweise auf die Dekoration des Platzes. Hier konnten nämlich Spuren von Statuenbasen beobachtet werden.[155] Für wen diese Statuen errichtet worden sind, läßt sich nicht feststellen. Vorstellbar ist aber, daß hier eine Statue des Septimius Severus gestanden hat, deren zugehörige Inschrift von Spon und Wheler überliefert wurde.[156] Die Untersuchungen von Mirabella Roberti ergaben aber auch, daß hier kein einheitliches Platzniveau vorlag. Er stellte etwa in der Platzmitte eine Stufe von 0,15 m Höhe fest, die in der Längsachse des Forums verlief.[157]

Mit Ausnahme der Seite, die durch die Tempel bestimmt war, wurde der Forumsplatz durch Rinnsteine eingefaßt, die etwa 0,30 m breit waren.[158] Anhand der Rinnsteine in Pula läßt sich auch sicher die Größe des Forumsplatzes ablesen. Er wies eine Länge von 82 m auf. Die Breite differierte; im Süden betrug sie 35 m, während sie im Norden bei 37,50 m lag.

Die Anlage solcher Rinnsteine ist keineswegs ungewöhnlich, weil ein gepflasterter Platz unbedingt eine Wasserführung benötigte, um bei starken Regenfällen nicht gänzlich überflutet zu werden. Exemplarisch läßt sich so etwas noch heute am Forum von Asseria in Kroatien (Abb. 73) beobachten.[159]

Zum Niveau der Platzrandbebauung führten kleine Treppenanlagen, die im Westen zwei, im Osten drei Stufen aufwiesen (Abb. 60).[160] Architektonisch wurde der Platz durch eine Portikus eingefaßt, von der an drei Stellen im Forumsbereich Stylobatplatten nachgewiesen werden konnten. Nach diesen Befunden ist die Portikus an den Längsseiten des Platzes gesichert, während Belege für eine Portikus an der südwestlichen Schmalseite fehlen (Abb. 60, 9). Vermutlich fand sich hier aber auch eine Säulenhalle.[161]

Neben den Stylobatplatten wurden verschiedene Architekturteile gefunden, die es G. Fischer erlaubten, die Portikus zu rekonstruieren. Den Ausgangspunkt bildete zunächst ein bereits 1921 gefundener Säulenstumpf, aus dem sich eine Gesamthöhe der Säulenordnung von 6–7 m erschließen ließ. Die Jochweiten waren auf 3 m festzulegen.[162]

Neben den erwähnten Architekturteilen existieren Fragmente von Säulenstühlen, Kapitellen und Schrankenplatten. Diese sind jedoch kleiner dimensioniert, können aber nach Fischer mit den Forumsportiken in Verbindung gebracht werden, weil die ermittelten Jochweiten mit den oben erwähnten korrespondieren. Daher war es von Fischer nur schlüssig, eine zweite Etage für die Portikus anzunehmen, die er aufgrund der erhaltenen Teile mit einer Gesamthöhe von 5,50–6 m rekonstruierte.[163]

Die Architekturteile bieten gute Anhaltspunkte für die Datierung der Forumsportikus, weil sie mit Reliefs dekoriert sind. Auf den Säulenstühlen ist mehrfach Jupiter-Amon abgebildet. Die Darstellungen entsprechen ikonographisch den Jupiter-Amon-Köpfen vom Augustusforum in Rom, sind aber, wie Fischer betont, stilistisch etwas später anzusetzen und verweist sie in spätaugusteisch-tiberische Zeit.[164] Auch eine Reliefplatte, die einen Triton mit Steuerruder und Muschelhorn zeigt, läßt sich an Darstellungen anschließen, die in die frühe Kaiserzeit gehören, so auf dem Seesiegmonument von Milet oder am Juliergrabmal in St. Remy-de-Provence.[165] Insgesamt gesehen glaubt Fischer, die Forumsportikus erst nach dem Osttempel datieren zu können, wohl aber in spätaugusteisch-tiberische Zeit.

Kaiserkult

Ein weiterer wichtiger Bau auf dem Forum von Pula, von dem im Stadtbild aber nichts mehr erhalten ist, lag an der Nodostecke des Platzes (Abb. 60, 10). Archäologische Untersuchungen fanden im Jahre 1908 durch A. Gnirs statt.[166]

Bei dem Bau handelte es sich vom Grundriß her um ein langgestrecktes Rechteck, in dessen Schmalseiten kleinere halbrunde Nischen eingelassen waren. An seiner Rückwand befand sich

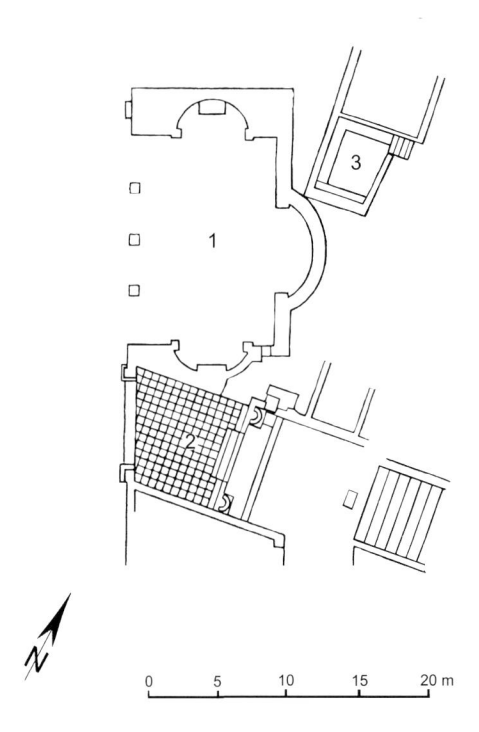

Abb. 74 Pula. Gebäude für den Kaiserkult am Forum (1) und das Propylon zum Forum (2). Mit 3 ist eine Latrine aus der republikanischen Phase des Forums bezeichnet.

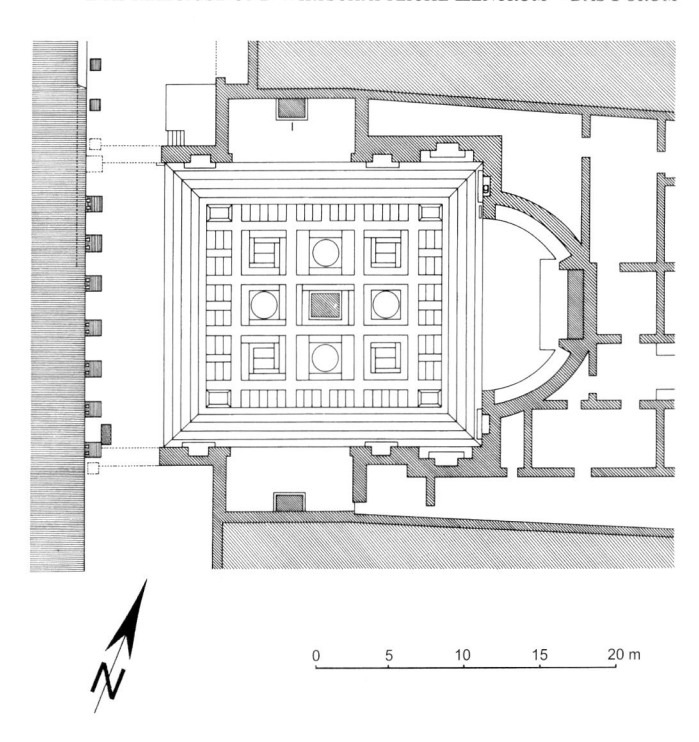

Abb. 75 Pompeji. Das sog. Heiligtum der Laren am Forum war wohl eigentlich ein Gebäude für den Kaiserkult. Es steht dem Heiligtum für den Kaiserkult in Pula vom Grundriß her sehr nahe. Daher hat schon A. Gnirs in seinen Grabungsberichten das Gebäude entsprechend interpretiert.

eine größere Nische. Zur Westseite hin wies der Bau keine geschlossene Wand auf, Säulen oder Pfeiler waren hier wohl vorhanden (Abb. 74, 1).

Die Dekoration des Innenraumes war aufwendig, wie die Funde belegen. Architekturfragmente legten nahe, daß sich vor den Nischen Aediculae befanden. Außerdem konnten für den Fußboden verschiedene Steinmaterialien nachgewiesen werden, so daß man einen Boden aus *opus sectile* annehmen kann. In den Nischen standen wohl ursprünglich Statuen. Gnirs konnte hier noch das Fragment einer Panzerstatue finden. Es handelte sich um einen Fuß in einem Fellstiefel, dem ein gefesselter Barbar angefügt war.

Der Baukörper, die reiche Ausstattung und schließlich der Hinweis auf eine Statuenausstattung ließen Gnirs für das Gebäude eine Nutzung im Rahmen des Kaiserkultes annehmen. Vom Bautypus her sah Gnirs eine Verbindung zum sog. Lararium am Forum von Pompeji (Abb. 75).[167]

Datiert werden kann der Bau aufgrund der gefundenen Architekturteile in die 1. Hälfte des 1. Jhs. n. Chr. Auch das Statuenfragment würde dieser Datierung nicht widersprechen.[168]

Möglicherweise ebenfalls in den Kontext des Kaiserkultes gehört ein kleines Gebäude an der Südostecke des Forums, das bei Untersuchungen in den 80er Jahren des 20. Jhs. angeschnitten wurde (Abb. 60, 14). Neben einer reichen Ausstattung mit Marmor und Stuck wurden Podeste nachgewiesen, die als Aufstellungsort für Statuen und/oder Aediculae gedient haben mögen.[169] Für eine Nutzung im Rahmen des Kaiserkultes sprechen die Funde der Fragmente einer Panzerstatue und eines Frauenporträts, das aufgrund der Haartracht in die Zeit der Antonia Minor (36 v. Chr. – 37 n. Chr.) datiert werden kann.

Eine Basilika am Forum?

Bei der Betrachtung des Forums ist es uns bislang nicht gelungen, einen Bau zu identifizieren, der als Basilika angesprochen werden kann.[170] Als letzte Möglichkeit für einen Standort bietet sich die Ostseite des Forumsplatzes an (Abb. 60, 12). Zwischen dem Eingang und dem möglichen zweiten Kultgebäude für den Kaiserkult existiert eine ziemlich große Fläche, die einerseits durch die Forumsportikus und andererseits durch den *decumanus* begrenzt ist. Es wäre hier ein Bau denkbar, der eine relativ gesicherte Länge von 55 m und eine Breite von etwa 10 m besessen haben könnte. Zum *decumanus* hin öffnete er sich mit Säulenstellungen. Hier könnte also die Basilika gestanden haben, doch ist eine Nutzung durch Tabernae, Läden, nicht auszuschließen.[171]

UNTERHALTUNG IN PULA – THEATER UND AMPHITHEATER

Aus den archäologischen Zeugnissen lassen sich gute Rückschlüsse auf die Freizeitgestaltung in der römischen Stadt ziehen. Dabei sind einige Fakten sicherlich überraschend, bedenkt man, daß Pula keineswegs eine Großstadt war. Sie verfügte nämlich über zwei Theater und ein Amphitheater.

Das große Theater

Südlich der Stadt, jedoch außerhalb der Stadtmauern lag das große Theater (Abb. 76, 1).[172] Es lehnte sich an den Nordhang des Monte Zaro. Dieses Toponym leitete sich – wie Gnirs vermutete – vom Begriff «teatro» ab.[173]

Obwohl der Bau auch schon im 13./14. Jh. als Steinbruch für das gotische Rathaus der Stadt gedient hatte, waren bis in das 17. Jh. hinein große Teile des Baus erhalten. Zahlreiche Künstler und Architekten konnten das Theater dokumentieren oder zumindest nennen. Den Anfang bei dieser Dokumentation machte Georg Pfistering, der zwischen 1436 und 1440 Istrien bereiste. Er erwähnt das Gebäude unter dem Namen «Palas Rolandi», womit die Vermutung naheliegt, hier einen befestigten Adelswohnsitz zu sehen.[174]

Weitaus wichtiger ist die Bauaufnahme des Theaters durch Sebastiano Serlio von 1536.[175] Er fertigte einen Grundriß und einen Aufriß der damals erhaltenen Bausubstanz (Abb. 77–79), die mit die Grundlage zur Erforschung des Baus bilden. Seit

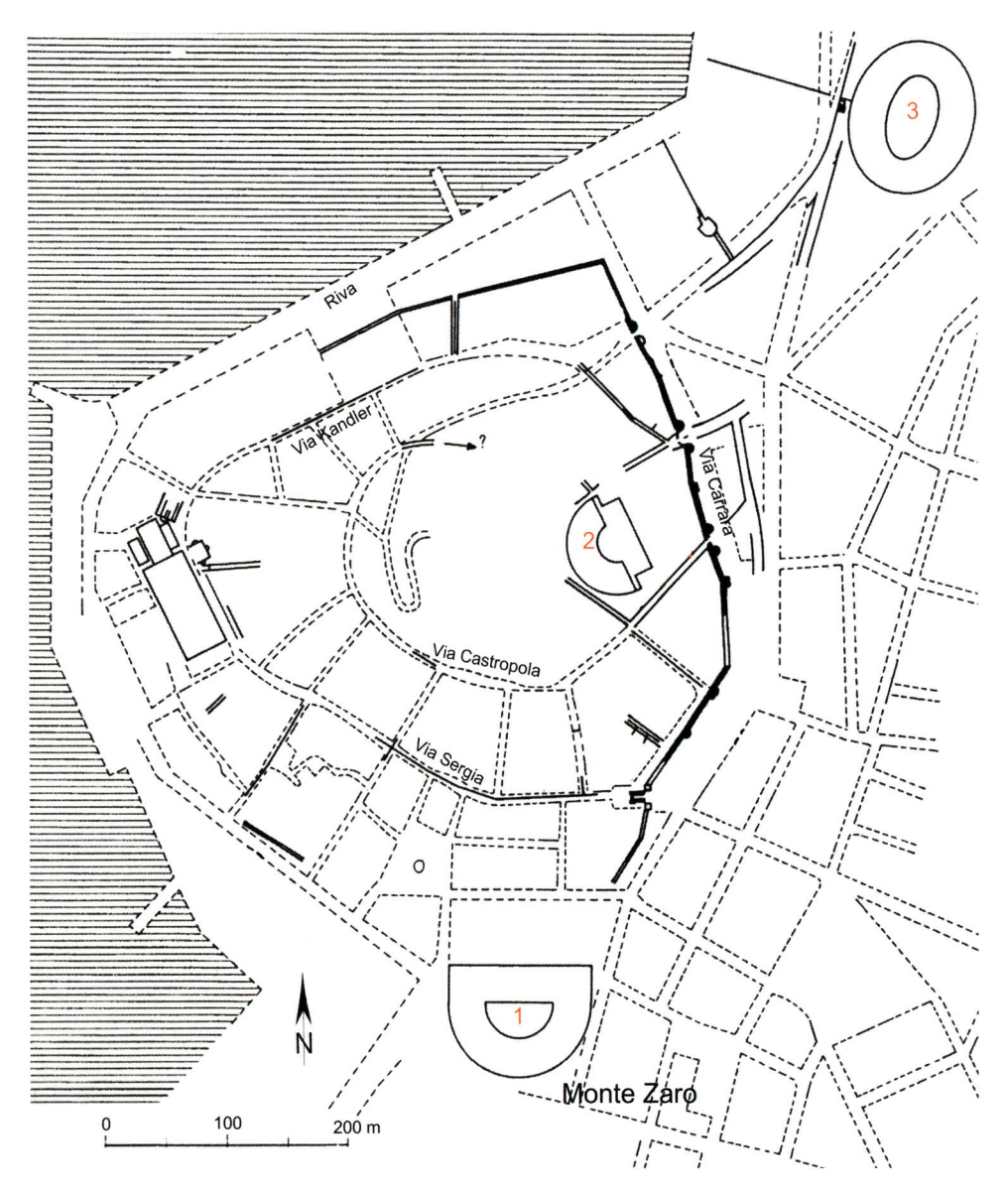

Abb. 76 Pula. Theater und Amphitheater der Stadt.
1 großes Theater am Monte Zaro;
2 kleines Theater;
3 Amphitheater.

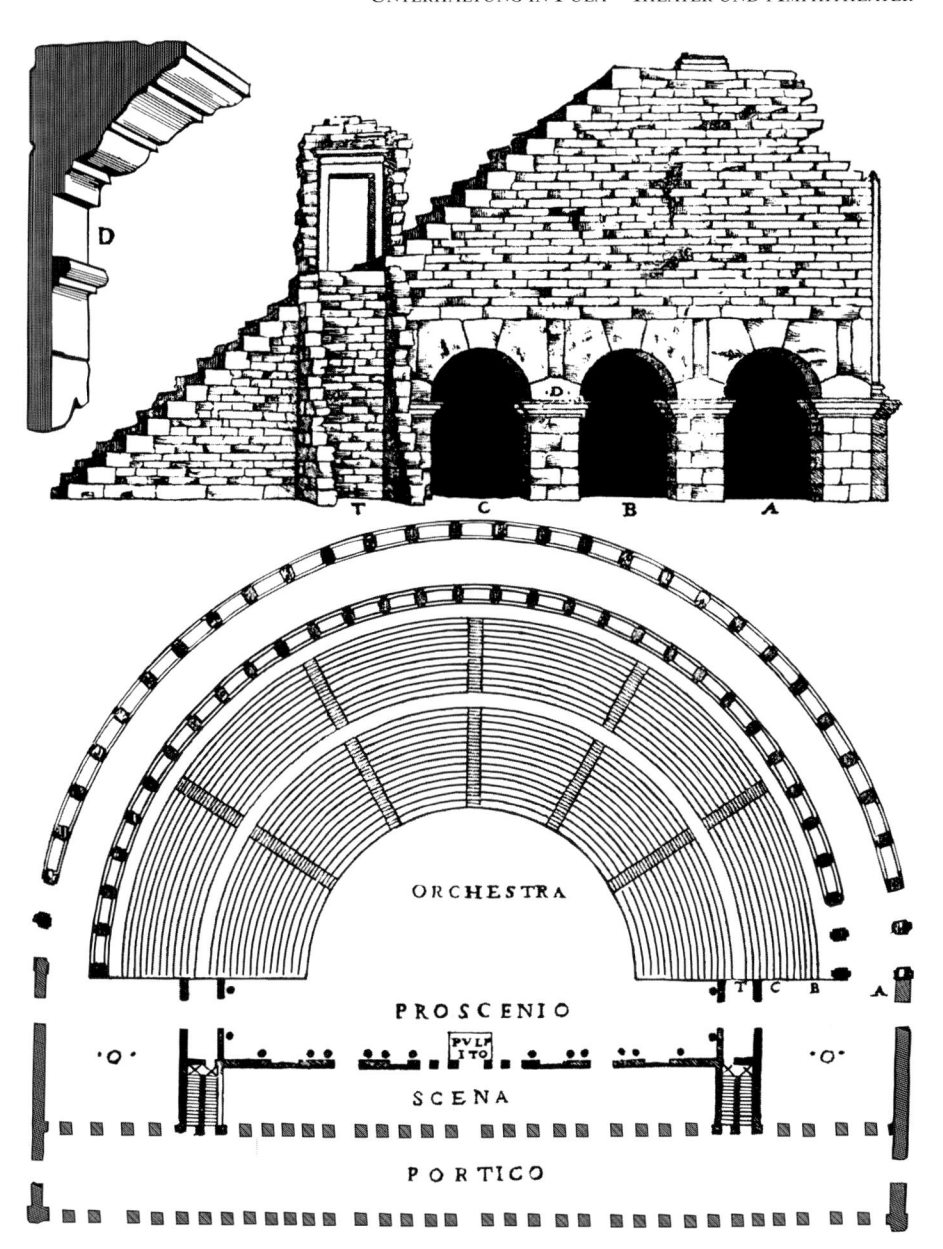

Abb. 77   Pula. Großes Theater am Monte Zaro. Plan und Caveasubstruktionen nach S. Serlio von 1536.

einiger Zeit wird allerdings die Auffassung vertreten, daß nicht Serlio selbst die Bauaufnahme durchgeführt habe, sondern daß diese durch einen unbekannten Zeichner aus Verona erfolgt sei.[176]

Die späteste bildliche Darstellung des großen Theaters stammt aus dem Jahre 1568 von der Hand des Giovanni Francesco Camoccio, der zwischen 1560 und 1572 in Venedig als Kupferstich-Verleger und vielleicht auch als Kupferstecher tätig war.[177] Der Steinraub – Spolien sollen für den Bau der um die Mitte des 16. Jhs. entstandenen Libreria di San Marco in Venedig gedient haben[178] – muß zwischen 1536 und 1568 so groß gewesen sein, daß Camoccio nur noch einen sehr ruinösen Zustand darstellen konnte und ihn auch als solchen bezeichnete.

Der beschriebene Zustand mag auch dazu geführt haben, daß Antoine Deville nicht davor zurückschreckte, das Steinmaterial

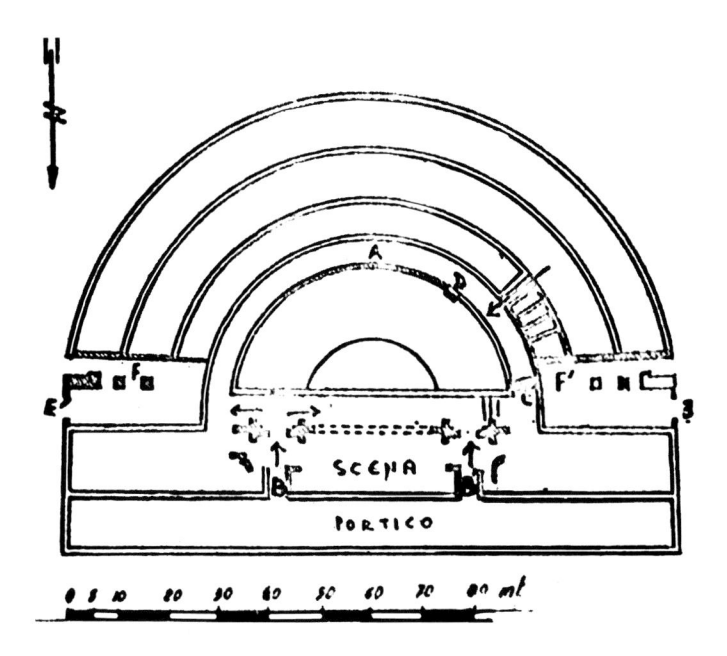

Abb. 78   Pula. Großes Theater. Grundriß nach Serlio.

Abb. 79 Pula. Großes Theater am Monte Zaro. Rekonstruktionsversuch des Bühnengebäudes durch Serlio von 1536, links die Außenfassade, rechts die «scaenae frons». Im oberen Teil der Abbildung sind verschiedene Architekturteile abgebildet.

des großen Theaters für den Festungsneubau auf dem zentralen Stadthügel zu verwenden, während er auf der anderen Seite ja sehr bemüht gewesen war, das Amphitheater zu schonen. Steinmaterial des großen Theaters soll der Überlieferung zufolge auch nach Venedig gelangt sein für den Bau der Kirche Santa Maria della Salute, die zwischen 1631 und 1687 entstand. Dabei soll es sich um Marmorsäulen von der Fassade und einer umlaufenden Portikus gehandelt haben.[179] Die letzten aufrecht stehenden Mauern wurden im Jahre 1850 abgetragen.[180]

Bei neuzeitlichen Baumaßnahmen kamen im Bereich des Theaters noch einige Architekturteile zum Vorschein, die diesem Bau zugerechnet werden.[181] Minimale Reste des Theaters finden sich heute an der Ecke Ulica Dobrile Jurija (Via Zaro) und Ulica Jurine i Frane Stube (Via della Specola).[182] Das Areal wird sonst durch die modernen Straßen und eine kleine Grünfläche überlagert.

Ausgehend von den bildlichen Darstellungen und archäologischen Funden kann das Theater am Monte Zaro einigermaßen rekonstruiert werden. Wenden wir uns zunächst dem Bühnengebäude zu, das als monumental bezeichnet werden muß. Sicher ist, daß es eine Länge von mehr als 100 m aufwies. Die Angaben schwanken in der Literatur von 109–120 m. Wahrscheinlicher ist jedoch die Angabe mit etwa 120 m, zumal das Aufmaß bei Serlio 117 m entspricht. Aussagen über die Höhenentwicklung des Bühnengebäudes zu treffen, bereitet hingegen einige Schwierigkeiten, weil die sonst aussagekräftigen Darstellungen Serlios hier versagen. Neueste Rekonstruktionsversuche durch Mitarbeiter des Archäologischen Museums Istriens gehen dahin, für das Bühnengebäude eine dreigeschossige Architektur anzunehmen.[183] Damit wäre es wahrscheinlich, daß die Oberkante der Cavea, der Zuschauerraum, mit der des Bühnengebäudes korrespondierte.

Nachdem wir uns mit den Dimensionen des Bühnengebäudes beschäftigt haben, müssen wir nun einen Blick auf die Architektur selbst werfen. Nach Serlio war das Bühnengebäude in seiner Außenansicht in drei Zonen gegliedert. Im unteren Bereich fand sich eine geschlossene Wand, die kleinere Durchfensterungen aufwies. Ein Profil lief um. Die darauf folgende Zone war durch hohe Arkadenarchitektur bestimmt, die durch Säulen auf Postamenten charakterisiert war. Die Säulen trugen einen Architrav, der ein weiteres Geschoß trug, das in seiner Formensprache dem vorangegangen entsprach, jedoch kleiner dimensioniert war.

Die *scaenae frons*, die Fassade des Bühnengebäudes, scheint nach Serlio eine weitgehend gerade Wand gewesen zu sein, der eine Säulenarchitektur vorgelegt war. Der Zugang auf das *proscaenium* erfolgte ganz konventionell über drei Türen.

Die Bühne, das *pulpitum*, war in ihrer Längserstreckung erheblich kleiner, da sie nur 52 m Länge aufwies und 6 m tief war. Vor der Bühne selbst verlief in der Orchestra eine Art Graben oder Gang.

Die Cavea selbst maß wohl 50 m im Durchmesser. Geschickt nutzte man die Hanglage, indem man den Abhang des Monte Zaro für den unteren Rang der Sitzstufen abarbeitete. Für die beiden oberen Ränge mußten allerdings Substruktionen errichtet werden. In älteren Rekonstruktionsvorschlägen ging man lediglich von zwei Rängen aus, doch konnte Mirabella Roberti schlüssig einen dritten Rang nachweisen.[184]

Zwischen den Rängen verliefen überdeckte Gänge, über die die Besucher zu ihren Plätzen gelangten. Die weitere Besucherführung innerhalb der Cavea erfolgte über Treppen, wie man sie auch aus anderen Theatern kennt. Aufgrund des schlechten Erhaltungszustandes lassen sich aber keine näheren Angaben dazu machen.[185]

Hinsichtlich der Zugänge zum Theater sind mehrere Möglichkeiten vorhanden. Folgt man dem Plan von Serlio, so bildete eine Portikus, aus 32 Pfeilern bestehend, den oberen Abschluß der Cavea. Cassas, der sich auf die Pläne Serlios stützte, ging davon aus, daß sich in der Mitte der Portikus ein Eingang befand, vor dem eine Terrasse lag.[186] Sicher sind aber Eingänge auf dem Niveau der Orchestra. Gnirs konnte bei seinen Untersuchungen *parodoi*, Eingänge, feststellen, die in den Plänen von Serlio und Cassas nicht auftauchten. Die oberen Sitzstufen der Cavea überdeckten wohl diese Zugänge und reichten damit bis an das Bühnengebäude heran. Vermutlich fanden sich hier auch die *tribunalia*, die Ehrenplätze.[187]

Die Datierung des Theaters ist nicht ganz unproblematisch. In der Literatur gibt es sehr unterschiedliche Ansätze für die Datierung des Baus, vor allem auch, weil keine gesicherten stratigraphischen Befunde vorliegen. Die Datierungsansätze schwanken zwischen augusteischer Zeit bis zum Ende des 1. Jhs. n. Chr. Die Vorschläge gründen auf methodisch unterschiedlichen Ansätzen. A. Gnirs ging bei seiner Datierung zunächst von einem Statuen-

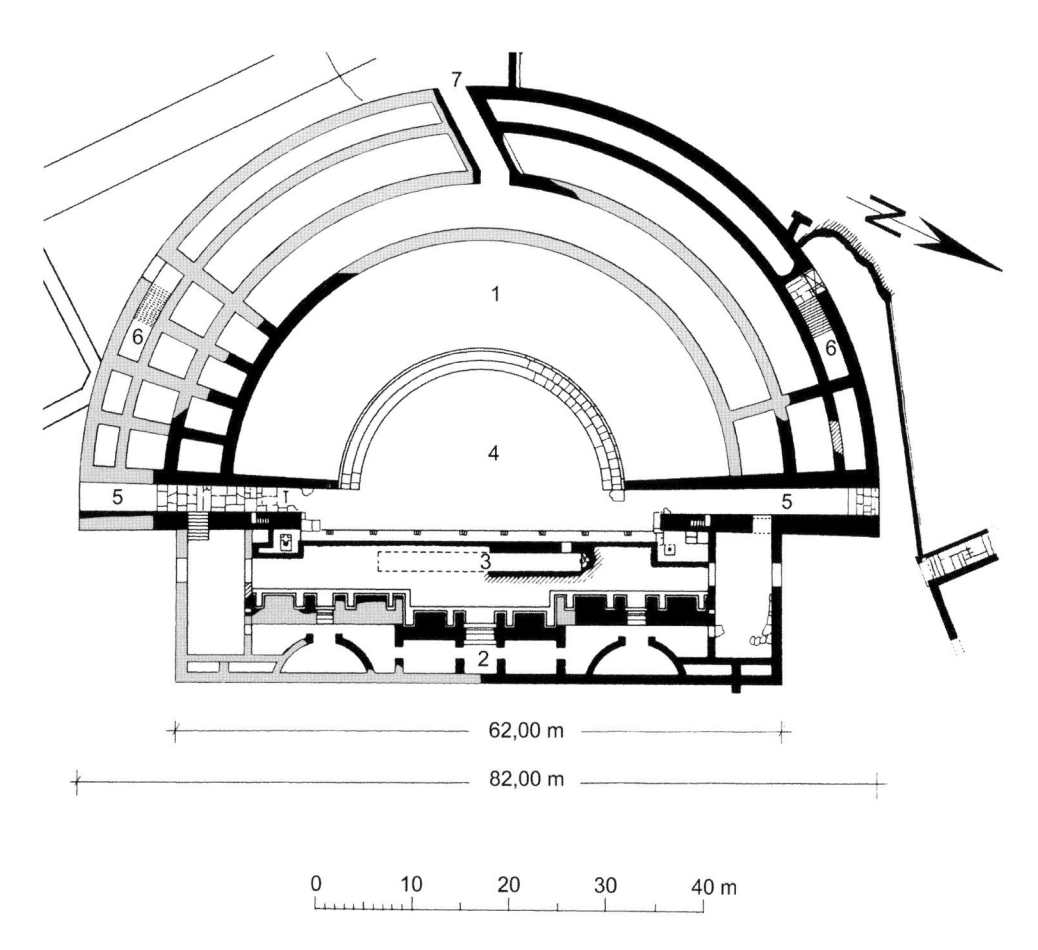

Abb. 80 Pula. Kleines Theater, wohl als Odeion genutzt. Grundriß. Die erhaltenen Baureste sind in Schwarz, die ergänzten in Grau angelegt. 1 Cavea, 2 Bühnengebäude, 3 Bühne mit Graben für Bühnentechnik, 4 Orchestra, 5 Zugänge zur Orchestra und den unteren Rängen der Cavea, 6 und 7 Zugänge zu den oberen Sitzplätzen der Cavea.

Abb. 81   Pula. Kleines Theater. Blick aus nordöstlicher Richtung auf die Cavea. Im Hintergrund erhebt sich der Stadthügel mit der venezianischen Zitadelle.

Abb. 82   Pula. Kleines Theater. Blick aus nordwestlicher Richtung auf die Reste des Bühnengebäudes. Im Hintergrund ist das Archäologische Museum Istriens zu sehen.

Abb. 83   Pula. Kleines Theater. Blick aus südlicher Richtung entlang der Bühne.

fund aus, den er als Augustus interpretierte und so zu einem Entstehungsdatum in dessen Regierungszeit gelangte. Ziegel mit Stempeln und eine Münze des Nerva im Trümmerschutt ließen Gnirs aber bald zu der generellen Datierung 1. Jh. n. Chr. gelangen.[188] Ohne eine Begründung datierten hingegen S. Mlakar und B. Forlati Tamaro das Theater in augusteische Zeit.[189]

Einen anderen Ansatz, um zur Datierung des Theaters zu gelangen, wählten dagegen G. A. Mansuelli und C. Anti, die sich vom Bautypus her der Problematik näherten. Sie kamen dabei aber zu sehr unterschiedlichen Datierungen, die einerseits eine Frühdatierung, andererseits eine Spätdatierung erlaubten.[190]

Nachdem es der Forschung schließlich gelungen war, einzelne Architekturteile sicher dem Theaterbau zuzuordnen, gelang es Cavalieri Manasse, sich über deren Stil einer verläßlichen Datierung zu nähern. Diese liegt wohl in der 2. Hälfte des 1. Jhs., etwa zwischen 50 – 60 n. Chr.[191]

Das kleine Theater

Das zweite Theater, auf das einzugehen ist, befindet sich innerhalb der Stadtmauern (Abb. 76, 2). Im heutigen städtebaulichen Kontext liegt es unmittelbar hinter dem Archäologischen Museum, von dessen oberen Etagen man einen guten Eindruck über den ganzen Bau bekommt. Das kleine Theater war gänzlich aus dem Bewußtsein der Einwohner Pulas verschwunden. Als die archäologische Forschung im 19. Jh. und im beginnenden 20. Jh. an dieser Stelle auf antike Baureste stieß, konnte man diese nicht richtig zuordnen. Ursache dafür war, daß man sich nicht vorstellen konnte, es habe in Pula zwei Theater gegeben, und das Thea-

Abb. 84   Pula. Kleines Theater. Architekturfragmente des Theaters, zu einer Arkade gehörig.

Auf der folgenden Doppelseite:

Abb. 85   Pula. Amphitheater. Blick über die Arena aus nördlicher Richtung. Im Hintergrund, durch die Bogenöffnungen der Außenmauer, erkennt man die Kräne, die heute den Hafen der Stadt beherrschen.

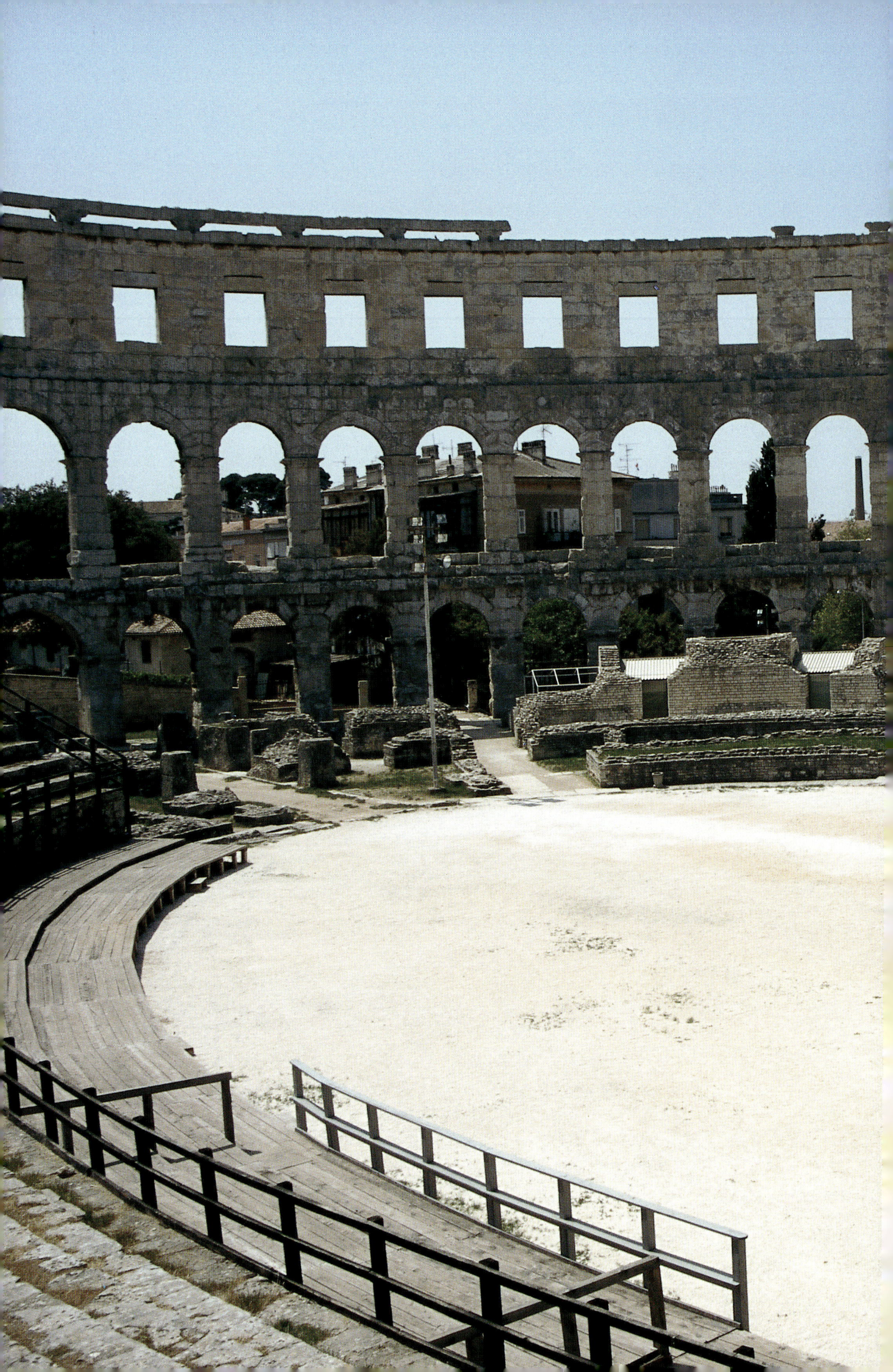

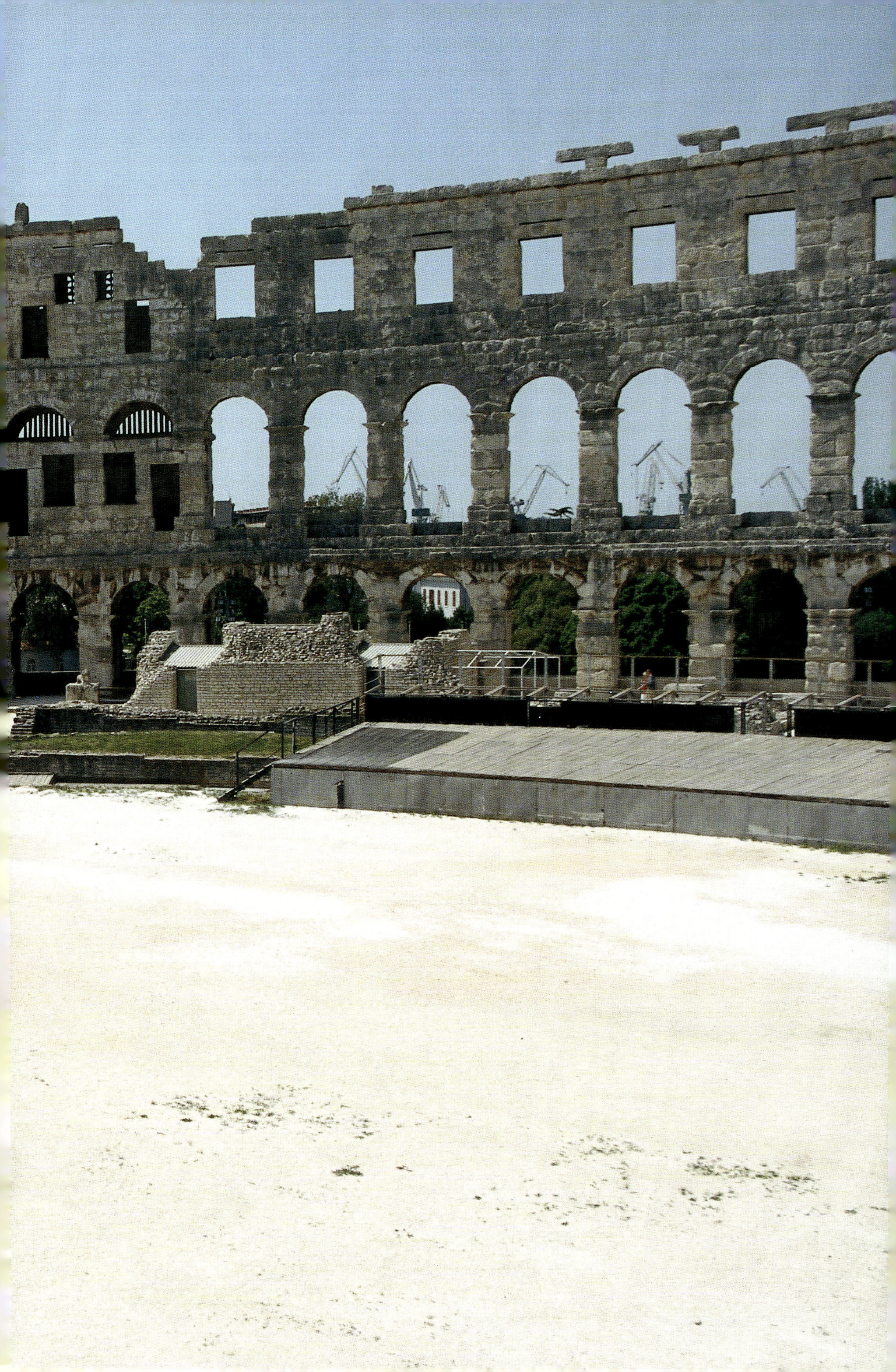

Abb. 86   Pula. Amphitheater. Blick in die Substruktionen mit Ausstellungsobjekten. Zustand Mai 2003.

ter am Monte Zaro war schließlich bekannt. Die richtige Deutung wurde erst möglich, als Gnirs im Jahre 1911 einen Teil des Bühnengebäudes freilegte. Vollständig ausgegraben wurde das Theater aber erst in den 30er Jahren des vorigen Jahrhunderts.[192]

Im antiken städtebaulichen Kontext lag der Theaterbau an einer Stelle, die für Besucher von außerhalb der Stadt gut zu erreichen war. Von der Porta Gemina aus führte eine Straße, deren Verlauf gesichert ist, zum Theater. Ein weiterer unmittelbarer Zugang war auch durch die Porta Herculea gegeben. Befunde sichern einen entsprechenden Straßenverlauf.[193]

Der Bau schmiegt sich mit seiner Cavea an den Osthang des Stadthügels (Abb. 80, 1. 81). Mit der Wahl dieses Bauplatzes hatte man geschickt Baukosten sparen können, weil für die Cavea deutlich geringere Substruktionen errichtet werden mußten als für einen Bau auf ebener Fläche. Vom Grundriß her handelt es sich um einen typischen römischen Theaterbau mit halbrunder Orchestra, einer entsprechend geformten Cavea und einem abschließenden Bühnengebäude. Insofern birgt der Bau keine besonderen architektonischen Überraschungen. Versuchen wir aber nun, ein genaueres Bild des Theaters zu gewinnen.

Das Bühnengebäude liegt an der Ostseite des Theaterkomplexes (Abb. 80, 2. 82). Vom Bühnengebäude erhalten sind im wesentlichen die Grundmauern und Anlagen, die in den anstehenden Felsen eingearbeitet worden sind. Diese nahmen ursprünglich Teile der Bühnentechnik auf (Abb. 80, 3. 83). Die Bauteile werden heute z. T. durch eine moderne Bühnenkonstruktion aus Holz überdeckt. Außerdem konnten einige Architekturfragmente dem Bau zugeordent werden.[194] Das Bühnengebäude erstreckt sich über 62 m. Die Bühne, das *pulpitum*, selbst war in ihrer Größe deutlich reduziert. Sie besaß nur eine Länge von 46 m. Das Bühnengebäude war an seiner Außenfassade durch drei monumentale Eingänge gegliedert, wie Mlakar berichet. Die weitere Fassadengestaltung ist nicht nachvollziehbar. Die *scaenae frons* hingegen wird ganz konventionell gestaltet gewesen sein, d. h. mit den drei Durchgängen, die das antike Theater verlangt, und einer Schauwand, die mit einer vorgelegten Säulenarchitektur dekoriert ist. Hinsichtlich der Bühne vertritt Mlakar die Ansicht, daß sie bei Bedarf über die ganze Orchestra hinweg erweitert werden konnte.[195]

Der Zugang zur Orchestra erfolgte über zwei seitliche, überwölbte Durchgänge – *parodoi* – aus nördlicher und südlicher Richtung, die eine Steinpflasterung besaßen (Abb. 80, 5). Die Orchestra selbst wies ebenfalls eine Steinpflasterung auf.[196]

Der Theaterbau wurde sicher durch die eindrucksvolle Cavea dominiert. Der größte Durchmesser betrug immerhin 82 m. Ihre Gliederung erfuhr die Cavea durch einen Gang (*praecintio*), der sie horizontal in zwei Zonen teilte. Durch vertikal angeordnete Treppen enstanden Sitzplatzkeile (*cunei*). Die Sitzstufen selbst bestanden aus einheimischen Kalksteinquadern. Im unteren Bereich waren die Lager für die Sitze in den anstehenden Felsen eingearbeitet, während man im oberen Bereich und im südlichen Sektor der Cavea Substruktionen aufmauern mußte.[197]

Die Besucherströme des Theaters konnten gezielt gesteuert werden. Die unteren Ränge waren durch die bereits erwähnten Gänge und über die Orchestra zu erreichen. Die höher gelegenen Ränge der Cavea waren über Treppenaufgänge an der Nord- und Südseite erschlossen (Abb. 80, 6). Ein weiterer Zugang war von Westen vorhanden (Abb. 80, 7).

Oberhalb der *summa cavea* verlief wohl ein Wandelgang, dem Fragmente einer Arkadenarchitektur (Abb. 84) zugerechnet werden. Es handelte sich dabei um mindestens sechs Bögen, die vermutlich etwa 2 m hoch waren und eine Jochweite von 1,60 m aufwiesen. Eine vergleichbare Architektur findet sich im Theater von Verona.[198]

Das Amphitheater

Gladiatorenkämpfe stellten seit der späten Republik ein beliebtes Schauspiel dar. Begnügte man sich zunächst mit temporären Architekturen, so verlangten die gesteigerten Ansprüche an die Spiele bald nach entsprechenden Einrichtungen.[199] Mit das früheste Amphitheater kennen wir aus Pompeji, das zwischen 80 – 70 v. Chr. datiert wird. In Rom selbst ließ C. Statilius Taurus im Jahre 29 v. Chr. ein Amphitheater errichten, bei dem es sich um eine Konstruktion handelte, die überwiegend aus Holz bestand. Augustus selbst trat nicht als Auftraggeber hervor. Jedoch ließ er etliche Male Spiele (res gestae 22) – Gladiatorenkämpfe und

Tierhetzen – durchführen. Wie sah nun das Amphitheater in Pula aus, und wann entstand es? Wenden wir uns zunächst der Erforschung des Baus, dem aktuellen Bestand und seiner Einordnung zu.

Forschungsgeschichte

Sicher der prägnanteste Bau im Stadtgebiet des heutigen Pula ist das Amphitheater (Abb. 76, 3. 12. 85). Dieser Umstand hat sich auch auf die Erforschung des Baus ausgewirkt. Im 16. Jh. waren es vor allem Architekten und Künstler wie Sebastiano Serlio oder Andrea Palladio, die den Bau in ihren Werken dokumentierten. Auch bei Spon und Wheler finden sich Hinweise auf das Amphitheater. Sie schreiben dazu: «Das Amphitheater wird auch Orlandos oder Rolands Haus genannt, [...] Das Amphitheater hat fast die gleiche Größe wie jenes in Rom, und es wurde ganz mit schönem istrischen Stein gebaut. Es hat drei übereinanderliegende Fensterreihen mit jeweils 72 Fenstern. Die Mauern sind fast vollständig, aber die Treppenhäuser fehlen, so daß man davon ausgehen kann, daß sie aus Holz waren. Palladio legte in seinem Buch über die Baukunst den Abriß und die Maße dieses Bauwerks dar, und ich möchte ihn nicht korrigieren.»[200]

Nicht minder beeindruckt vom Amphitheater waren Cassas und Lavallée. Bei ihnen heißt es: «Unweit der [Stadt-]Mauern steht noch das alte römische Amphitheater mit seinen erstaunlichen Mauern, das mehrere Tausend Zuschauer faßte. [...] Die Mauern der Arena sind noch unversehrt. Ihre Form ähnelt anderen Bauwerken dieser Art. Allgemein wird angenommen, daß der Stein für ihren Bau in den istrischen Steinbrüchen gewonnen wurde. Doch einige der behauenen Steine sind außerordentlich schön und noch immer gesund, so daß sie nicht aus Istrien zu stammen scheinen. Es handelt sich um eine Art von Marmor oder äußerst seltenem Granitgestein, aus dem auch einige Säulen des Zentralkunstmuseums der Französischen Republik gefertigt sind. Dieses Amphitheater hat drei Stockwerke, auf jedem davon 72 Bögen mit Fenstern, insgesamt also 216. Die Außenmauern sind alles, was von diesem Bauwerk übrig geblieben ist. Die vier Strebetürme (contre-forts) an vier imaginären Ecken unterscheiden dieses Bauwerk von ähnlichen und wirken, als ob sie über die übliche Bauweise hinausgehen. [...] Ein Teil der Sitzreihen ist aus grobem Stein gehauen und versank wahrscheinlich wegen seines Gewichts in der Erde, um mit der Zeit von dieser bedeckt zu werden. Der übrige Teil dieser Sitzreihen wurde aus Holz gebaut. Allem Anschein nach wurden sie fortgetragen, sind verbrannt oder wurden von Würmern gefressen und sind so in Staub und Asche verwandelt.»[201] Gerne greifen Cassas und Lavallée auch die Bezeichnung des Amphitheaters als Rolands Haus auf, weil diese Geschichte einfach gut in die Tagespolitik jener Zeit paßte.

Vieles von dem, was Cassas und Lavallée beschrieben und dar-

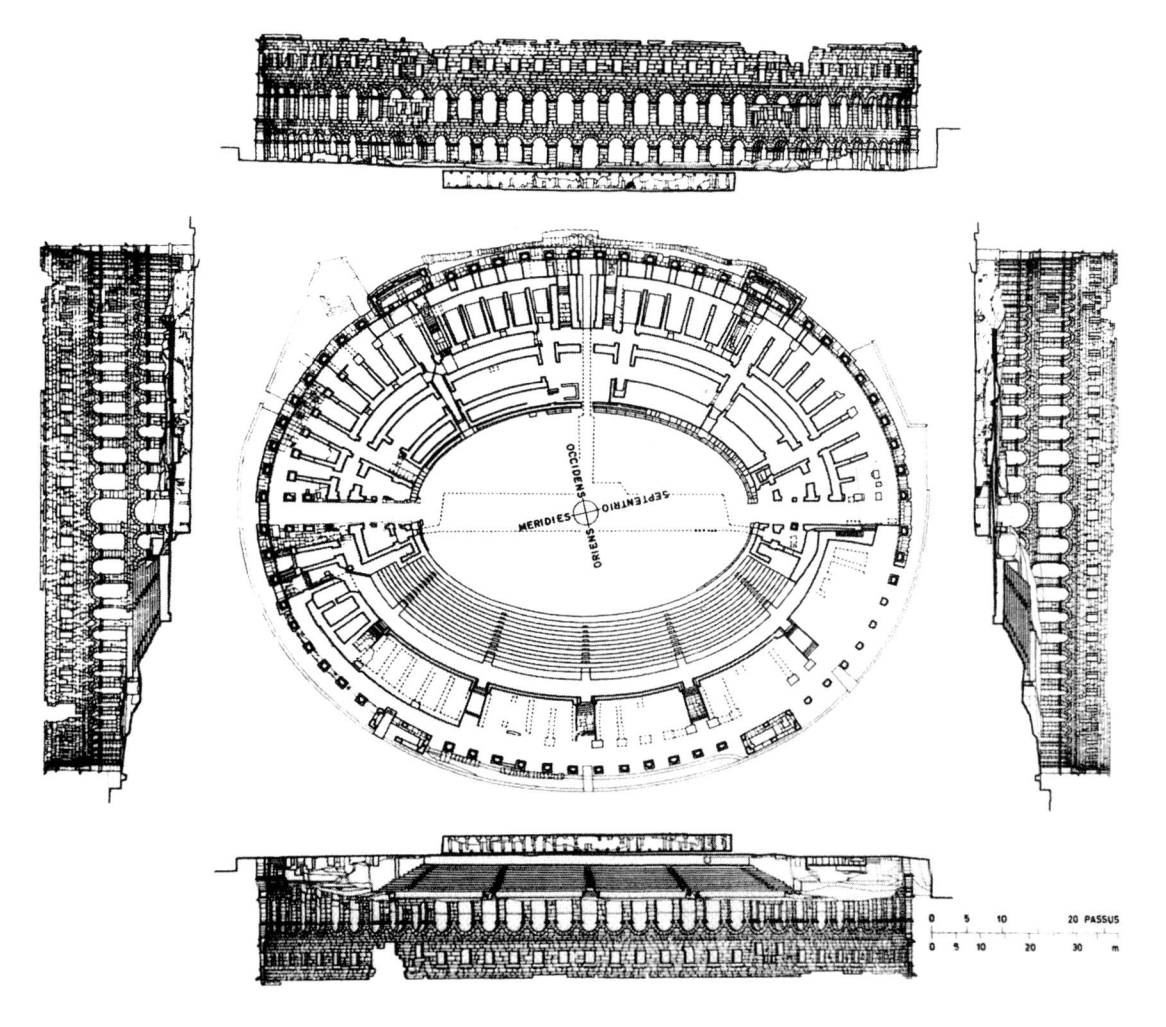

Abb. 87   Pula. Amphitheater. Grundriß und Schnitt.

stellten, ist sicherlich wichtig und richtig. Jedoch kannten sie nicht alle Forschungen zum Amphitheater. Gian Rinaldo Carli (1720–1795) hatte sich bei Besuchen in Pula mehrfach ausführlich mit dem Bau auseinandergesetzt. Er hatte dabei nachweisen können, daß das Innere des Amphitheaters nicht in Holzbauweise sondern in Stein ausgeführt war.[202]

Wohl wieder eher dem Künstlerischen zugewandt sind die Arbeiten Piranesis.[203] Etwa zeitgleich hatte der Bau auch das Interesse von Stuart und Revett, die sonst vornehmlich durch die Dokumentation des Parthenon in Athen bekannt geworden sind, geweckt. Sie führten eine Bauaufnahme durch.[204]

Im 19. Jh. intensivierten sich die Forschungen am Amphitheater von Pula. Hervorzuheben sind die Ausgrabungen im Inneren des Gebäudes durch den Architekten Pietro Nobile (1774–1854), der zugleich auch Restaurierungsmaßnahmen durchführte.[205] Zeitgleich arbeitete der Kanonikus Pietro Stancovich (1771–1852) am Amphitheater.[206] Weitere Restaurierungen wurden von Giovanni Carrara und Franz Bruyn durchgeführt und begleitet.

Alle Forschungen und Restaurierungsmaßnahmen der vorangegangenen Jahrzehnte hatten aber nicht verhindern können, daß der Bau weiterhin für sehr profane Zwecke diente: Die Einwohner Pulas nutzten das Innere bis 1875 als Viehweide. Erst die Errichtung eines Metallzaunes setzte dieser Nutzung ein Ende. In den letzten Jahrzehnten des 19. Jhs. war es schließlich wieder A. Gnirs, der hier Forschungen betrieb und den Bau nutzte. Er ließ nämlich Teile des Lapidariums hierher verlagern.[207]

Eine erneute Zäsur erfuhr die Forschung mit der Neuordnung Europas nach dem Ersten Weltkrieg. Nunmehr waren es verschiedene Forscher und Konservatoren aus Italien, die sich mit dem Bau beschäftigten.[208] Im Jahre 1933 wurden auf Kosten der Stadtgemeinde von Pula am östlichen Hang Sitzstufen angelegt, so daß das Amphitheater für Veranstaltungen genutzt werden konnte.

Nach dem Zweiten Weltkrieg wurde das Amphitheater nur noch restauratorisch betreut. Außerdem entstand in den Substruktionen eine Ausstellung über die antike Produktion von Olivenöl in Istrien, die einen wesentlichen Bestandteil im Wirtschaftsleben der Region ausmachte (Abb. 86).[209]

Die Lage des Amphitheaters

Wenden wir uns nach dem kurzen Überblick zur Forschungsgeschichte des Amphitheaters dem Bau selbst und seiner topographischen Einordnung zu. Das Amphitheater liegt nordöstlich der antiken Siedlung, also außerhalb des Stadtgebietes. Dies muß keineswegs verwundern, da derartige Anlagen einmal einen relativ großen Raumbedarf aufwiesen, und zum anderen von ihnen während der Veranstaltungen eine große Lärmbelästigung ausging. Ein weiteres Argument, das für eine abgelegenere Errichtung sprach, besteht darin, das auch die Bewohner des Umlandes bei den Spielen zuschauen wollten, also eine leichte Erreichbarkeit anzustreben war.[210] Diesem Umstand wurde in Pula Rechnung getragen. Auf dem schmalen Landstreifen zwischen dem Meer und dem Amphitheater verlief die Via Flavia entlang der Küste zur Colonia Iulia Parentium, dem heutigen Poreč, nach Tergeste, dem modernen Triest, und schließlich nach Aquileia. Eine weitere wichtige Straße verlief auf einem höheren Niveau, auf der Anhöhe des heutigen Monte San Martino. Sie führte von Pula aus über Nesactium nach Albona (Labin) nach Tarsatica (Rijeka) und schließlich weiter nach Dalmatien.

Als Bauplatz für das Amphitheater hatte man eine Fläche ausgesucht, die einmal durch die Küste begrenzt war, und zum anderen sich an einen Hügel anlehnte. Wie Untersuchungen zeigten, mußte für die Schaffung eines ebenen Bauplatzes ein Teil des Hügels abgetragen und die Uferzone aufgeschüttet werden. Dies hat zu einigen Besonderheiten in der Konstruktion geführt, die weiter unten beschrieben werden sollen (Abb. 87).

Die Auswahl eines Bauplatzes am Hang stellt für ein Amphitheater sicher nichts besonders dar, auch wenn man im Allgemeinen mit diesen Bauten monumentale Baukörper verbindet, die auf ebener Fläche mittels Substruktionen in den Himmel wachsen. Dabei hat man fast unwillkürlich Bauten wie das flavische Amphitheater in Rom (Abb. 88), die Arena von Verona oder vielleicht das große Amphitheater von El Djem vor Augen (Abb. 89).[211]

Jedoch gibt es eine Reihe von Amphitheatern in Hanglage, die im Vergleich zu freistehenden Anlagen zwar nicht besonders

Abb. 88   Rom. Gut erkennt man im Stadtmodell von Gismondi, im Museo della Civiltà Romana in Rom befindlich, welche räumliche Wirkung Substruktionsarchitekturen wie das Flavische Amphitheater im Stadtbild hinterlassen.

Abb. 89   El Djem (Tunesien). Gut nachvollziehbar ist die Wirkung von Substruktionsarchitekturen auch an diesem Amphitheater.

zahlreich sind, aber doch das Amphitheater von Pula nicht als singuläres Bauwerk erscheinen lassen. Dabei können diese Bauten zeitlich von augusteischer Zeit bis hinein in das 4. Jh. n. Chr. datiert werden.[212] Räumlich am nächsten zum Amphitheater von Pula sind sicher die Anlagen von Aquileia und Salona (Abb. 90), die aus dem 2. Jh. n. Chr. stammen.[213]

Auch bei diesen Amphitheatern kann man eine gezielte Wirkung im Raum beobachten. Man kann gleichsam von einer Schauseite sprechen. In Pula ist es eindeutig die zum Meer hin orientierte Seite, die jeden Besucher, der Pula über den Seeweg erreichte, mit seiner Kulisse des Monte San Martino beeindrucken mußte. Aber auch hier handelt es sich nicht um ein spezifisches Phänomen in Pula. Gleiches läßt sich etwa in Salona oder in Leptis Magna beobachten. Die eindrucksvollste Ansicht ergibt sich jeweils von der Seeseite.[214]

Baubeschreibung

Wir haben gesehen, daß vom Amphitheater weitestgehend nur die Fassade erhalten ist und uns einen eindrucksvollen Anblick bietet. Durch die Lage am Hang gestaltet sich die Fassade hinsichtlich ihrer Stockwerkzahl unterschiedlich. An der Seeseite erhebt sich der Bau mit vier Stockwerken, während sich auf der Landseite, im Bereich des Hangs, die Stockwerkzahl auf zwei reduziert. Insgesamt wurde das Oval des Amphitheaters durch 72 Arkadenbögen gebildet. An der Seeseite waren für die aufgehende Architektur massive Fundamentierungen notwendig (Abb. 91–93). Auf dem Laufniveau der Via Flavia zeigt das Amphitheater eine geschlossene Wand, die aus zwei Gründen notwendig war. Einmal läßt sich die Statik anführen: Eine geschlossene Wand auf den massiven Fundamenten erlaubt natürlich eine bessere Lastabtragung der Arkadenarchitektur. Als zweiter Grund lassen sich ästhetische Gründe nennen, die mit dem Bauplatz zusammenhängen. Um eine ebene Fläche für die Arena zu schaffen, mußten an einer Seite Substruktionen errichtet werden. Durch die geschlossene Mauer konnte man sich eine sorgfältigere oder aufwendigere Ausführung der Kammern in den Substruktionen sparen. Über diesem Unterbau entwickelt sich dann die Fassadenarchitektur mit zwei Arkadenreihen. Die Pfeiler der Arkaden zeigen eine Gliederung mit Pilastern, die vorgeben, ein umlaufendes Gebälk zu tragen, das etwa das Laufniveau des nächsten Stockwerkes anzeigen soll. Dabei durchschneiden sie brutal jeweils ein Gebälk, das am Bogenansatz der Arkaden bei den Pfeilern umläuft. Die Arkaden waren im unteren Bereich durch eine steinerne Brüstung geschlossen. Dar-

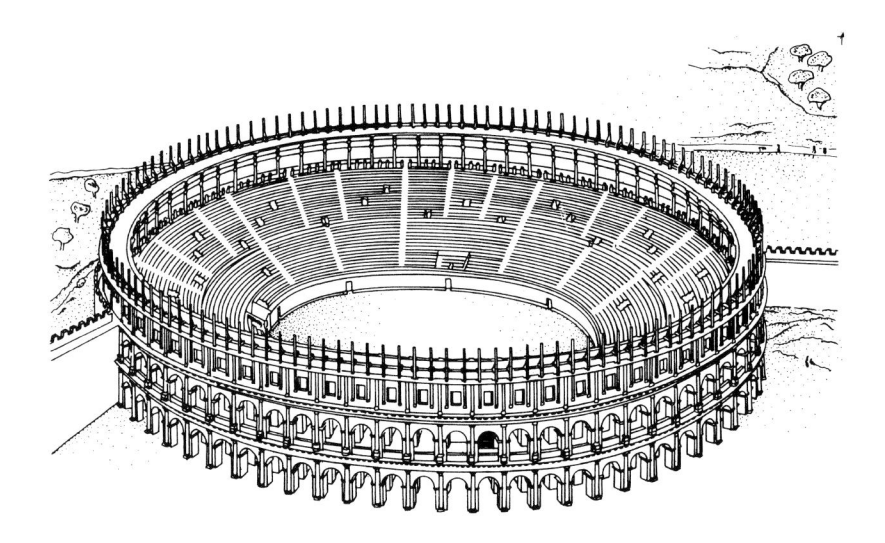

UNTERHALTUNG IN PULA – THEATER UND AMPHITHEATER

Abb. 90   Salona (Kroatien). Rekonstruktion des Amphitheaters des Architekten Ejnar Dyggve (1887–1961) aus dem Jahre 1935.

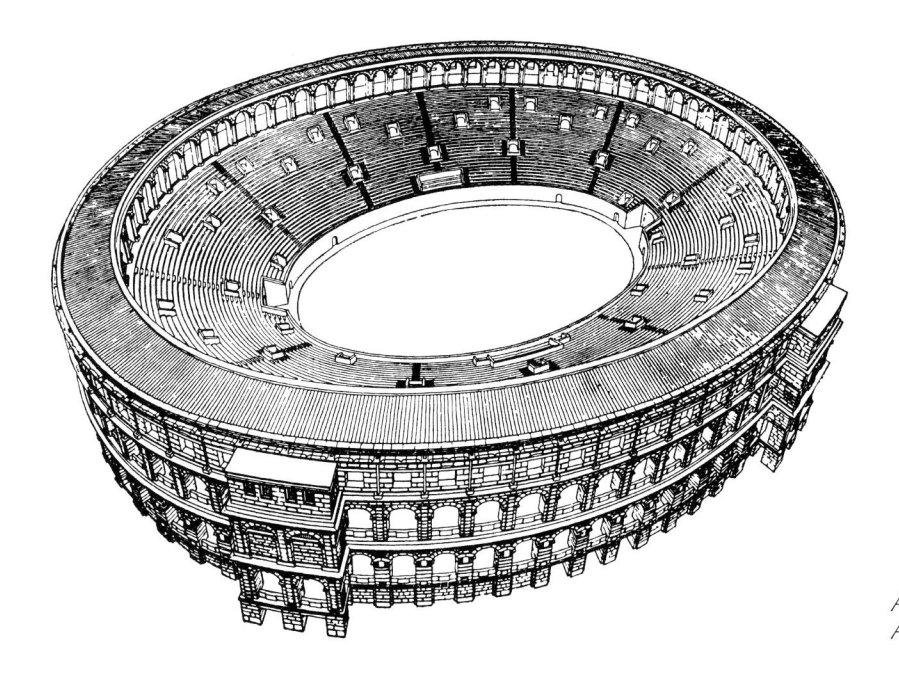

Abb. 91   Pula. Amphitheater. Rekonstruktion des Architekten E. Dyggve.

auf hinzuweisen ist, daß zur Hangseite hin nur noch die zweite Arkadenreihe vorhanden ist.

Oberhalb der Arkaden folgt schließlich ein letztes Stockwerk, das durch ein umlaufendes Gesims von dem zweiten Arkadengeschoß abgesetzt ist. Hier handelt es sich um eine Wand, die von rechteckigen Fenstern durchbrochen wird, die mit den darunterliegenden Arkaden fluchten. Der obere Mauerabschluß wird durch Deckplatten gebildet, die zu beiden Seiten überkragen. An der Außenseite der Deckplatten lassen sich in regelmäßigen Abständen kleinere rechteckige Öffnungen beobachten, die eindeutig belegen, daß auch im Amphitheater von Pula Sonnensegel (*vela*) vorhanden waren. Dabei wurden Masten durch die Öffnungen geführt. Ihr Gegenlager fanden sie auf dem umlaufenden Gesims. Mit Hilfe dieser Masten konnten die Segel aufgespannt werden (Abb. 94).[215]

In der äußeren Gestalt weist das Amphitheater von Pula eine architektonische Besonderheit auf. Es finden sich vier vorspringende Turmbauten, die sich jeweils über die gesamte Fassadenhöhe erstrecken (Abb. 95. 96). In ihrer Gestaltung entsprechen sie der Fassade. Von ihrer Funktion her handelt es sich um Treppenhäuser, die sehr wahrscheinlich hölzerne Treppen aufnahmen. Von dort gelangte man in umlaufende Korridore, die den Zugang zu den Sitzplätzen ermöglichten. Für den oberen Bereich der Treppentürme werden Wasserreservoires angenommen, die im Bereich des Amphitheaters Springbrunnen und Apparaturen mit Wasser versorgten, die Duftstoffe im Arenabereich verbreiten sollten. Man wollte zwar Blut sehen, aber nicht dem Gestank ausgesetzt sein.

Der Zugang zum Amphiteater erfolgte über insgesamt 15 Eingänge. Die Verteilung ist dabei ganz interessant: Von der Via Flavia her gab es acht Zugänge, die außerdem für eine große Kapazität ausgelegt waren, weil sie sich direkt in den Treppentürmen I und II befanden, also für die Verteilung größerer Zuschauerzahlen geeignet waren. Fünf Eingänge befanden sich auf der Hügelseite, also auch zu einer Fernstraße hin orientiert. Die letzten beiden Eingänge befinden sich in der Längsachse des Gebäudes. Dabei war der zur Stadt hin orientierte Eingang monumentaler ausgelegt als der gegenüberliegende.

Das Innere des Amphitheaters wird heute von der Arena geprägt. Die Länge des Ovals beträgt in Nord-Süd-Richtung 67,90 m und weist eine Breite in Ost-West-Richtung von 41,60 m auf. Die Arena war durch eine umlaufende Mauer eingefaßt, die eine Höhe von 3 m besaß. Diese hohe Einfassung war notwendig, um die Zuschauer vor den wilden Tieren zu schützen, die bei *venationes* zum Einsatz kamen. Zusätzlich waren wohl Eisenstäbe als Sicherung angebracht. Entlang der Mauer verlief ein Kanal, der 1,16 m breit war und eine Abdeckung mit Steinplatten aufwies.

Das Innere der Arena war in römischer Zeit mit Sand abgedeckt, so wie man es heute auch noch vorfindet (Abb. 97). In römischer Zeit wie auch heute werden die unterirdischen Bauten der Arena den Blicken des Betrachters entzogen. In der Längsachse findet sich eine unterirdische Galerie mit Säulen, die mit einer Holzdecke nach oben abgeschlossen war (Abb. 98). An ihren Schmalseiten im Norden und Süden fanden sich weitere Gänge, die in die Substruktionen der Cavea führten. Dort befanden sich links und rechts der Haupteingänge Kammern, die als Käfige gedeutet werden. Ein weiterer Zugang zur unterirdischen Galerie erfolgte von der Seeseite her durch einen tonnenüberwölbten Gang. Man wird sich vorstellen können, daß über die Galerie die Tiere in die Arena befördert wurden.

Einbauten unterhalb der Arena, die als Zugang für die Tiere oder als deren Ställe genutzt wurden, sind keineswegs ungewöhnlich. Sie kommen bereits relativ früh auf, wie Beispiele in Cassino, Tarragona, Syrakus und Fréjus belegen. Zu diesen frühen Beispielen gehört auch das Amphitheater in Pula mit seiner ersten Bauphase.[216] Recht gut beobachten kann man noch heute diesen Einbau in El Djem (Tunesien), dem antiken Thysdrus (Abb. 99).[217]

Ein Befund, der interessant ist, läßt sich nicht im Gelände beobachten. Mlakar berichtet von einem unterirdischen Gang, der in die Kellerräume des Hauses Porečka Ulica 1 führt. Zunächst ist festzuhalten, daß in dem Bereich sicher in römischer Zeit Gebäude standen, die in den Kontext des Amphitheaters gehörten. Schließlich mußten die Gladiatoren irgendwo untergebracht werden. Als mögliche Interpretation des Ganges käme – so Mlakar – die Porta Libitinae in die engere Auswahl. Durch diese Tür wurden verletzte oder tote Gladiatoren aus der Arena gebracht.[218]

Abb. 92   Pula. Amphitheater. Detail der Außenansicht Richtung Norden.

Unterhaltung in Pula – Theater und Amphitheater

Abb. 93   Pula. Amphitheater.

Der Zuschauerraum, die Cavea, bot Platz für etwa 23 000 Menschen und war mit seinen ansteigenden Sitzreihen sicher eine eindrucksvolle Kulisse. Um zu dieser großen Zahl von Besuchern zu kommen, waren 30 Sitzreihen notwendig. Dabei wurde ein Platzbedarf von 0,38 m pro Platz vorausgesetzt. Uns scheint diese Maßangabe etwas zu gering zu sein, doch konnten an den erhaltenen Blöcken der Sitzreihen Markierungen – Anfangsbuchstaben von Namen oder deren Abkürzungen der Platzinhaber – entdeckt werden. Außerdem liegen Untersuchungen zu Theatern und Amphitheatern vor, bei denen die Breite der Sitze zwischen 0,33 m (Athen, Dionysostheater) und 0,40 m (Arles und Nîmes) schwankt.[219]

Auf der Seeseite finden sich naturgemäß umfangreichere Substruktionsarchitekturen (Abb. 100). Gegliedert war die Cavea vertikal durch Treppen (*scalae*), die zur Erschließung des Zuschauerraumes nötig waren (Abb. 101). Horizontal war die Cavea des Amphitheaters vermutlich ganz konventionell gegliedert. Im unteren Bereich befanden sich die Ehrenplätze. Es folgte ein umlaufender Gang, die *praecinctio*, der von einer Balustrade begleitet war. Darüber erhob sich der erste Teil der Cavea, das *maenianum primum*. Der zweite Block der Cavea, das *maenianum secundum*, reichte bis zum Kranzgesims des zweiten Arkadenstockwerks. Der Abschluß der Cavea, die *summa cavea*, wurde durch eine Holzkonstruktion gebildet. Sie war als Portikus ausgeführt. Die Holzkonstruktion muß für diesen Bereich als gesichert angenommen werden, weil sich in der Mauer entspre-

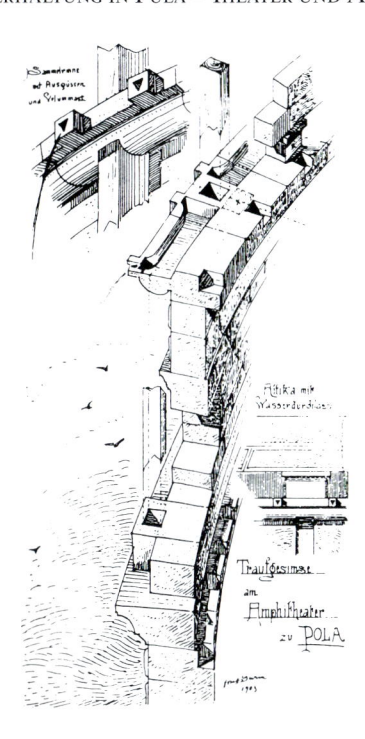

Abb. 94   Pula. Amphitheater. Rekonstruktion der Masthalterung für das Sonnensegel.

Abb. 95   Pula. Amphitheater. Blick aus südwestlicher Richtung auf einen der Treppentürme des Baus.

Unterhaltung in Pula – Theater und Amphitheater

Abb. 96   Pula. Amphitheater. Blick auf einen der Treppentürme vom Innenraum des Amphitheaters. Diese Sicht bot sich dem antiken Betrachter nicht, da die Treppentürme durch die Sitzreihen der Cavea verdeckt waren.

Abb. 97 Pula. Amphitheater. Blick in südöstliche Richtung. Im Vordergrund sind Reste von Substruktionen zu erkennen. Deutlich wird bei der Aufnahme auch, daß sich das Gebäude an einen Hang anlehnt. Daher waren in dem Bereich lediglich die Errichtung zweier Stockwerke notwendig.

chende Einlaßspuren finden (Abb. 102). Vermutlich war dieses Geschoß in Abteile gliedert, in *tabulationes*. Hier saßen in den vorderen Reihen die Frauen, während dahinter das einfache Volk Platz fand.

Die Stellung des Amphitheaters von Pula

Auf dem Territorium des Römischen Reiches hat sich eine Reihe von Amphitheatern erhalten. Teils finden sie sich in den Metropolen ihrer Zeit, teils aber auch in kleineren Städten. Dieser Umstand erlaubt es, den Bau in Pula einzuordnen. In der Rangfolge liegt Pula auf Platz 6. Größer sind nur die Anlagen in Rom (Kolosseum), Capua, Verona, Arles und Catania. Diese Monumenta-

Abb. 98 Pula. Amphitheater. Blick auf die unterirdischen Einbauten im Arenabereich. Diese sind heute nicht sichtbar.

Auf der folgenden Doppelseite:

Abb. 99 El Djem (Tunesien). Ein recht gutes Beispiel für die unterirdischen Einbauten in Arenen liefert das Amphitheater von El Djem. Hier ist es sogar noch möglich, diese Einbauten zu begehen.

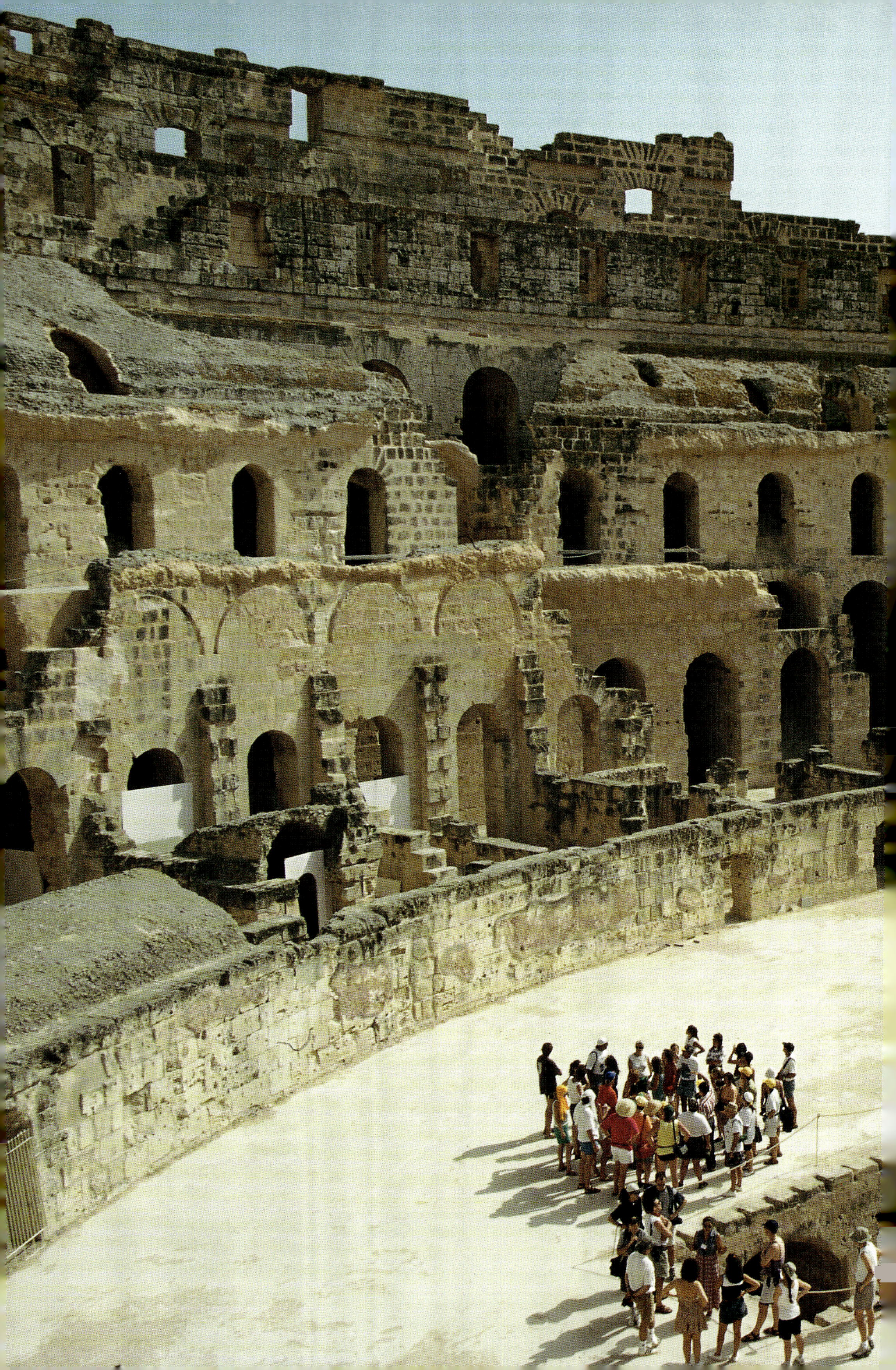

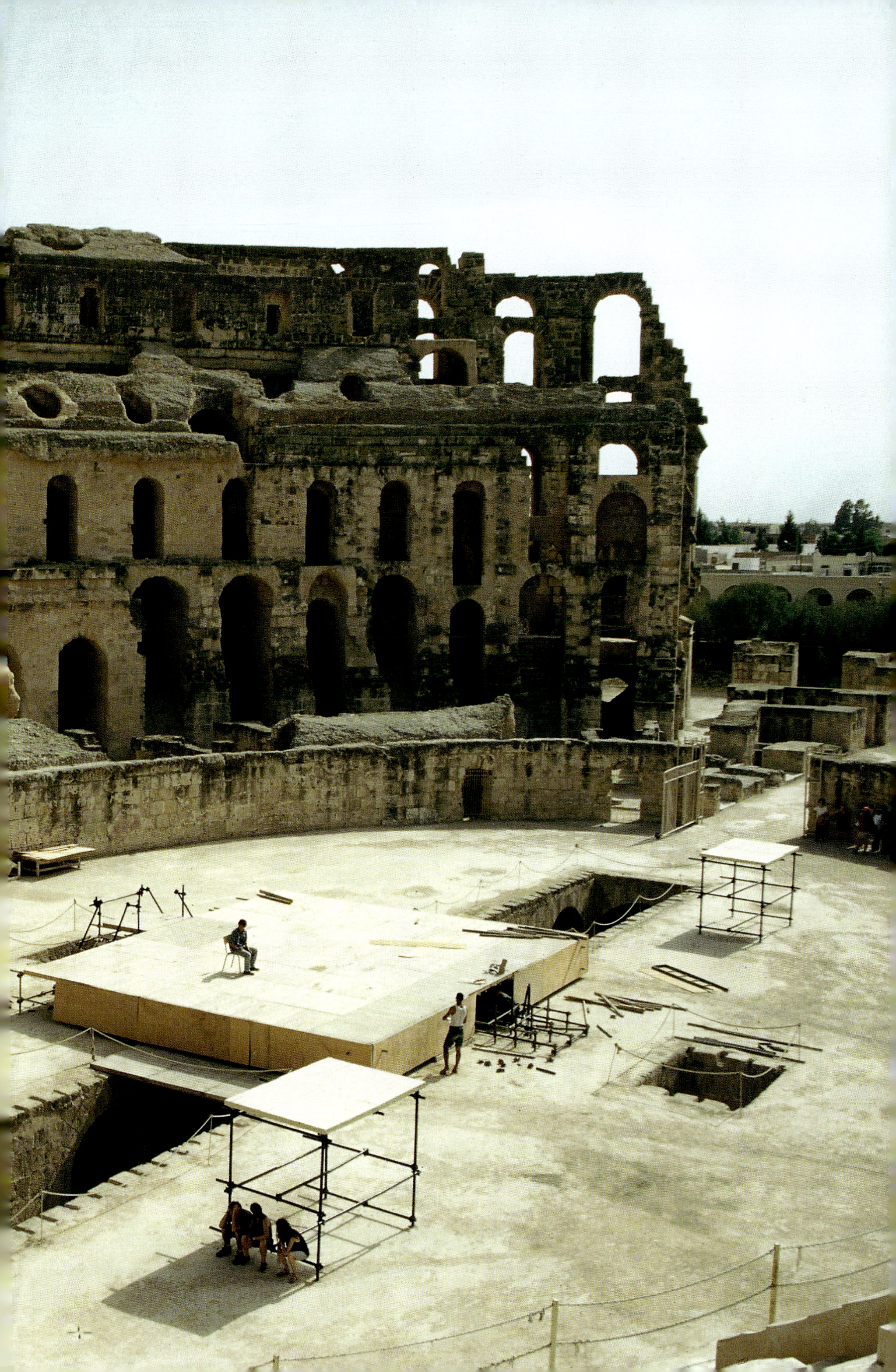

Unterhaltung in Pula – Theater und Amphitheater

Abb. 100 Pula. Amphitheater. Detailaufnahme der Substruktionen, die an der Westseite der Cavea zu beobachten sind.

Abb. 101 Pula. Amphitheater. Detailaufnahme von Treppen zur Erschließung des Zuschauerraumes an der Ostseite der Cavea.

Abb. 102 Pula. Amphitheater. Detailaufnahme im Inneren. Deutlich erkennbar sind die Einlaßspuren für eine Holzkonstruktion, die den Boden für die «summa cavea», die höchste Ebene des Zuschauerraumes bildete.

UNTERHALTUNG IN PULA – THEATER UND AMPHITHEATER

Abb. 103 Übersichtskarte von Amphitheatern.

lität für eine nicht so besonders große Stadt bedarf einer Erklärung, die aber sehr einfach und logisch ist. Schaut man auf eine Karte, die die Verbreitung von Amphitheatern thematisiert (Abb. 103), wird schnell klar, daß für das Amphitheater in Pula ein sehr großes Einzugsgebiet bestand. Das nächste Amphitheater fand sich erst wieder in Aquileia oder in Salona.

Datierung des Amphitheaters

Nachdem wir uns nun ausführlicher mit dem Bau beschäftigt haben, müssen wir uns noch der Frage nach der Datierung zuwenden. Die Forschungsansichten dazu sind sehr unterschiedlich und spiegeln teilweise auch sicher den jeweiligen Erkenntnisstand der

Abb. 104 Pula. Amphitheater. Ursprünglich verfügte dieser Bau über eine reichhaltige Statuenausstattung, von der nur noch geringe Reste wie dieser Löwe vorhanden sind.

Zeit wider. So reichten die Datierungsvorschläge vom 1. bis zum 5. Jh. n. Chr. Es verwundert also nicht, wenn etwa Wilhelm Lübke in seiner «Geschichte der Architektur» in der Mitte des 19. Jhs. die Datierungsfragen umgeht.[220] Gegen Ende des 19. Jhs. dann vertrat Josef Durm die Ansicht, das Amphitheater in Pula sei im späten 3. Jh. n. Chr., in der Regierungszeit Diocletians (284–305 n. Chr.) und Maximinianus (286–305 n. Chr.), entstanden.[221]

Zu einem ganz anderen zeitlichen Ansatz kam A. Gnirs, der für das Amphitheater eher eine Frühdatierung annahm. Er glaubte, den Bau in das 1. oder 2. Jh. n. Chr. setzen zu können. Diese auch nicht ganz eindeutige Datierung wurde von B. Tamaro insoweit aufgegriffen, daß der Bau Ende des 1. Jhs. / Anfang des 2. Jhs. n. Chr. datiert wurde.[222] Einen weiteren Datierungsversuch legte M. Mirabella Roberti vor, der etwa in die flavische Zeit geht.[223] Daneben wurden Theorien vertreten, die von zwei Bauphasen ausgingen. So sei etwa in augusteischer Zeit ein Kernbau aus *opus vittatum* entstanden, der in einer zweiten Bauphase um den äußeren Mauerring erweitert worden sei. Diese müsse dann in claudische oder flavische Zeit datiert werden. Fischer verwarf diese Vermutung, weil die unterschiedliche Mauerkonstruktion nicht zwangsläufig auf zwei Bauphasen hindeuten würden, sondern eher die Regel seien. Auch Einzelanalysen würden in diese Richtung weisen.[224]

Ein Argument, das wohl greifen mag, wird von den Treppentürmen des Amphitheaters geliefert. Vergleichbare Bauelemente, so Fischer, seien im augusteischen Theater von Ferrentum erhalten. In summa sei also der ganze Bau augusteisch.

Die Vertreter der 2-Phasen-Theorie stützen sich in gleicher Weise auf die Charakteristika des Mauerwerks, besonders auf jenes der Fassade. Sie wird eindeutig durch das sorgfältige Quadermauerwerk geprägt. Dabei zeigen die Quader eine handwerkliche Behandlung, die man als Rustikaquader bezeichnet. Dieses Mauerwerk gilt als typisch für Bauten, die in claudischer Zeit entstanden, also zwischen 41–56 n. Chr. Geht man davon aus, daß der Bau erst in spätclaudischer Zeit begonnen wurde und die Bauzeit relativ lange gedauert haben könnte, käme man mit der Fertigstellung des Amphitheaters in flavische Zeit. Mlakar möchte in Anlehnung an M. Mirabella Roberti hier die Regierungszeit des Titus (79–81 n. Chr.) ansetzen. Berücksichtigt man nun aber die Bauzeit des weitaus größeren Kolosseums in Rom, die etwa zehn Jahre betragen hat, bekommt man Probleme. Selbst wenn wir in der Provinz eine längere Bauzeit annehmen dürfen, kämen wir mit der Fertigstellung des Baus sicher noch in die Regierungszeit Vespasians (69–79 n. Chr.). Damit ist das Amphitheater in Pula geringfügig älter als das Kolosseum in Rom. Wohl zeitgleich mit dem Bau in Pula ist das Amphitheater in Verona entstanden.[225]

WOHNLUXUS IN PULA

Wir haben auf den vorangegangenen Seiten gesehen, daß die öffentlichen Bauten der Stadt einen nicht unerheblichen Wohlstand während der römischen Kaiserzeit dokumentierten. Offen blieb bislang die Frage, wie die Menschen in Pula gelebt haben. Durch die schon mehrfach angesprochene Siedlungskontinuität läßt sich von der antiken Stadt mit ihrer Wohnbebauung nur ein fragmentarisches Bild zeichnen. Als im 19. Jh. der k. u. k. Kriegshafen ausgebaut wurde, stieß man im Stadtareal auch immer wieder auf Reste römischer Häuser, die von einer einfachen Wohnbebauung bis zu suburbanen Villen reichten. Die Funde wurden zwar geborgen, die Dokumentation dazu blieb aber – wie bei anderen Befunden auch – dürftig.

Haustypen in Pula und ihre Ausstattung

Die heute bekannten römischen Häuser stammen überwiegend aus der 2. Hälfte des 1. Jhs. oder aus dem 2. Jh. n. Chr. Die Ursache hierfür ist darin zu suchen, daß für Wohnhäuser vor der Mitte des 1. Jhs. n. Chr. überwiegend vergängliche Materialien benutzt wurden. Vom Haustypus her sind zumeist Peristylhäuser nachgewiesen. Fischer weist aber explizit darauf hin, daß nirgendwo ein vollständiger Grundriß erhalten sei. Auf eine Besonderheit bei Wohnhäusern in Pula ist allerdings hinzuweisen: Durch die topographische Situation bedingt kommen sowohl im ummauerten Stadtgebiet als auch bei den suburbanen Villen Terrassenanlagen vor.[226]

Durch die Ausstattung der Häuser mit Wandmalerei, Mosaiken und beweglichem Inventar, die in recht unterschiedlichen Erhaltungszuständen gefunden wurden, läßt sich festhalten, daß ein Teil der Bürger Pulas einen recht großen Wohnluxus genießen konnte. Ein Beispiel dafür bietet ein römisches Haus, dessen Reste in den 70er Jahren des 19. Jhs. ausgegraben wurden.[227] Nordöstlich des großen Theaters am Monte Zaro stieß man im Keller des Hauses Via Giulia 9 (Ulica Laginje Matka) auf ein römisches Wohnhaus. Die Reste konnten bis zu einer Parallelstraße, der damaligen Via Cenide (Adžija Božidara Ulica), verfolgt werden. Hinsichtlich des Baubefundes sind wir auf die Ausführungen von Gnirs angewiesen, weil kein Grabungsplan vorliegt. Gnirs vermutete, es handele sich bei dem Befund um den Atriumtrakt einer *villa suburbana*, die sich nach Osten hin auf einer höher gelegenen Terrasse fortsetzte. Dort hatte man noch Spuren eines polychromen Mosaiks gefunden.[228]

Von größerem Interesse sind die Reste eines Mosaikbodens, der 5,40 x 5,90 m groß war. Überwiegend bestand er aus weißen Mosaiksteinen und besaß im Mittelteil ein Bildfeld mit der Darstellung einer Stadtmauer (Abb. 105). Erhalten ist heute davon lediglich ein Fragment von 1,04 m Länge, das sich im Archäologischen Museum Istriens befindet. Ein anderes Fragment des Mosaikbodens gilt als verschollen.[229]

Wie bereits erwähnt, zeigt das Bildmotiv eine Stadtmauer. Der Mosaizist reduzierte die Mauer auf vier Quaderreihen und Zinnen, die in schwarzem Steinmaterial angelegt waren. Beherrschend ist in der Darstellung jedoch ein Torturm, der ebenfalls aus schwarzen Mosaikensteinen gearbeitet worden ist. Er überragt die Mauer um zwei Etagen. Im unteren Bereich ist das Tor angegeben, in den Stockwerken darüber eine Durchfensterung. Das Motiv der Stadtmauer bei Mosaikböden ist in Pula aber nicht singulär. Im Jahre 1953 stieß man bei der Anlage des neuen Stadtparks südlich des Forumsplatzes und etwa 30 m von der Via Sergia entfernt, in geringer Tiefe auf die Reste eines ausgedehnten römischen Gebäudes, das im Mittelalter z. T. durch eine Ka-

Abb. 105 Pula. Bodenmosaik (1./2. Jh. n. Chr.) mit der Darstellung einer Stadtmauer, aus einer «villa suburbana» stammend. Pula, Archäologisches Museum Istrien.

pelle überbaut war, die zum nahen Benediktinerkloster gehört haben könnte. Mlakar als Ausgräber deutete den Komplex als Teil eines Atriumhauses. Seine Deutung ist aber nicht unumstritten geblieben. Eine öffentliche Nutzung könnte durchaus auch möglich sein. Unabhängig von der Nutzung dokumentiert der Befund, wie reich Gebäude im römischen Pula ausgestattet waren.

Bei der Ausgrabung wurden vier Räume freigelegt. Davon besaßen drei Räume monochrome schwarze Mosaikböden und die Wände waren wohl ursprünglich mit Marmorplatten verkleidet. Der vierte und auch größte Raum, der von den Dimensionen her (15,75 x 10,60 m, Mindestbreite) als Saal angesprochen werden kann, wies ebenfalls einen schwarzen Mosaikboden auf, in den ein Quadrat von 4,30 x 4,30 m eingeschrieben war, das umlaufend die Darstellung der Stadtmauer zeigte. Im Inneren des Quadrates war ein labyrinthisches Liniennetz eingeschrieben und mittig fand sich eine Steinplatte mit einem Wasserabfluß.

Die Datierung des Gebäudes stützt sich im wesentlichen auf das Stadtmauermosaik. Wie das Haus von der Via Cenide gehört das Haus vom Stadtpark in das 2. Jh. n. Chr.

Ein anderes repräsentatives Beispiel für gehobenes Wohnen in Pula liefert ein Peristylhaus, das 1911 an der Via Castropola ausgegraben wurde und dessen Größe auf mindestens 400 m² geschätzt wird. Seine Hanglage bedingte eine aufwendige Architektur, die sich über mehrere Terrassen erstreckte. Trotz dieser Terrassenarchitektur und der heute groß anmutenden Fläche blieben die einzelnen Räume doch recht beengt. Das Ziel, eine suburbane Villa in die Stadt hinein zu verlegen, konnte nur in Teilen erfolgreich sein.

In seinem rückwärtigen Teil war für den Hausbau der anstehende Felsen abgetragen worden, und die meisten Beobachtungen stammen auch aus diesem Bereich. Der vordere Hausteil, also nach Süden hin, ist praktisch verloren. In der Architektur des Hauses spielte ein Peristylhof eine zentrale Rolle, dessen Säulen in tuskanischer Ordnung gehalten waren. Auf ihn hin orientierte sich ein repräsentativer Raum, der als Triclinium oder Tablinum gedeutet werden kann. Wie schon bei den anderen angesprochenen Häusern fanden sich auch hier Reste von Wandmalerei und vor allem Mosaikböden.

Schauen wir zunächst auf die Mosaiken. Aus dem Triclinium etwa stammt ein großes, sich heute im Archäologischen Museum befindliches Mosaik, das eine mehrfach gegliederte Bordüre aufweist. In der Mitte findet sich ein rundes Bildmotiv, dessen Zentrum von einem Gefäß bestimmt ist, auf dessen Rand zwei Pfauen sitzen. Es wird aufgrund des Stils in das späte 1. Jh. n. Chr. oder zu Anfang des folgenden Jahrhunderts datiert. Aus dem Peristyl stammt noch ein Mosaik mit der Darstellung einer Hasenjagd. Dessen Verbleib ist jedoch unbekannt.

Bei den nachgewiesenen Wandmalereien konnten zwei unterschiedliche Phasen erkannt werden. Ursprünglich verfügte das Haus über eine Wanddekoration im späten 3. oder frühen 4. Stil mit geschlossenen Feldersystemen. Später wurde die Dekoration umgestaltet, indem man die alte Malerei durch eine neue des 4. Stils ersetzte, die wohl noch in der 2. Hälfte des 1. Jhs. n. Chr. entstand. Gegenüber der älteren Dekoration war sie aber in der Ausführung deutlich schlechter, so daß Gnirs als Ausgräber ein viel späteres Entstehungsdatum annahm.

Zur Datierung des Hauses läßt sich noch anführen, daß Ziegelstempel und architektonische Einzelformen wie etwa die tuskischen Säulen des Peristyls auf eine Entstehung des Gebäudes in der frühen Kaiserzeit hinweisen.[230]

Das Haus mit dem Dirke-Mosaik – ein bedeutender Fund

Angesichts der schlechten Überlieferungslage war jener Befund umso bedeutender, der im Jahre 1959 beim Bau eines Hauses in der Altstadt von Pula gemacht wurde. Am *decumanus maximus* (Via Sergia/Ulica Sergijevaca 16) stieß man auf ein größeres Gebäude, das in seiner Zweckbestimmung nicht ganz geklärt ist. Es kommen sowohl eine private als auch eine öffentliche Nutzung in Frage. Besonders ein Raum spiegelt den Reichtum des Baus wider. Es handelt sich um einen großen Saal mit Mosaik. Die Bedeutung des Befundes hat die damals Verantwortlichen zu der Entscheidung kommen lassen, diesen Raum an Ort und Stelle zu erhalten und mit einem Schutzdach zu versehen. Um die erhaltenen Baureste zu sehen, muß man von Süden her, also von der Riva

Abb. 106 Pula. Römisches Haus an der Via Sergia. Das Haus zeichnet sich durch einen großen Saal mit einem aufwendigen Mosaikfußboden aus dem 2. Jh. n. Chr. aus. Das Mosaik zeigt eine mythologische Szene, die Bestrafung der Dirke. Auf der Aufnahme ist recht gut die Gesamtstruktur des Mosaiks und ein Teil der aufgehenden Wände erkennbar.

aus, durch den Park Grada Graza zum Viccolo della Bissa gehen, der eher einen Hinterhofcharakter aufweist. In einem kleinen Hof stößt man schließlich auf den Saal mit dem Mosaik.[231]

Der Raum, in dem sich das Mosaik befindet, weist einen langgestreckten rechteckigen Grundriß mit einer Gesamtfläche von etwa 65 m^2 auf. Die Wände sind mit einer Höhe von 1,20 – 2,50 m erhalten. Der Wandaufbau zeigt mehrere Schichten, auf die nicht weiter eingegangen werden muß. Die Putzschicht trug jedenfalls eine gemalte Wanddekoration. Im unteren Wandbereich konnte eine 0,80 m hohe Sockelzone festgestellt werden, die durch weiße Linien gegliedert war, so daß regelmäßige geometrische Felder entstanden. Darüber befand sich eine Zone, die vom Hintergrund her schwarz und weiß gehalten war, wie zahlreiche Fragmente aus dem Mauerschutt belegen. Als Motive fanden Pflanzen und Tierdarstellung Eingang in die Wandmalerei. Aber auch figuraler Schmuck hat bestanden.[232]

Das Gesamterscheinungsbild des Raumes wird jedoch durch das Bodenmosaik geprägt, das den ganzen Raum ausfüllt (Abb. 106). Die verwendeten Tesselae besitzen eine Größe, die unter 1 cm liegen.[233] In der Gesamtkomposition des Mosaikbodens läßt sich bei der Betrachtung sofort eine Zweiteilung erkennen. Der westliche Teil des Mosaiks zeigt insgesamt 31 Felder in Dreiecks-, Trapez- und Polygonalform, die von einem polychromen Flechtband eingefaßt werden. Die trapezoiden Felder weisen als Motive überwiegend maritime Darstellungen auf – Fische und Delphine. Hervorzuheben ist dabei ein Delphinpaar mit einem Anker. In einem der trapezoiden Felder ist ein Vogel mit einem kleinen Zweig, der rote Früchte zeigt, dargestellt. Die polygonalen Felder sind mit sechsblättrigen Rosetten gefüllt. Aber auch hier findet sich eine deutliche Hervorhebung. Eines dieser Felder zeigt eine vielblättrige Rosette, in roten Mosaiksteinen angelegt, die durch schwarze Steinchen akzentuiert ist.

Der östliche Teil des Mosaikbodens ist von den Motiven her deutlich anspruchsvoller, weil hier neben rein dekorativen Elementen auch szenische Darstellung vorkommt. Das Mosaik zeigt neun rechteckige Bildfelder, die durch ein Flechtbandmotiv entstanden sind. Werfen wir zunächst einen Blick auf die rein dekorativen Felder, von denen es insgesamt acht gibt. Sie umschließen das szenische Motiv und sind mit geometrischen Ornamenten und floralen Motiven versehen, die miteinander kombiniert sind.

Das szenische Motiv läßt sich problemlos als eine Darstellung der Bestrafung der Dirke erkennen. Die Geschichte, die sich dahinter verbirgt, steht ganz in der Tradition der griechischen Tragödie. Am Anfang steht – wie so oft in der Mythologie – eine Affäre des Zeus. Dieser verliebt sich in Antiope, die Tochter des thebanischen Königs Nykteus, und vereinigt sich mit ihr. Aus Angst vor ihrem Vater flieht Antiope nach Sikyon und heiratet dort den König Epopeus. Eine andere Version, die Pausanias (2, 6, 2 ff.) überliefert, berichtet von einem Raub. Daraufhin zieht Nykteus gegen Epopeus in den Krieg, mit dem Resultat, daß beide umkommen. Damit ist aber das Grundproblem nicht gelöst, weil Nykteus seinen Bruder Lykos als Nachfolger zur Rache verpflichtet. Auf der anderen Seite hat Lamedon als Nachfolger des Epopeus kein Interesse an Antiope und liefert sie aus. Auf dem Weg nach Theben bringt Antiope die Zwillinge Amphion und Zethos zur Welt, die ausgesetzt und von Hirten aufgezogen werden. Unterdessen erleidet Antiope ein wahres Martyrium, bei dem sich besonders die Gattin des Lykos, Dirke hervortut. Ein Fluchtversuch der Antiope, der sie bis zu dem Hof führt, auf dem ihre Söhne leben, scheitert letztendlich. Sie fällt erneut in die Hand der Dirke, die im Zustand der geistigen Entrückung als Mänade ihr Opfer dem Amphion und dem Zethos zur Bestrafung übergibt. Sie soll an einen wilden Stier gebunden und so zu Tode geschleift werden. Nun aber erkennen die Söhne ihre Mutter und lassen Dirke die Strafe angedeihen.[234]

Das Mosaikbild (Abb. 107) zeigt den Moment, in dem die Ereignisse letztendlich ihren Höhepunkt erreichen. Die mit Efeu bekränzte Dirke liegt am Boden umgeben von den Attributen des dionysischen Thiasos, dem Thyrsosstab und dem Tympanon, einem Schlaginstrument. Amphion und Zetheus, beide nur mit Mänteln bekleidet, führen von links den Stier heran, den sie bei den Hörnern packen. Die Wildheit des Tieres findet ihren Ausdruck in der heftigen Kopfbewegung des Stieres und im Aufbäumen. Dem gebildeten Betrachter der Darstellung in der Antike war aufgrund der Situation klar, was nun folgen würde. So war es nicht notwendig, die eigentliche Tötung der Dirke darzustellen.

Abb. 107 Pula. Römisches Haus an der Via Sergia mit dem sog. Dirke-Mosaik. Die Aufnahme zeigt das zentrale Bild mit der Bestrafung der Dirke.

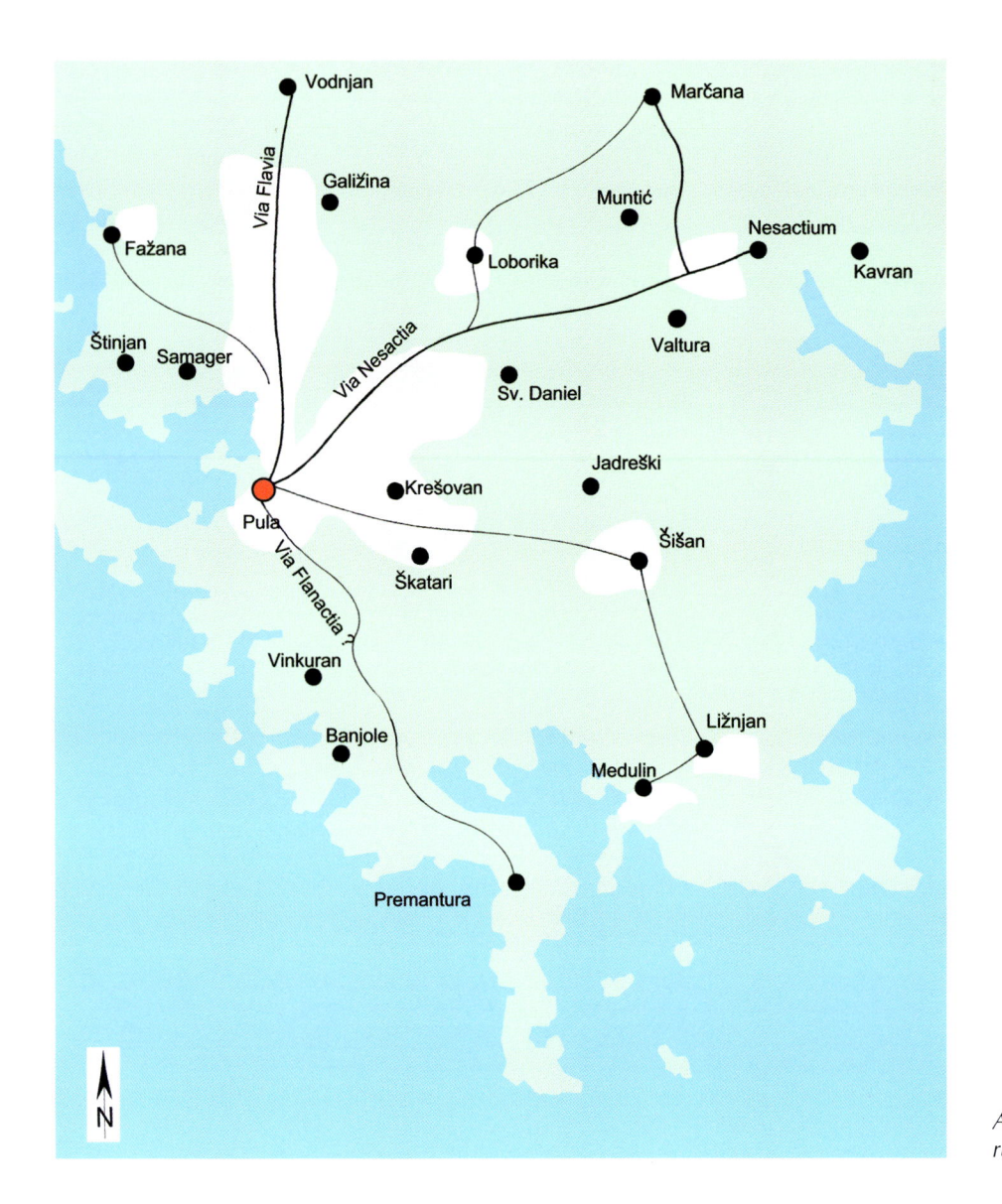

Abb. 108 Pula und Umgebung. Kartierung der Nekropolen.

DIE NEKROPOLEN

In römischer Zeit war es üblich, die Nekropolen an den Ausfallstraßen anzulegen. Dies galt selbstverständlich auch für Pula. Durch das Wachsen der Stadt seit dem 19. Jh. sind die Nekropolen immer wieder dokumentiert worden (Abb. 108). Neben einigen monumentalen Denkmälern kamen dabei zahlreiche kleinere Grabmonumente ans Tageslicht. Aber auch in jüngster Zeit sind Grabdenkmäler im Zuge archäologischer Untersuchungen gefunden worden, so im Bereich der Porta Aurea und der Porta Herculea.[235] Sie finden sich heute im Archäologischen Museum Istriens oder sind in Parkanlagen aufgestellt (Abb. 109). Die Nekropolen Pulas waren mit ihren Denkmälern über Jahrhunderte hinweg in der Landschaft präsent. Dante Alighieri (1265–1321), der große italienische Dichter und bedeutende Humanist des Spätmittelalters, setzte den Gräbern von Pula im «Inferno» seiner «Göttlichen Komödie», deren Handlung in das Frühjahr 1300 fällt, ein Denkmal:

Sì come ad Arli, ove Rodano stagna,
Sì come a Pola presso del Carnaro,
Ch' Italia chiude e suoi termini bagna
Fanno i spelocri tutto il loco varo ...

Wie sich bei Arles der Rhône Fluten stauen,
Und der Quarner bei Pola,
Der die Grenzen Italiens schließt, bespülend seine Auen:
Wie dort den Boden viele Gräber kränzen, ...

(Inferno, IX 112–115)

Ob Dante die Nekropolen selbst gesehen hat, läßt sich heute nicht sicher beantworten. Jedoch dürfte dies nicht unwahrscheinlich sein, da sein persönlicher Lebensweg ihn in viele Städte und Regionen Norditaliens geführt hat.

DIE NEKROPOLEN

Abb. 109   Pula. Im Stadtpark an der Riva, der Küstenstraße, sind verschiedene Steindenkmäler aus Pula aufgestellt, so etwa diese römischen Sarkophage.

Abb. 110   Pula. Via Carrara. Oktogonales Grabmal. 2. Jh. n. Chr. Blick aus östlicher Richtung.

In den folgenden zwei Jahrhunderten war der Denkmälerschwund im Bereich der Totenstädte Pulas wohl nicht so massiv. Noch zu Beginn der Neuzeit müssen die Grabdenkmäler Pulas im Gelände unübersehbar gewesen sein. Mlakar weist in diesem Zusammenhang auf einen Bericht des Arnold von Harff hin, der im Februar 1497 auf einer Pilgerreise ins Heilige Land auch Pula besuchte. Dieser erwähnt – wenn auch summarisch – die Existenz von mehr als 3000 Grabdenkmälern.[236] Von diesem großen Bestand hat sich in Relation gesehen nur ein sehr kleiner Teil erhalten. Die übrigen Denkmäler sind dem Steinraub

77

DIE NEKROPOLEN

Abb. 111 Pula. Via Carrara. Detailaufnahme des Sockelprofils des oktogonalen Grabmals.

und der Wiederverwendung zum Opfer gefallen. Gerade die Wiederverwendung der Grabdenkmäler, vor allem für die Verteidigungsanlagen der Stadt, erlaubt aber gewisse Rückschlüsse auf das Aussehen der Nekropolen. Dies gründet vornehmlich darin, daß die Steinmaterialien überwiegend in der Nähe ihres ursprünglichen Standortes neu verbaut wurden. Als Ursache dafür kann man die historischen Umstände anführen, weil die Verteidigungsanlagen sehr schnell mit knappen finanziellen Mitteln ausgebaut werden mußten.

Lage und Ausdehnung der Nekropolen von Pula

Schauen wir zunächst darauf, wie sich die geographische Lage der Nekropolen darstellt. Fakt ist jedenfalls, daß an der Seeseite praktisch kein Raum vorhanden war, um eine Nekropole anzulegen. Sie mußten sich zwangsläufig auf der Landseite befinden. Die Untersuchungen ergaben einen breiten Streifen, der die Nekropolen aufnahm. Dieser erstreckte sich vom großen Theater entlang der Stadtmauern Richtung Amphitheater. Ausgehend von diesem Streifen folgten die Nekropolen den großen Straßen. So läßt sich eine Nekropole an der Via Flavia in Richtung Vodnjan beobachten. Ein weiterer Ausläufer der Nekropole folgte einer Straße, die südlich des Amphitheaters nach Kostanjevica und

Abb. 112 Pula. Via Carrara. Rekonstruktion des oktognalen Grabmals nach Mansuelli.

weiter ostwärts führte. Ein anderer Ausläufer der Totenstadt begleitete die Straße, die vom Stadttor im Ostsektor der Mauern südöstlich von Pula auf das Dorf Šišan zulief. Schließlich muß noch der Strang der Nekropole erwähnt werden, die der Via Flanatica folgte. Grabanlagen sind in Pula aber nicht nur an den großen Ausfallstraßen nachgewiesen worden. Auf den im Hafenbereich und in der Bucht gelegenen Inseln konnten vereinzelt Bestattungen und Grabbauten festgestellt werden. Als Ausnahme führt Mlakar die Insel St. Andreas an, auf der keine Bestattungen nachgewiesen wurden.[237]

Die Belegungszeit der antiken Nekropolen geht in die Gründungsphase der Kolonie zurück und reichte bis in das 4./5. Jh. n. Chr. Dann setzten sich andere Bestattungssitten durch, die im Zusammenhang mit der Christianisierung stehen.

Bestattungsformen in Pula

Von Interesse ist auch ein kurzer Blick auf die Bestattungsformen in Pula. Im republikanischen Italien kamen parallel nebeneinander Erdbestattungen, also die Beisetzung des Körpers, und Brandbestattungen vor. Eine Variante des Körpergrabes stellt die Bestattung in einem Sarkophag dar und war der aristokratischen Oberschicht vorbehalten. Der früheste Beleg bildet der Sarkophag des Consuls L. Cornelius Scipio Barbatus (298 v. Chr.), der um 280 v. Chr. datiert wird. Gegen Ende der Republik setzte sich die Brandbestattung in der Oberschicht allgemein durch und fand auch bei der einfacheren Bevölkerung weite Verbreitung. Lediglich die untersten sozialen Schichten hielten aus Kostengründen an der Körperbestattung fest: sie setzten ihre

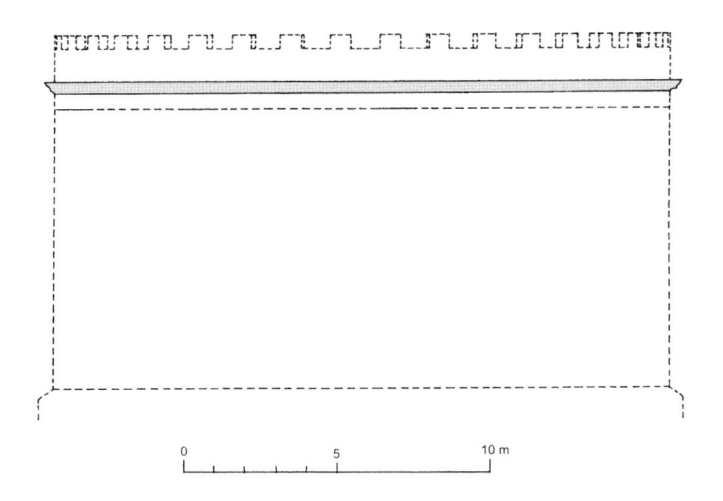

Abb. 113 Pula. Rundgrab, ursprünglich nördlich der Porta Aurea. Rekonstruktion nach Fischer. Nachgewiesen ist das Gesims (grau hinterlegt), das in einem mittelalterlichen Turm verbaut wurde.

Abb. 114 Rom. Grab der Caecilia Metella an der Via Appia. Caecilia Metella war die Tochter des Q. Caecilius Metellus Creticus, Consul des Jahres 69 v. Chr. Das Grabmal – hier in Darstellung nach einem Stich von Piranesi (1720–1778) – datiert in spätrepublikanisch-frühaugusteische Zeit.

Abb. 115 Pula. Rekonstruktion eines Pyramidengrabes, ursprünglich Via dell'Arena/Via Caducci. Die grau hinterlegten Reliefblöcke sind erhalten.

Abb. 116 Pula. Fragment aus dem Dachbereich des Pyramidengrabes mit Darstellungen aus dem militärischen Sektor, heute Archäologisches Museum Istriens (Nr. 271).

Toten in Massengräbern bei. Für Pula konnten aber bislang keine derartigen Gräber nachgewiesen werden.

Schauen wir zunächst auf die Brandbestattungen. Hier kann man zwischen zwei Grundformen unterscheiden, die soziale Unterschiede spiegeln. Die Form der Verbrennung auf dem Scheiterhaufen ist bei beiden Formen gleich, wenn man einmal davon absieht, daß bei Wohlhabenden Gegenstände des persönlichen Besitzes und Duftstoffe wie Weihrauch mit verbrannt wurden. Anschließend wurden die Knochenreste des Toten von Angehörigen eingesammelt und in einer Urne deponiert. Die Urnen, die aus unterschiedlichem Material bestanden, wurden dann in Gruben oder anderen Grabdenkmälern beigesetzt. Diese Bestattungsform ist in Pula gut belegt, wie Funde im dortigen Museum zeigen.

Eine andere Variante der Brandbestattung besteht darin, die noch glühende Asche ohne Urne in einer Grube zu deponieren. In Pula ist diese Bestattungssitte aus Gräbern an der Via V. Novembre (Bulevar Borisa Kidriča) bekannt. Parallelen für diese Bestattungsform finden sich im illyrisch-pannonischen Raum. Mlakar vermutete daher, hier Gräber einer einheimischen Bevölkerungsgruppe erkennen zu können, die althergebrachte Sitten weiter tradierte. Fischer hat bereits darauf hingewiesen, daß Personennamen, die von Mlakar in diesem Zusammenhang als illyrisch interpretiert worden sind, eher aus anderen Regionen des Römischen Reiches stammen. Daher können diese Gräber nicht mit einer illyrischen Bevölkerung in Verbindung gebracht werden.[238]

Werfen wir abschließend einen Blick auf die Körperbestattungen. Diese setzten sich ab der Mitte des 2. Jhs. n. Chr. im Reichsgebiet durch. Als Bestattungselement kamen nun die Sarkophage auf, von denen wir zahlreiche in Pula finden. Daneben existieren aber auch Körperbestattungen, die auf Sarkophage verzichten. Ein interessanter Befund in diesem Zusammenhang ist eine Körperbestattung in einer suburbanen Villa südlich des Amphitheaters, die im 3. Jh. n. Chr. bereits aufgelassen war und in der dann Gräber angelegt wurden.[239]

Die Grabdenkmäler – Zeugnisse der sozialen Stellung

Die Grabdenkmäler sind in ihrer Beschaffenheit sehr unterschiedlich. Von den Formen her dominieren Cippi, Stelen und Sarkophage, die aus weißem istrischen Kalkstein, aber auch aus Marmor gefertigt sind. Mit ihren Inschriften und Porträtdarstellungen vermitteln sie einen Eindruck von den Einwohnern des antiken Pula.

Repräsentative Grabanlagen muß es in Pula mehrere gegeben haben. Einige wenige sind zumindest noch fragmentarisch erhalten oder lassen sich erschließen. Von diesen Grabanlagen sollen drei exemplarisch vorgestellt werden.

Das bekannteste dieser Gräber (Abb. 110. 111) liegt noch heute in unmittelbarer Nähe zur Porta Gemina an der Via Carrara. Bei dem Grabmonument handelt es sich um ein Mausoleum mit oktogonalem Grundriß. Der Bau gliedert sich in mehrere Bereiche. Der erste Bereich besteht aus einem kreisrunden Unterbau, der insgesamt drei Stufen aufweist. Auf diesem Unterbau ruht das Oktogon, das für die weitere aufgehende Architektur bestimmend ist. Der Übergang zwischen Unterbau und Oktogon wird von einem Profil begleitet; die Ecken des Oktogons sind durch deutlich ausgeprägte Mauervorsprünge, die in den Bau eingreifen, betont. Soweit läßt sich der Bau heute vor Ort noch betrachten. Jedoch haben die Ausgrabungen soviel an weiteren Informationen geliefert, daß eine Rekonstruktion möglich ist (Abb. 112). Danach schloß das oktogonale Podium mit einem Kranzgesims ab, dessen Oberkante auch das Niveau bildete, auf dem acht Säulen – wieder an den Ecken positioniert – standen. Die Säulen trugen einen Architrav, der mit Sphingen und Greifen dekoriert war. Es folgte ein Kranzgesims, auf dem schließlich ein oktogonales Dach ruhte. Für diese gesamte Rekonstruktion wird eine Höhe von etwa 12 m angenommen.

Hinsichtlich einer Cella bereitet die Rekonstruktion Schwierigkeiten. Da offensichtlich keine Reste der obersten Quaderschicht des Podiums gefunden wurden, die an ihrer Oberfläche Spuren einer Cella zeigen, bieten sich vier Möglichkeiten. Einmal könnte das Mausoleum ein Monopteros gewesen sein, d. h. er verfügte über keine Cella mit geschlossener Wand. Dann – so Mlakar – könnte der Sarkophag frei und auf einem Podium in der Mitte des Oktogons gestanden haben. Daneben besteht die Option, daß die Interkolumnien, die Zwischenräume zwischen den Säulen, durch Mauern geschlossen waren. Damit wäre auch der Sarkophag den Blicken gänzlich entzogen. Eng verbunden mit dieser Möglichkeit ist die Existenz von Gitterwerk zwischen den Säulen, wobei diese Gitter aus den unterschiedlichsten Materialien gefertigt gewesen sein könnten, also auch aus organischem Material. Als letzte Möglichkeit könnte man vielleicht eine Cella als gesonderten Baukörper in der Mitte des Podiums vermuten, doch bleibt diese Lösung die unwahrscheinlichste, weil der Durchmesser des Oktogons insgesamt doch recht begrenzt ist.

Werfen wir abschließend noch einen Blick auf den möglichen Grabinhaber und die Datierung. Der Aufwand, der bei diesem Grab getrieben wurde, deutet unzweifelhaft auf einen Angehörigen der römischen Oberschicht Pulas hin. Eine Inschrift, die Auskunft über den Grabinhaber geben könnte, wurde nicht gefunden. Datiert werden kann der Bau aufgrund der Dekoration in die letzten Jahrzehnte des 1. Jhs. v. Chr., also in augusteische Zeit.[240]

Der zweite Grabbau, der sich durch seine Monumentalität auszeichnete, ist im Grunde nur durch sein Gesims überliefert, das in einen mittelalterlichen Turm verbaut war. Aufgrund des Umstandes, daß Spolien zumeist in unmittelbarer Nähe zu ihrem originalen Standort verbaut wurden, läßt sich dieser mit einem Punkt nördlich der Porta Aurea angeben, also an prominenter Stelle. Durch das Gesims, das eine Kurve aufweist, ließ sich der Durchmesser mit etwa 20 m berechnen. Über die Höhe ist aber nichts bekannt. Fischer geht in seiner Rekonstruktion von etwa 13 m aus (Abb. 113). Vergleichbar vom Typus her ist sicher das in augusteischer Zeit entstandene Grab der Caecilia Metella an der Via Appia in Rom (Abb. 114).[241]

Das dritte Grab war nicht minder eindrucksvoll als die vorher behandelten Denkmäler. Wie schon beim Rundgrab wurden nur einige wenige Reliefblöcke gefunden, die aber eine annähernde Rekonstruktion erlauben (Abb. 115). Diese Reliefblöcke aus Kalkstein wurden 1937 an der Via dell' Arena und Via Caducci entdeckt. Es zeigte sich, daß sie sich mit Funden aus dem späten 19. Jh. verbinden ließen. Für die Rekonstruktion wichtig war aber ein Block der Neufunde (Abb. 116). Er wies einen Steinschnitt mit einem mittleren Neigungswinkel von 80 Grad auf. Dies deutet auf einen pyramidenförmigen Baukörper hin, der nur im Dachbereich vorkommen kann. Weitere Blöcke konnten einem Architrav zugewiesen werden (Abb. 117. 118). Ein weiterer großer Reliefblock paßte von seinen Dimensionen her nur in eine Sockelzone. Auf dem Architrav und dem Dachblock fanden sich Waffendarstellungen aller Art, die zwar der Triumphalsymbolik entlehnt sind, hier aber keinem Ereignis zugeordnet werden können. Der Block der Sockelzone zeigt zwei Personen, die ikonographisch in den Kontext eines Prozessionszuges (Opferdiener o. ä.) eingeordnet werden können. Datiert werden kann der Grabbau in augusteische Zeit oder in die frühe Kaiserzeit. An dieser Stelle ist darauf hinzuweisen, daß weitere Pyramidengräber in Pula vorkamen.[242]

Abb. 117 Pula. Pyramidengrab. Fragment eines Architravs mit Waffendarstellungen als Reliefschmuck, heute Archäologisches Museum Istriens (Nr. 268).

Abb. 118 Pula. Pyramidengrab. Architekturteile mit Waffendarstellungen. Der untere Block zeigt u. a. Beinschienen und Schilde in Peltaform. Heute im Archäologischen Museum Istriens.

PULA IN SPÄTERER ZEIT – EIN ÜBERBLICK

Mit dem Übergang von der Antike zur Spätantike und schließlich zum Mittelalter verschwand Pula nicht aus der Geschichte, wie es mit vielen anderen Städten im Römischen Reich geschah. Durch seine geographische Lage blieb es im Spannungsfeld der historischen Entwicklung, was sich natürlich auch in seinen Baudenkmälern dokumentierte.

Pula wird christlich

Ab der 2. Hälfte des 3. Jhs. n. Chr. setzte für Istrien und damit auch für Pula ein kultureller Wandel ein. Das Christentum gewann in dieser Zeit in den Städten entlang der Küste und entlang der großen Straßen an Bedeutung.[243] Für Pula können wir eine christliche Gemeinde mit Sicherheit in den 280er Jahren annehmen, da während der Christenverfolgung unter Numerian (283–284 n. Chr.) der Heilige Germanus im Jahre 284 n. Chr. hier das Martyrium erlitt. Nach dem Prozeß im Amphitheater zu Pula wurde er an der Straße nach Nesactium hingerichtet.[244]

Die älteste Kirche, die diesen Christianisierungsprozeß in Pula dokumentiert, stammt aus vorkonstantinischer Zeit. Der Standort des Sakralbaus hat sich über Jahrhunderte hinweg gehalten. Noch heute befindet sich an dieser Stelle die Marienkathedrale, die in ihrer jetzigen Form im 15. Jh. entstanden ist (Abb. 119). Daneben konnte im Kloster des Heiligen Franjo im Jahre 1963 ein etwa zeitgleicher Bau nachgewiesen werden, der als Oratorium angesprochen wird.[245]

Ursprünglich befand sich an dieser Stelle ein größeres römi-

Abb. 119   Pula. Marienkathedrale/Hl. Thomas. Es handelt sich um einen romanischen Kirchenbau, der sich über die römischen Gebäude (ein Privathaus oder vielleicht Thermen) erhebt. Die Fassade wurde in der Renaissance errichtet. Der zugehörige Glockenturm als freistehender Campanile gehört in das 17. Jh. und wurde teilweise mit Sitzstufen des Amphitheaters gebaut.

PULA IN SPÄTERER ZEIT – EIN ÜBERBLICK

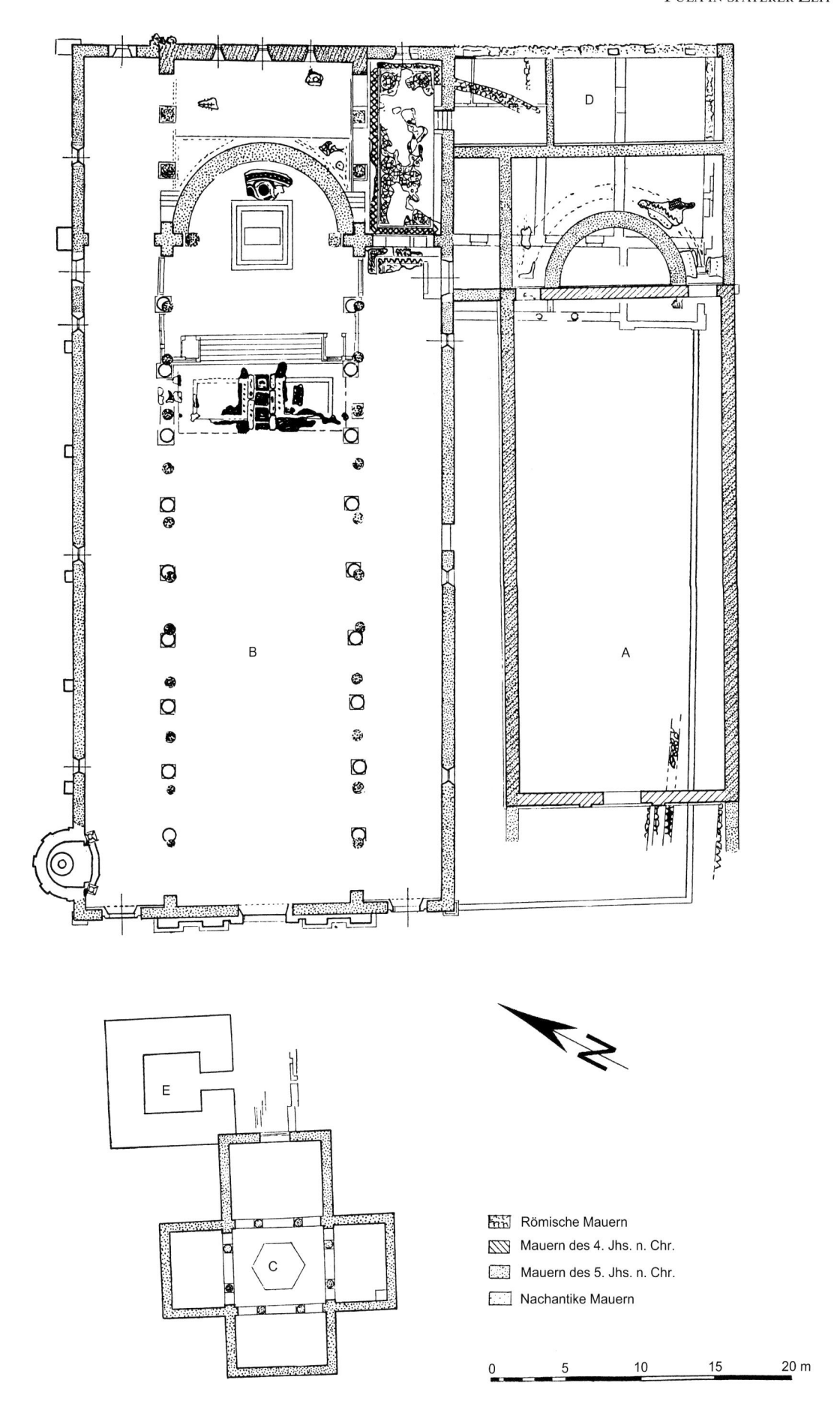

Abb. 120 Pula. Kathedrale. Die Kirche gehört mit zu den ältesten christlichen Sakralbauten in Pula. Der Plan dokumentiert die unterschiedlichen Bauphasen des Kirchenkomplexes. Der Baukomplex A gehört in die Mitte des 4. Jhs. n. Chr. und war dem Hl. Thomas geweiht. Er wurde im 5. Jh. ausgebaut. Parallel zu dem Umbau des 5. Jhs. entstand der Komplex B, die Marienkirche, die mit ihren Umwandlungen bis heute besteht. Ebenfalls dem 5. Jh. zugerechnet werden muß das Baptisterium (C). Im Mittelalter wurde der Komplex D angefügt, der als Sakristei genutzt wurde. Den Abschluß bildet schließlich der Campanile (E) aus dem 16. Jh.

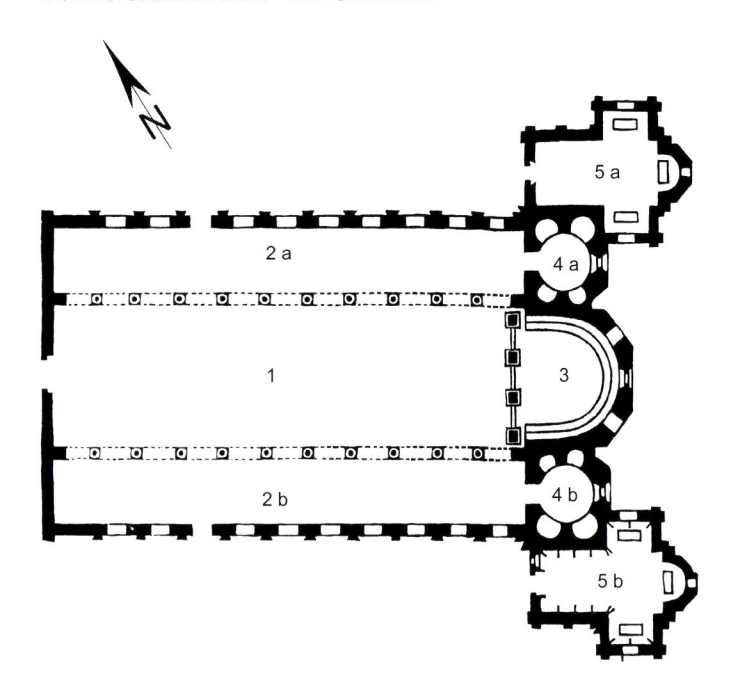

Abb. 121 Pula. Basilika Santa Maria Formosa. Grundriß. Der vorliegende Plan gründet auf den Untersuchungen von Kandler aus dem Jahre 1876. Ein Maßstab war nicht angegeben. Besonderes Augenmerk ist auf Gebäudeteil 5b zu richten, der erhalten geblieben ist. Zusammen mit Gebäudeteil 5a wird er als Mausoleum für Bischöfe von Pula interpretiert.

sches Privathaus oder eine Thermenanlage.[246] Als erster Kirchenbau entstand darüber eine einschiffige quadratische Halle, von der die Rückwand in der Kathedrale erhalten geblieben ist (Abb. 120). Um die Mitte des 4. Jhs. wurde die Kirche erweitert, was man sicherlich auf das Anwachsen der christlichen Gemeinde und den Wegfall der staatlichen Repressionen zurückführen kann. Der quadratische Bau wurde zu einem langgestreckten Rechteck erweitert. Außerdem wurde eine halbkreisförmige Apsis in die Halle eingebaut.[247]

Unbesehen von den Problemen, die die Reichsteilung nach dem Tode Theodosius' I. im Jahre 395 n. Chr. mit sich brachte und bei der Istrien dem weströmischen Reichsteil zugeschlagen worden war[248], ging der Ausbau der Kirche weiter. Gegen Ende des 4./Anfang des 5. Jhs. wurde parallel zum Altbau eine weitere Hallenkirche errichtet. Diese Doppelkirchen kommen im nordadriatischen Raum, besonders aber in Istrien, vor. Neben den Bauten in Pula können in diesem Zusammenhang Anlagen in Triest, Poreč und Nesactium angeführt werden.[249] In den Jahren um die Mitte des 5. Jhs. wurden die Hallen umgebaut, so daß im Norden die heutige Kathedrale entstand. Sie hatte die Ausmaße von 25 x 50 m. Diese Dimensionen mögen ihre Ursache darin haben, daß Pula wohl schon zu Beginn des 5. Jhs. Bischofssitz geworden war und ein entsprechendes Repräsentationsbedürfnis vorlag. Für das gewachsene Selbstverständnis der Kirche im 5. Jh. sprechen aber auch weitere größere Kirchen in Pula wie etwa die im Jahre 1909 ausgegrabene dreischiffige Basilika der Heiligen Felicitas, die als Friedhofskirche konzipiert war.[250] Größere Bauprojekte wurden sicherlich auch dadurch gefördert, daß mit der

Abb. 122 Pula. Santa Maria Formosa. Grabkapelle (vgl. Abb. 121, 5b).

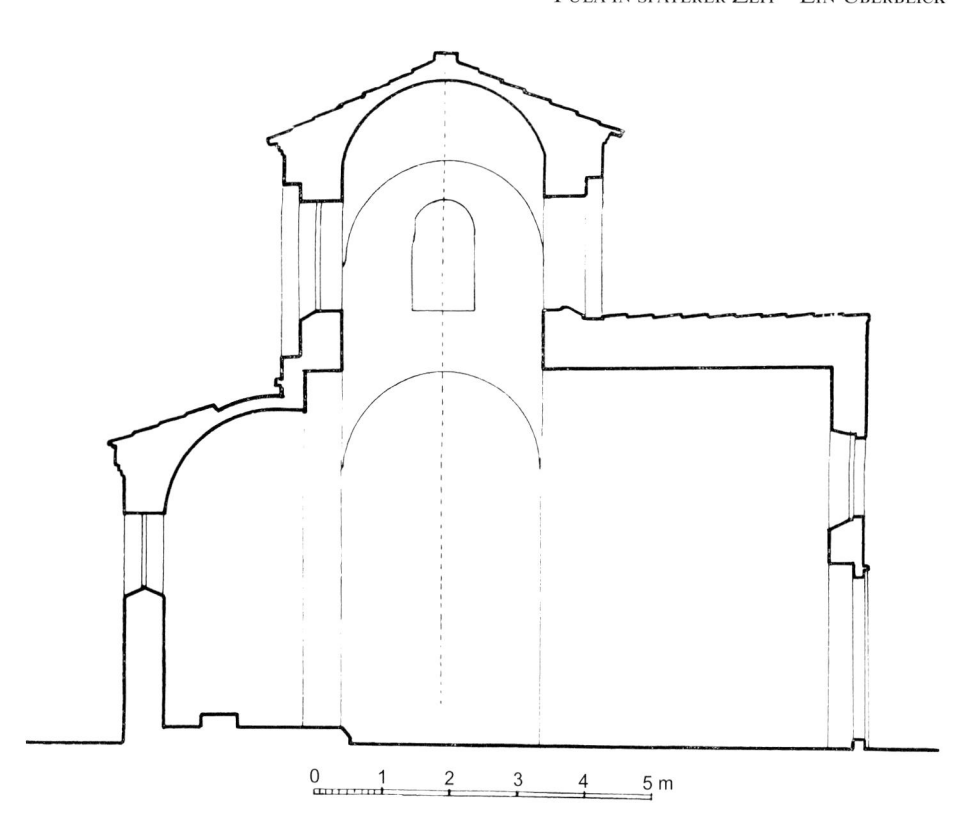

Abb. 123 Pula. Basilika Santa Maria Formosa. Grabkapelle (vgl. Abb. 121, 5b). Schnitt in der Längsachse.

Herrschaft Theoderichs des Großen (474–526) Italien eine neue staatliche Ordnung gefunden hatte.[251]

Die Basilika, bzw. heutige Kathedrale, war dreischiffig konzipiert, wobei Säulen die Seitenschiffe bildeten. In das Mittelschiff eingeschrieben war eine Apsis. Die Seitenschiffe setzten sich hinter der Apsis fort, allerdings nun mit Bogenarchitekturen, die auf Pfeilern ruhten. Das Mittelschiff war deutlich höher als die Seitenschiffe. Das Presbyterium, ein den Geistlichen vorbehaltener Bereich, war durch Schranken vom Kirchenraum abgetrennt. Im Presbyterium befand sich auch die Bema, eine Sitzbank für den Klerus.

In einer frühen Kirche wurden außerdem verschiedene Funktionsräume benötigt, die sich im heutigen westlichen Kirchenbau in dieser Form nicht mehr finden. Hier ist etwa das Diakonikon zu nennen, in dem die Kommunion ausgeteilt wurde. Daneben existierte noch die Prothesis, ein Raum, der zur Vorbereitung der Gottesdienste diente, also in seiner Bedeutung an die Sakristei herankommt. Beide Räume sind auch für die Basilika in Pula belegt.

Eine Sonderstellung nimmt das Baptisterium ein, das in Kreuzform gebaut war. In Pula ist es vom eigentlichen Kirchenbau räumlich getrennt. Eine Verbindung zwischen beiden Baukörpern mag durch ein Atrium bestanden haben.[252]

Eine weitere bedeutende Kirche ist seit dem 6. Jh. in Pula belegt. Es handelt sich dabei um die Basilika der Heiligen Maria Formosa, die in ihrer Form und Ausstattung nicht ohne den historischen Hintergrund gesehen werden darf.

Kurz nach dem Tod Theoderichs des Großen setzten die Bestrebungen Iustinians I. (527–565) ein, das Imperium Romanum in seinem gesamten Umfang zu erneuern.[253] Während der Gotenkriege spielte u. a. Pula eine zentrale Rolle.[254] In Orten, die für das oströmische Reich wichtig waren, entstanden zahlreiche Bauten,

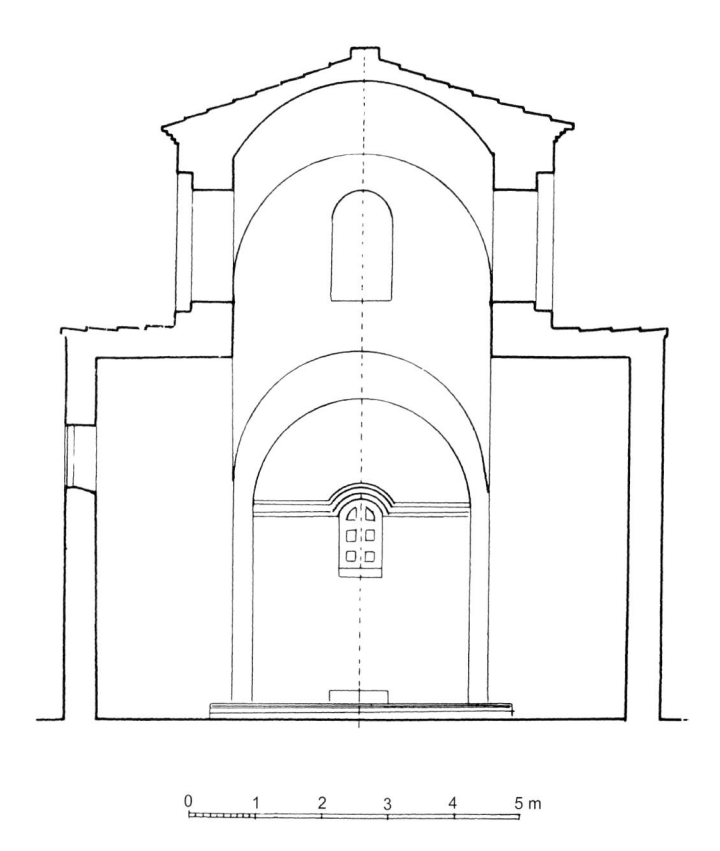

Abb. 124 Pula. Basilika Santa Maria Formosa. Grabkapelle (vgl. Abb. 121, 5b). Schnitt in der Querachse.

Abb. 125   Pula. S. Maria Formosa. Fragment eines Wandmosaiks mit einer «traditio legis»-Darstellung aus der Mitte des 6. Jhs. n. Chr. Pula, Archäologisches Museum Istriens.

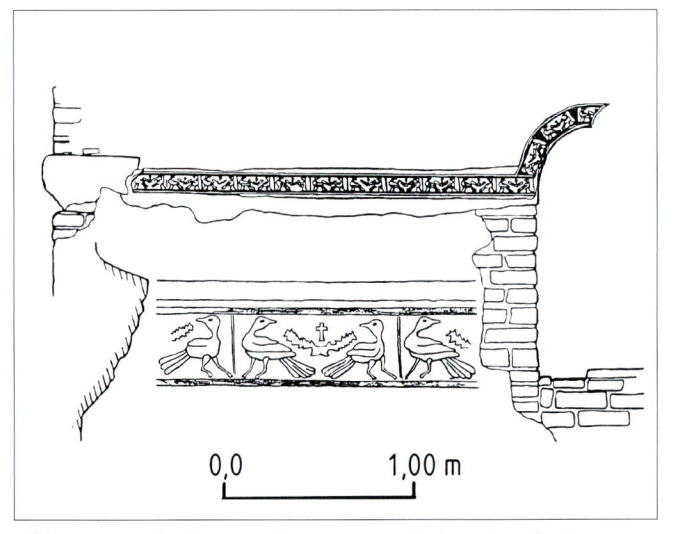

Abb. 126   Pula. S. Maria Formosa. Zur Dekoration des Innenraumes gehörte auch Stuck, von dem Reste erhalten sind.

Abb. 127   Pula. S. Maria Formosa. Fragment eines Bodenmosaiks mit der Darstellung eines Lebensbaumes, Mitte des 6. Jhs. n. Chr. Pula, Archäologisches Museum Istriens.

die den Machtanspruch dokumtierten. Den Umfang dieser Aktivitäten verdeutlicht Prokop, der in seinem Werk «Bauten» die Bautätigkeit Iustinians dokumentiert.[255] Neben dem Kaiser traten aber auch Kirchenfürsten als Bauherrn auf, so in Pula bei der Basilika Santa Maria Formosa.

Diese Kirche mit ihrem angeschlossenen Kloster ist trotz der geringen Reste hervorzuheben. Der desolate Zustand ist auf militärische Maßnahmen der Venezianer im 13. Jh. zurückzuführen. Als Bauplatz diente eine Fläche südlich der spätantiken Stadtmauern in relativer Nähe zur Küste. Die Wahl des Bauplatzes mag darauf hindeuten, daß während des 6. Jhs. innerhalb der Mauern eine relativ dichte Bebauung bestanden hat. Andererseits waren Randlagen für Kirchenbauten zu dieser Zeit nicht ganz unüblich. Erst später sollten sie ihren Standort in der Mitte der Stadt finden.[256] Im heutigen Stadtplan liegt das Areal an der Flaciosova Ulica, die nach Osten hin eine Verlängerung der Riva darstellt.

Umfassende Untersuchungen zur Basilika wurden dann ab dem 19. Jh. durchgeführt. Wie bei den römischen Denkmälern der Stadt waren es Forscher wie P. Kandler und A. Gnirs, die Grundlagenforschungen betrieben.[257] In der Folgezeit wurden in der Forschung kontinuierlich Probleme zu diesem Komplex behandelt.[258]

Als Bauherr bzw. Stifter trat der aus Pula gebürtige Maximianus auf, der von 546–556 in Ravenna Bischof war und der dem engeren Umfeld Iustinians zugerechnet werden muß.[259] Belegt ist diese Stiftertätigkeit durch mehrere Quellen. Im 9. Jh. verfaßte Agnellus eine Biographie für das «Liber pontificalis Ecclesiae Ravennatis», das sich formal am stadtrömischen Vorbild orientierte und so auch Bautätigkeiten erwähnte.[260] Darüber hinaus lieferte die Biographie auch Hinweise über die Dekoration der Basilika.[261] Weitere Hinweise finden sich im «Dialogo sulle antichità di Pola», die ein Anonymos gegen Ende des 16. Jhs. verfaßte.[262] Außerdem existierte im Archiv von Pula eine Schenkungsurkunde, die aber erst 1657 auftauchte und als dubios gilt.[263]

Bei der Basilika handelte es sich um einen großen, dreischiffigen Bau, der in Ost-West-Richtung orientiert war (Abb. 121). Das Mittelschiff (Abb. 121, 1) war deutlich breiter als die Seitenschiffe (Abb. 121, 2a–b) und endete in einer Apsis (Abb. 121, 3). Vergleichbare Grundrißformen finden sich auch in den zwei Basiliken von Nesactium. Außerdem existierten in der Basilika seitliche Pastophorien (Nebenräume) (Abb. 121, 4a–b).[264]

Die Gliederung des Kirchenraumes erfolgte durch Säulenreihen, die Bögen trugen. In der äußeren Gestaltung der Kirche wurde das Motiv der Bögen tragenden Säulen wiederholt, nur mit dem Unterschied, daß hier die Zwischenräume zugesetzt waren.

Südlich und östlich der Apsis befanden sich zwei Kapellen in gleicher Ausführung (Abb. 121, 5a–b). Erhalten von diesen beiden Kapellen hat sich die südliche (Abb. 121, 5b. 122). Die Kapellen gingen von einem kreuzförmigen Grundriß aus und wiesen jeweils eine polygonale Apsis auf. Die Bauten werden als Mausoleen der Bischöfe von Pula gedeutet (Abb. 123. 124).[265]

Reste der Innenausstattung, die sich heute im Archäologischen Museum Istriens befinden, reflektieren zugleich die reiche Ausstattung der Kirche selbst. Hervorzuheben ist etwa ein Fragment des Apsismosaiks aus der Südkapelle mit der Darstellung einer «traditio legis» (Abb. 125). Das Fragment, im Jahre 1909 von Gnirs gefunden[266], zeigt die Kopfpartien von zwei Personen, von denen die linke als Heiliger, möglicherweise als Petrus, zu deuten ist, während die rechte einen jugendlichen Christus zeigt. Besonders der ideale Kopf Christi läßt sich in seiner Formensprache an Christusdarstellungen in Ravenna anschließen, so etwa an jene aus dem Mausoleum der Galla Placidia oder aus S. Vitale.[267] Dies muß nicht verwundern, weil Maximianus in seiner Funktion als Bischof von Ravenna zahlreiche Kirchen errichten ließ und während seiner Zeit auch S. Vitale geweiht wurde. Handwerker und Entwürfe mögen also identisch sein. Neben Mosaiken bestand die Dekoration auch aus Stuck. Reste davon sind noch *in situ* vorhanden, so etwa ein Gebälkrest in der Apsis (Abb. 126).²⁶⁸

Vom Ausstattungsluxus des Kirchengeländes zeugt auch ein Bodenmosaik mit der Darstellung eines Lebensbaumes (Abb. 127). Das Mosaik ist etwas gröber gearbeitet, was aber auf den Verwendungszweck zurückgeführt werden kann.

Spätere Sakralbauten

Auch im fortschreitenden Mittelalter finden sich in Pula noch wichtige Baudenkmäler. Zu diesen zählt etwa das bis heute existierende Franziskanerkloster, das am Clivus San Francesco und der Via del Castropola liegt (Abb. 128). Das Kloster einschließlich der Kirche, einer gotischen Hallenkirche, entstand gegen Ende des 13. Jhs. Vergleichbar ist sie mit der Hallenkirche der Hl. Euphemia in Gračišće, die aus dem 14. Jh. stammt. Aber nicht nur die Architektur des Klosters und der Klosterkirche ist von Bedeutung. Im Vorhof der Kirche finden sich zahlreiche Inschriften, die dort in den Wänden vermauert sind (Abb. 129). Das In-

Abb. 128   Pula. S. Francesco. Eingang zur Kirche.

Abb. 129   Pula. S. Francesco. Im Vorhof der Klosterkirche sind an den Wänden Inschriften unterschiedlicher Zeitstellung eingemauert. Weitere Steindenkmäler finden sich im Klostergarten, der nicht zugänglich ist.

Abb. 130   Pula. Via Sergia 19. Das Interesse der Bürger Pulas richtet sich nicht nur auf die Denkmäler römischer Zeit. Liebevoll und sorgfältig werden auch die Baudenkmäler aus der venezianischen Zeit konserviert. Am Gebäude Via Sergia 19 etwa hat man einen Ausschnitt aus dem Verputz vorgenommen, um die Mauertechnik zu dokumentieren.

Abb. 131   Pula. Via Sergia 19. In die Fassade eingelassen ist eine Reihe von kleeblattförmigen Nischen, die mit rundplastischen Darstellungen von Bürgern oder Wohltätern der Stadt versehen sind.

Abb. 132   Pula heute. Kräne bezeugen das rege Treiben im Hafen.

schriftenmaterial stammt überwiegend aus dem Mittelalter. Auch im Klostergarten, der für die Öffentlichkeit nicht zugänglich ist, werden diverse Steindenkmäler aufbewahrt.[269]

Wohnen im nachantiken Pula

Eine Behandlung dieses Themas kann nur exkurshaft sein, da es sonst den Rahmen der Publikation sprengen würde. Das Stadtbild ist heute weitgehend von Bauten aus dem 19. Jh. geprägt. Dies gilt besonders für die Stadtteile, die außerhalb der alten Stadtmauern entstanden sind. Von Wohnbauten aus dem frühen Mittelalter ist im Stadtgebiet heute nichts mehr zu finden. Anders sieht es aber aus mit Bauten aus dem späten Mittelalter und der frühen Neuzeit. In ihrer Formensprache weisen die Bauten eindeutig auf die Zugehörigkeit zu Venedig hin, so daß man sich das mittelalterliche und frühneuzeitliche Pula als nicht ganz so prächtiges Abbild der Serenissima vorstellen kann. Wer aufmerksam durch Pula geht, kann an einigen Stellen das architektonische Erbe wahrnehmen, so etwa an einem restaurierten Haus an der Via Sergia 19. Bei den Restaurierungsmaßnahmen ließ man ein Stück des Verputzes weg, so daß man auf die ursprünglichen Mauerstrukturen blicken kann. Darüber hinaus ziehen Porträts in rosettenartigen Ausnischungen die Aufmerksamkeit des Betrachters auf sich (Abb. 130. 131).

Pula heute

In der Betrachtung Pulas ist sicher abschließend eine kurze Bemerkung zur Gegenwart angebracht. Schon im 19. Jh. hatte sich die Stadt von ihrer Ausdehnung und Bevölkerungszahl her über den Altstadtkern ausgedehnt. Diese Entwicklung hat sich auch während des 20. Jhs. fortgesetzt. Die Tradition als Hafenstadt lebt bis in die Gegenwart hinein, was selbstverständlich auch im Stadtbild (Abb. 132) bemerkbar ist. Dank der zahlreichen Denkmäler aus unterschiedlicher Zeit spielt heute der Tourismus eine wichtige Rolle im Wirtschaftsleben der Stadt, auch wenn die großen Hotelkomplexe im Stadtgebiet Pulas eine eher periphäre Lage einnehmen. Die kommunalen Einrichtungen Pulas haben diesen Faktor erkannt, pflegen daher ihre Vergangenheit und investieren so in ihre Zukunft.

NESACTIUM

Die antike Siedlung Nesactium stellt einen vollkommenen Gegensatz zu Pula dar, wie bereits im Vorwort erwähnt wurde. Neben den dort schon genannten Gründen läßt sich vor allem anführen, daß die Siedlung nie wirklich überbaut wurde. Als gravierender Nachteil stellt sich allerdings heraus, daß die Gebäude von den Bewohnern des Umlandes massiv ihres Steinmaterials beraubt wurden und daher im Gelände in einzelnen Fragen ein gutes Vorstellungsvermögen notwendig ist. Daneben tritt das Faktum, daß wir mit Nesactium einen ganz anderen Siedlungstypus vorfinden, der im Kern auf alte histrische Siedlungsformen zurück geht.

Besondere Fundkomplexe, die das wissenschaftliche Interesse an Nesactium geweckt haben – zu nennen sind hier vor allem die Funde aus der vorgeschichtlichen Nekropole der Stadt –, sind vor Ort nicht greifbar. Sie befinden sich im Archäologischen Museum von Pula. Daher ist es unabdingbar, ergänzend zu einem Besuch in Nesactium das Museum zu besuchen.

Wie geht man aber ein Thema an, bei dem Funde und Befunde so nachhaltig getrennt sind und der Erhaltungszustand nicht immer der beste ist? Als Lösung für dieses Problem stellte sich einzig ein Beitrag dar, der in Form eines Exkurses verschiedene Themenkomplexe zu Nesactium aufgreift und sich dabei an den Befunden orientiert, die entweder im Gelände nachvollziehbar sind, oder aber durch die Museumsausstellung verdeutlicht werden. Daneben ist wiederum auch die Forschungsgeschichte von Interesse, weil hier – wie auch in Pula – zu Beginn der Forschungen durchaus tagesaktuelle Interessen eine Rolle spielten.

Forschungsgeschichte

Durch die historische Entwicklung an der Wende von der Antike zum Mittelalter war der Ort Nesactium aufgegeben worden und die Lokalisation des Ortes verloren gegangen. Erst im 19. Jh. wuchs wieder das Interesse an dem Ort. Zunächst lag die Motivation der Forschung in einem romantisierenden Bild der histrischen Ur- und Frühgeschichte, das seinen Ursprung in dem «heldenhaften» Kampf der Histrier gegen die römische Übermacht hatte. Unter diesem Aspekt sind wohl auch die ersten Forschungen von P. Kandler aus dem Jahre 1877 zu sehen. Daneben stand aber sicher auch der politische «Illyrismus», mit dem sich im 19. Jh. ein entsprechender Nationalgedanke verband. Nachdem die Ausgrabungen in größerem Umfang begonnen hatten, fanden sie jedenfalls eine lebhafte Unterstützung durch verschiedene politische Institutionen: Die Grabungen in Nesactium wurden durch den damaligen Provinziallandtag sowie durch die Stadtgemeinden von Triest und Pula unterstützt.[270]

Die wichtigste Aufgabe der Forschung war es aber zunächst, Nesactium überhaupt zu lokalisieren. In der 2. Hälfte des 19. Jhs. war der Gedanke aufgekommen, den Ort mit Vizače gleichzusetzen. Man glaubte nämlich, hier eine verderbte Form des antiken Namens erkennen zu können. P. Sticotti hatte im Jahre 1878 eine entsprechende Identifikation vorgenommen. In den schriftlichen Quellen, die zu dem Zeitpunkt bekannt waren, ließ sich nämlich in zeitlicher Abfolge eine zunehmende Veränderung des Namens beobachten.[271] Um diese Theorie zu erhärten, begann die Società istriana di Archeologia e Storia Patria, die damals ihren Sitz in Parenzo, dem heutigen Poreć, hatte, im Jahre 1900 mit Ausgrabungsarbeiten. Relativ schnell zeigte sich, daß hier eine größere Siedlung vorlag, die unzweifelhaft ihre Ursprünge in frühgeschichtlicher Zeit hatte und bis in das 7. Jh. n. Chr. hinein besiedelt war.[272]

Im Jahre 1901 gelang es den Ausgräbern, den epigraphischen Nachweis zu führen. Man hatte einen Votivaltar gefunden, der durch seine Inschrift eindeutig auf die *res publica Nesactiensium* hinwies (Abb. 133). Federführend bei den archäologischen Untersuchungen in Nesactium war die Società Istriana. Nach 1918 sollte sich dies für die Erforschung der Siedlung als positiv erweisen, weil hier eine Kontinuität gewährleistet war. Aufgrund der nunmehrigen Zugehörigkeit zu Italien waren es auch italienische Archäologen wie Attilio Degrassi oder Mario Mirabella Roberti, die in Istrien und damit auch in Nesactium ihre Forschungen betrieben. Ein erneuter Bruch in der Erforschung der

Abb. 133 Altar mit Inschrift, der die Lokalisation Nesactiums bestätigte.

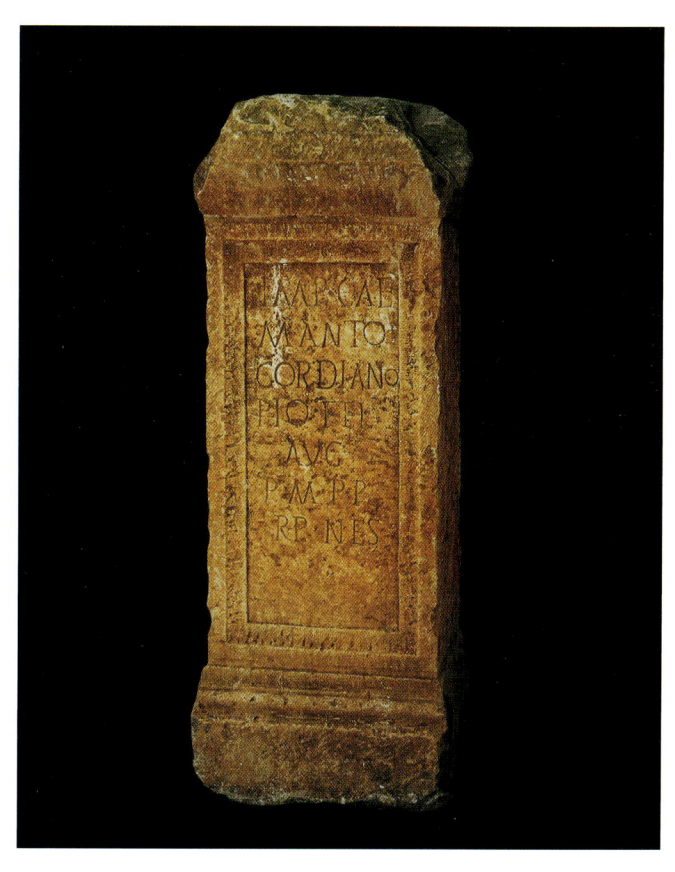

Siedlung trat mit dem Zweiten Weltkrieg ein. Italien hatte als einer der Verlierer des Krieges hinnehmen müssen, daß Istrien dem neu geschaffenen Staat Jugoslawien zugeschlagen wurde. In den 50er Jahren des vergangenen Jahrhunderts begannen dann die damals jugoslawischen Archäologen mit der Erforschung Nesactiums. Heute wird der Ausgrabungsplatz durch das Archäologische Museum Istriens betreut.

Lage der Stadt

Das antike Nesactium liegt etwa 12 km nordöstlich von Pula. Die nächste moderne Siedlung ist der kleine Ort Valtura – in älteren Publikationen auch Altura genannt –, der für einen Besuch der Ausgrabungen den Ausgangspunkt bildet. Von Pula aus können Reisende mit Linienbussen des Stadtverkehrs Valtura verhältnismäßig gut erreichen, wenngleich man auf den Holzsitzen der Busse gründlich durchgeschüttelt wird. Die einzige Haltestelle in Valtura liegt an einem überaus beschaulichen Platz vor der Kirche, bei der auch der Weg zur Ausgrabungsstätte seinen Anfang nimmt (Abb. 134). Für Besucher Nesactiums, die mit einem eigenen Verkehrsmittel anreisen, beginnt der Weg zur Ausgrabung ebenfalls an der Kirche von Valtura.

Der Weg von Valtura nach Nesactium führt an einer Reihe von Häusern und Gehöften vorbei, die z. T. erst in jüngerer Zeit entstanden sind. Insgesamt wird der Weg durch mehr oder weniger niedrige Gehölze, die auch sonst die Landschaft um Nesactium herum bestimmen, begleitet. Sie bieten dem Reisenden, der per pedes zur Ausgrabungsstätte möchte, in der warmen Jahreszeit etwas Schutz vor der brennenden Sonne.

Von verschiedenen Punkten des Weges aus kann man recht gut die topographische Lage der Siedlung nachvollziehen (Abb. 135. 136). Sie liegt auf einem Hügel, der spornförmig nach Osten ins Tal vorspringt, um dann steil dorthin abzufallen. Das Plateau des Hügels ist in zwei Terrassen gegliedert. Die westliche Terrasse, die heute die Reste des politischen und kulturellen Zentrums der Stadt trägt, liegt erkennbar höher als die östliche Terrasse. Am Talgrund verläuft ein kleiner Fluß, der heute den Namen Budava trägt. Inwieweit dieser Fluß mit zur Wasserversorgung der antiken Stadt gedient hat, läßt sich nicht befriedigend beantworten.

Geschichte Nesactiums

Die schriftliche Überlieferung zur Geschichte Nesactiums ist nicht besonders umfassend. Wohl die ausführlichsten Informationen finden wir bei Titus Livius, auf die weiter unten noch näher einzugehen sein wird. Das epigraphische Material, das während der Grabungen gefunden wurde, ist insgesamt nicht so aussagekräftig, da die Inschriften häufig fragmentarisch sind, oder bestenfalls durch die Erwähnung von Titeln Einblicke in die politischen Strukturen der Stadt erlauben. Diese entsprechen aber allgemein der Situation italischer Städte während der Kaiserzeit.

Für die Geschichte des vorrömischen Nesactium sind wir neben den wenigen Erwähnungen in den Schriftquellen besonders auf die Ergebnisse der archäologischen Untersuchungen angewiesen. Unbestritten ist, daß Nesactium eine histrische Gründung war und unter den Städten der Halbinsel als die bedeutendste galt. Als Siedlungsform wird man sich eine Castelliere-Siedlung vorstellen können, die um das Jahr 1000 v. Chr. erstmals auf dem

Abb. 134   Valtura. An der Kirche beginnt der Weg nach Nesactium.

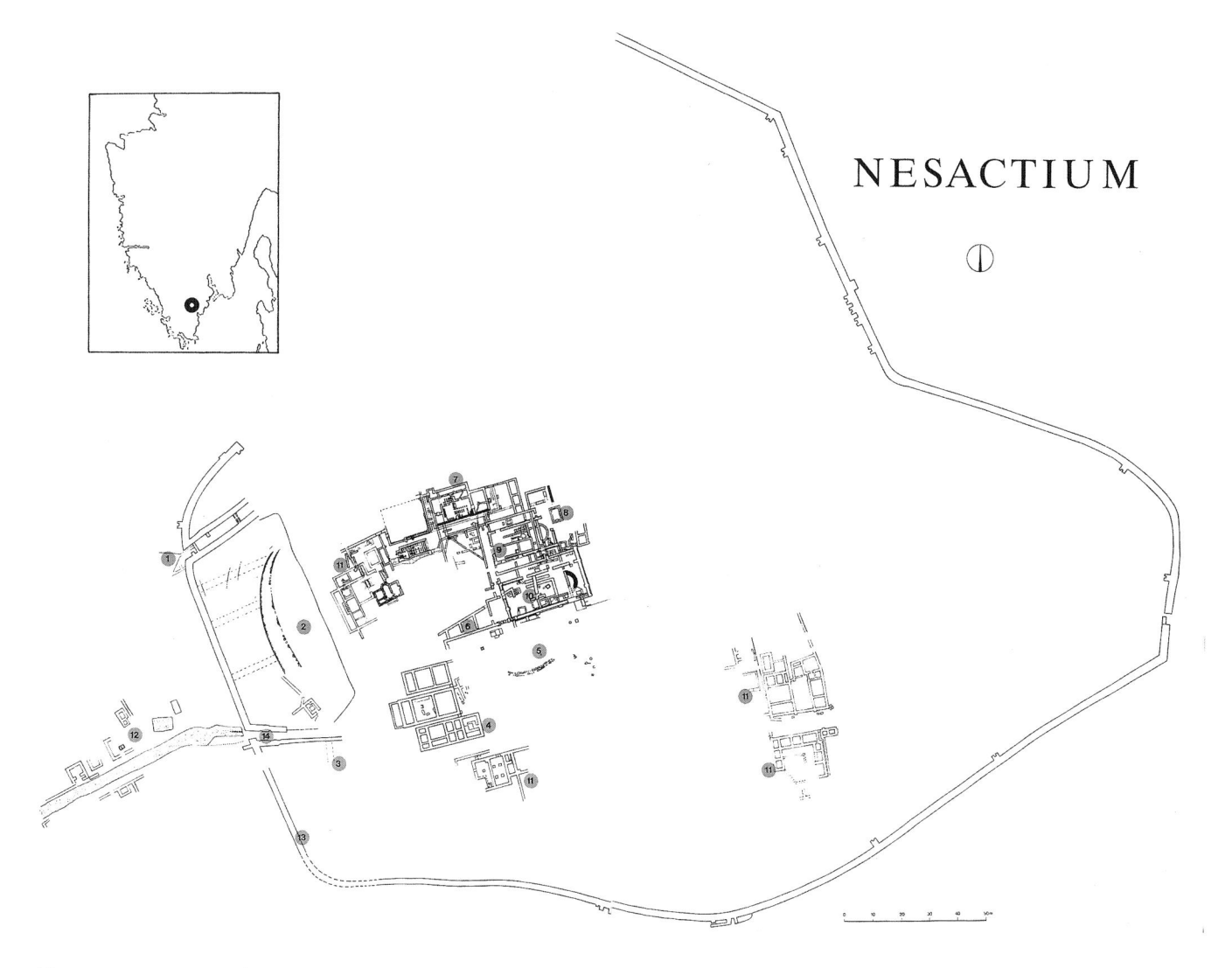

Abb. 135   Nesactium. Plan. 1 Prähistorisches Tor; 2 prähistorische Nekropole und Wall; 3 neue Funde mit Gräbern; 4 römisches Kapitol; 5 römisches Forum; 6 Tabernae; 7 römische Thermen; 8 Zisterne; 9 Nordbasilika; 10 Südbasilika; 11 römische Häuser; 12 römische Nekropole; 13 Stadtmauern; 14 Porta Polensis.

Plateau durch die Histrier angelegt wurde. Die Siedlung muß relativ stark befestigt gewesen sein, weil sich die Histrier und ihre politische Führung nach den ersten Niederlagen des Jahres 178 v. Chr., also bald nach Beginn des histrisch-römischen Krieges, dorthin zurückzogen und noch einige Zeit Widerstand leisten konnten.

An dieser Stelle scheint es angebracht, Titus Livius selbst sprechen zu lassen. Der folgende Bericht setzt zu dem Zeitpunkt ein, als im Jahre 177 v. Chr. Nesactium durch römische Truppen bereits belagert wird: «Wenige Tage vorher hatten Junius und Manlius begonnen, die Stadt Nesactium, wohin sich die Führer der Histrier und ihr Fürst Aepulo selbst zurückgezogen hatten, mit aller Macht anzugreifen. Dorthin führte Claudius seine beiden neuen Legionen, entließ das alte Heer mit seinen Feldherren, belagerte selbst die Stadt und beabsichtigte, sie mit Sturmdächern anzugreifen, und gab einem Fluß, der an ihren Mauern vorbeifloß und der beim Angriff ein Hindernis bildete und die Histrier mit Wasser versorgte, in mehrtägiger Arbeit ein neues Bett und änderte seinen Lauf. Dies versetzte die Barbaren in Staunen und Schrecken. Aber auch jetzt dachten sie nicht an Frieden, sondern machten sich daran, ihre Frauen und Kinder umzubringen, und damit diese schreckliche Tat auch den Feinden ein Schauspiel bot, töteten sie sie ganz offen auf der Mauer und stürzten sie dann hinab. Unter dem Geschrei der Frauen und Kinder und während des unsagbaren Gemetzels überstiegen die Soldaten die Mauer und drangen in die Stadt ein.» (Liv. 41, 11, 1–5).[273]

Nach der Katastrophe des Jahres 177 v. Chr. schweigen sich die Quellen zu Nesactium aus. Die frühesten Zeugnisse einer römischen Siedlung stammen aus dem 1. Jh. n. Chr., oder, wie Matijašić formuliert, noch aus etwas früherer Zeit. Der ältere Plinius berichtet in seiner «Naturalis Historia» (3, 129) wieder von Nesactium und bezeichnet es als «oppidum Nesactium». Diese Erwähnung bei Plinius reicht aber nicht aus, um die rechtliche Stellung Nesactiums zu diesem Zeitpunkt zu klären, weil Plinius den Begriff teils generell auf Siedlungen anwendet, teils aber auch mit *oppidum* die rechtliche Stellung eines Gemeinwesens bezeichnet.

Für das 2. Jh. n. Chr. wird die Überlieferungsgeschichte etwas dichter. Wir finden eine Dedikationsinschrift für Faustina, die nun ein gewisses Maß an Autonomie gegenüber Pula spiegelt.[274] Aus dem 2. Jh. n. Chr. stammt außerdem noch eine Erwähnung Nesactiums durch Claudius Ptolemaeus, der die Namensform «Nesacton» verwendet.

Wichtig für die Geschiche Nesactiums ist in zweierlei Hinsicht der bereits kurz erwähnte Votivaltar für Gordian III. (238–244 n. Chr.), der sich heute im Archäologischen Museum Istriens be-

Abb. 136 Nesactium. Die Ausgrabungsstätte aus der Vogelperspektive. Graphische Darstellung im Archäologischen Museum Istriens, Pula.

findet. Die Inschrift auf dem Altar ermöglichte einmal die eindeutige Identifikation der Stadt, und zum anderen bezeichnete sie Nesactium als *res publica*.[275]

Den Schlußpunkt der schriftlichen Überlieferung bildet eine Nennung beim Anonymos von Ravenna aus dem 6. Jh. n. Chr., der von «Nessatio» spricht.[276]

Weltbewegende Ereignisse scheinen an Nesactium vorbeigegangen zu sein. Wohl immer im Schatten Pulas stehend, müssen die Bewohner Nesactiums doch einigen Wohlstand erwirtschaftet haben. Dies spiegelt sich in den öffentlichen Bauten, aber auch in den Funden wider. Exemplarisch sei hier eine Sitzstatuette von hoher Qualität angeführt, die als Magna Mater gedeutet wird und sich heute im Museum von Pula findet.

Man wird während der Kaiserzeit Nesactium sicher als ein römisches *municipium* bezeichnen können, also ein Gemeinwesen, das stark von einer städtischen Kultur geprägt war. Dies sollte sich im Laufe der Spätantike wandeln. Die Stadt und ihr Erscheinungsbild wurden zunehmend von der Landwirtschaft geprägt. Dieser Wandlungsprozeß, der archäologisch nachweisbar ist, setzte gegen Ende des 4. Jhs. n. Chr. ein, um schließlich um die Mitte des folgenden Jahrhunderts in einen Rückbau der Siedlung einzumünden.[277]

Über die nachantike Geschichte der Stadt zu sprechen, gestaltet sich aus mehreren Gründen schwierig. Marušić berichtet zwar von den Zerstörungen, die Slawen und Awaren zwischen 599–611 anrichteten, möchte aber nicht ausschließen, daß noch danach Menschen in Nesactium lebten. In diesem Kontext verweist er auf profane Umbauten an den beiden Basiliken. Wage bleibt er in seinen Aussagen vor allem deshalb, weil das Stadtareal bis zum Jahre 1900 als Steinbruch diente. Allgemein wird aber davon ausgegangen, daß Nesactium während der Völkerwanderungszeit endgültig unterging. Episodenhaft blieb jedenfalls ein Siedlungsversuch der Venezianer im 16. oder 17. Jh.[278]

Die vorgeschichtliche Nekropole

Bereits bei den Ausgrabungen von 1901 war eine vorgeschichtliche Nekropole angeschnitten worden, die sich westlich des römischen Stadtgebietes befand (Abb. 135, 2). Bis zum Jahre 1905 hatte man etwa die Hälfte des Friedhofes ausgegraben. Auf rund 2500 m² wurden 115 Gräber festgestellt. Während der Ausgrabungen des frühen 20. Jhs. war der Friedhof in sechs Zonen unterteilt worden, die sich durch das jeweilige Fundgut bestimmen lassen. Die Zonen II und III sind von ihrem Fundmaterial her ärmlich. Deutlich abgesetzt sind dagegen die Zonen I, IV und V. Hier fand sich Importmaterial aus Italien, etwa Keramik aus Apulien und Este. Neben echten Importen fanden sich aber auch lokale Nachahmungen dieses Materials. Die Importware, ihre Nachahmungsprodukte und die umfassendere Verwendung von Bronze können als Zeichen eines gestiegenen Wohlstandes – aber auch als Indiz für eine Veränderung der Bestattungssitten – verstanden werden. Besonders hervorgehoben war eine Fläche, die am westlichen Rand der römischen Stadtmauer liegt. Sie war nämlich durch eine Mauer eingefaßt.

Die Beobachtung eines gesteigerten Wohlstandes in den Gräbern paßt durchaus zu einer Notiz bei Livius, die sich zwar auf den gesamten Krieg gegen die Histrier bezieht. Für den Umstand, daß die Histrier ein armes Volk seien (41, 11, 8), hätten die römischen Truppen überraschend reiche Beute gemacht.

Die Zone VI schließlich wies nur einheimische Keramik auf. Sie bestand aus einhenkeligen Gefäßen, die eine Buckel- oder Riefenverzierung trugen.

Eine andere wichtige Materialgruppe, die aus der Nekropole stammt, wird durch Skulpturen gebildet. Es handelte sich um große Blöcke und Platten, die mit Spiral- und Swastika-Ornamenten verziert sind. Daneben fand man auch fast lebensgroße rundplastische Statuen, die alle beschädigt waren. Diese Funde befinden sich heute im Archäologischen Museum Istriens in Pula (Abb. 137–139).

Sticotti – als Ausgräber – meinte angesichts dieser Funde mit der Spiralornamentik hier einen mykenischen Palast annehmen zu können – aus unserer heutigen Sicht ein Kuriosum. Doch schon kurz darauf wies sein Nachfolger, Puschi, auf eisenzeitliches Fundmaterial aus einer Nekropole in Novilara, einem Ort 7 km südlich von Pesaro an der Adriaküste, hin. Diese Funde erlaubten es, das Material aus Nesactium sicher einzuordnen und einen mykenischen Ursprung auszuschließen.[279]

Einen anderen Vorschlag machte Gnirs im Jahre 1925. Er wollte die Skulpturen einem monumentalen Götterthron

Abb. 137 Nesactium. Reliefblock mit reicher Spiralornamentik und den Resten einer Figurenkomposition auf der Oberseite des Blocks, heute im Archäologischen Museum Istriens (Inv. 7306).

Abb. 138 Nesactium. Reliefblock mit den Beinen einer monumentalen Figur in frontaler Darstellung. Heute im Archäologischen Museum Istriens (Inv. 7307).

Abb. 139 Nesactium. Unter den Skulpturenfunden aus der Nekropole von Nesactium nimmt der sog. Nesactium-Reiter eine herausragende Stellung ein, der sich heute im Archäologischen Museum Istriens (Inv. 7310) befindet.

zuordnen, der mit einem Dioskurenkult zu verbinden sei. Als Datierung des Heiligtums schlug er den Zeitraum zwischen 1000 und 500 v. Chr. vor. Das Offensichtliche, die Zugehörigkeit zur Nekropole, blieb lange unberücksichtigt. Noch im Jahre 1964 vertrat J. Mladin die Ansicht, daß die Skulpturen ursprünglich nicht mit der Nekropole zu verbinden sind.

Die Nekropole datiert mit ihren frühesten Gräbern in den Horizont Hallstatt A, also in die späte Bronzezeit. Das Ende der Nekropole geht unzweifelhaft mit der Zerstörung der Stadt im Jahre 177 v. Chr. einher, wenn J. Fischer auch konstatiert, daß ihr Ende nicht ganz klar zu bestimmen sei.[280]

Bei den Bestattungen handelte es sich im Regelfall um Brandbestattungen. Nur eine Körperbestattung konnte nachgewiesen werden.[281] Als Grabtypen kamen anfangs einfache Gräber vor, zu denen dann Steinkistengräber und Gräber aus Trockenmauerwerk kamen. Zur Chronologie innerhalb des Gräberfeldes läßt sich festhalten, daß der schon erwähnte ummauerte Bereich wohl zuletzt genutzt wurde.

Die römische Nekropole

Bedingt durch die Geländesituation konzentrierte sich die römische Nekropole westlich der Stadt entlang der Via Nesactia. Die ersten Untersuchungen der römischen Nekropole fanden zu Beginn des 20. Jhs. statt. Aber noch 1984 wurden durch das Archäologische Museum in Pula im Nekropolenbereich Ausgrabungen durchgeführt. Verglichen mit den Gräberfeldern des römischen Pula ist die Nekropole relativ klein. Entlang der Straße haben sich einige geringe Reste von Grabanlagen erhalten. Nachgewiesen werden konnte im Laufe der Zeit mindestens ein *ustrinum*, ein Verbrennungsplatz für die Toten. Als Grabdenkmäler kamen Stelen, Cippi und Aediculae vor. Die Nekropole barg in ihren Gräbern Urnen und verschiedene Grabbeigaben, die sich heute in Pula befinden.[282]

Abb. 140 Landschaft bei Nesactium mit Stadtmauer und sog. Prähistorischem Tor.

Die Stadtmauern

Aus den Quellen wissen wir, daß bereits das histrische Nesactium eine gut befestigte Siedlung war. An drei Seiten war sie vor allem durch die Geländesituation gut geschützt. Zusätzlich sicherte ein Wall, der sich im Westen des Stadtareals noch abzeichnet, die Anlage (Abb. 135, 13).

Weitaus prägnanter und schon aus einiger Entfernung erkennbar ist jedoch die spätantike Mauer der Stadt, die auf älteren römischen Befunden steht (Abb. 140. 141). Bei den Untersuchungen zwischen 1932 und 1934 dokumentierte man einen Mauerverlauf von mehr als 800 m. Durch den relativ guten Erhaltungszustand der Mauer über diese Strecke vermittelt sich dem Betrachter ein ganz anderer Eindruck von einer spätantiken Mauer als etwa in Pula, wo immer nur Teilstücke im Stadtbild erhalten sind.

Die Kurtine besteht aus einer Quadermauer, deren Steine insgesamt etwas unregelmäßig ausfallen. Jedoch ist die Mauer selbst sorgfältig aus Läufer- und Binderschichten errichtet. Hinter der Kurtine war ein *agger* angelegt, eine Erdaufschüttung, die zur Stabilisierung und Festigkeit der Mauer diente. Die Mauerstärke selbst wird mit 1,60 m angegeben und ist heute noch mit einer Höhe bis zu 2 m erhalten. Im Vergleich zu Pula – dort war die Kurtine zwischen 2–2,80 m stark – ist die Mauer in Nesactium deutlich schwächer. Die geringeren Maße mögen sich vielleicht durch die günstige Lage auf dem Geländesporn erklären lassen, während Pula von allen Seiten einer Bedrohung ausgesetzt war. Bei den Untersuchungen haben sich sowohl an der Innen- als auch Außenseite Verstärkungen in unregelmäßigen Abständen beobachten lassen.[283]

Der Zugang zur Stadt erfolgte über drei Toranlagen, von denen zwei an der Westseite lagen. Dabei geht es einmal um das sog. Prähistorische Tor (Abb. 142) und zum anderen um die Porta Polensis (Abb. 143. 144). Das dritte Tor oder ein Mauerdurchbruch befand sich im Osten. Es war weitaus einfacher gestaltet. Bei dem sog. Prähistorischen Tor und der Porta Polensis handelt

Abb. 141 Nesactium. Blick aus westlicher Richtung auf die spätantike Stadtmauer.

es sich um eine etwas aufwendigere Anlage. Hier springen Mauerzüge in das Innere des Stadtareals zurück, so daß ein lan-

Abb. 142   Nesactium. Sog. Prähistorisches Tor. Blick von Westen.

Abb. 143 Nesactium. Porta Polensis. Blick auf das Tor von der Stadtseite, aus nordöstlicher Richtung.

Abb. 144 Nesactium. Porta Polensis. Blick aus westlicher Richtung auf das Tor. Gut erkennbar ist das sorgfältig gefügte Quadermauerwerk der Stadtmauer.

Abb. 145 Nesactium. Kapitol von Nordwesten gesehen.

Abb. 146 Nesactium. Kapitol von Südosten gesehen.

ger Schlauch entsteht. In der Funktion entspricht er einem Torhof, wie wir ihn schon in Pula bei der Porta Aurea und der Porta Gemina (zweite Bauphase) sehen konnten. Vom Baudekor der Tore von Nesactium läßt sich im Geländekontext nichts beobachten.

Das Straßennetz

Wir erwarten in einer römischen Stadt ein solides Straßennetz, das – wie wir in Pula gesehen haben – nicht immer dem Idealfall eines orthogonalen Systems folgen muß. Der Besucher Nesactiums, der in der Ausgrabung Straßenverläufe vorzufinden hofft, wird enttäuscht. Im Gelände ist heute praktisch nichts davon zu erkennen. Jedoch sind bereits in den ersten Jahren der Ausgrabung Straßenzüge freigelegt worden. Weißhäupl, der im Beiblatt des Jahresheftes des Österreichischen Archäologischen Instituts über die Forschungen in Nesactium zusammenfassend berichtet, erwähnt für das Jahr 1901 den Nachweis von Straßenzügen mit erhöhten Fußwegen, also durchaus ansehnlichen Verkehrswegen. Am Rand des Forums ist etwas Pflaster zu erkennen. Ob es sich hier um die Forumspflasterung handelt, oder um die Andeutung eines Straßenpflasters, läßt sich im Gelände nicht definitiv beantworten.[284]

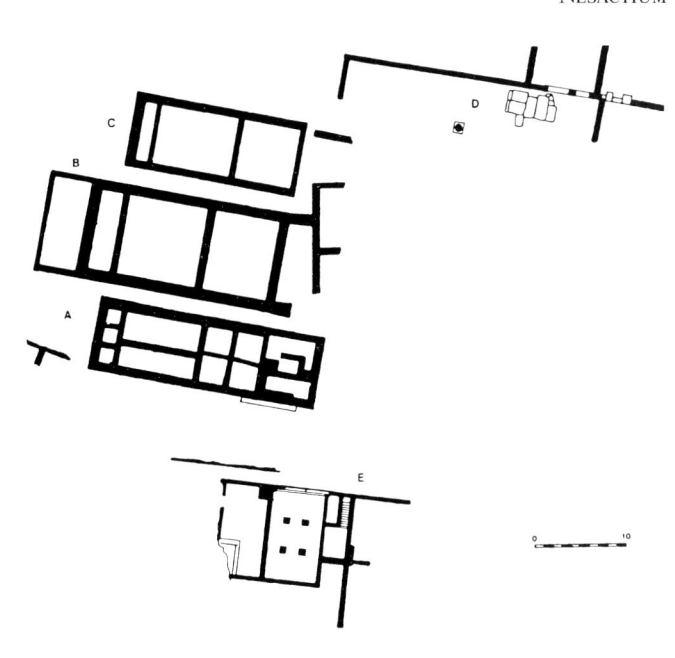

Abb. 147   Nesactium. Plan des Kapitols.

Forum und Kapitol

Im Gegensatz zu Pula läßt sich in Nesactium die Gesamtsituation des Forums und des Kapitols noch recht gut nachvollziehen (Abb. 135, 3–4). Das Forum liegt auf der oberen Terrasse des Geländesporns. Der Platz war in Ost-West-Richtung angelegt. Er wies eine Pflasterung auf. Heute lassen sich im Wesentlichen vier Baugruppen im Breich des Forums beobachten: das Kapitol, die römischen Thermen mit ihrer Überbauung durch christliche Kirchen, Tabernae sowie Hausreste.

Kapitolstempel

An seiner Westseite bestimmten drei Tempel die Gestalt des Forumsplatzes. Diese Situation war also durchaus vergleichbar mit der Anordnung der Tempel am Forum von Pula. Bei den Ausgrabungen zu Beginn des 20. Jhs. hatte man zunächst nur den südlichen Tempel freigelegt. Erst in den 30er und 40er Jahren des letzten Jahrhunderts wurden die beiden anderen Tempel ausgegraben. Nachuntersuchungen wurden an allen drei Tempeln in den Jahren 1978–1981 durch das Archäologische Museum in Pula durchgeführt (Abb. 145. 146).[285]

Nach den Untersuchungen zeigte es sich, daß es sich bei allen drei Tempeln um Podiumstempel handelte, deren jeweils vier Frontsäulen zwischen den Anten der Tempelcella standen. Der Zugang zu ihnen erfolgte vom Forumsplatz aus über vorgelegte Treppenanlagen (Abb. 147. 148). Es fiel ebenfalls auf, daß die seitlichen Tempel doch deutlich kleiner waren als der mittlere. Die beiden flankierenden Tempel wiesen identische Maße auf, nämlich eine Breite von 7,60 m und eine Länge von 18,80 m. Dies entspricht einem Verhältnis von 1:2,1. Für den mittleren Tempel konnten Maße von 9,60 x 21,80 m ermittelt werden; davon entfielen 4,50 m auf die Vorhalle.[286]

Abb. 148   Nesactium. Rekonstruktion des Kapitols.

Für die Siedlungsgeschichte bedeutend ist die Frage, wann und in welcher Abfolge die Tempel am Forum entstanden. Matijašić unterscheidet für den Gesamtkomplex der Tempel mehrere Bauphasen. Aufgrund technischer Merkmale bei der Bauausführung setzt er den Tempel A in die erste Bauphase, die er irgendwann im 1. Jh. v. Chr. beginnen und in der 1. Hälfte des 1. Jhs. n. Chr. enden läßt.

In der zweiten Bauphase entstanden dann die beiden Seitentempel. Hier differenziert er nicht, welcher der beiden Tempel zuerst errichtet wurde. Für diese Phase setzt er einen Zeitrahmen, der von der 2. Hälfte des 1. Jhs. n. Chr. bis zum Ende des 2. Jhs. n. Chr. reicht.[287]

Die Bauphase III, die mit dem 3. Jh. n. Chr. beginnt und bis zur Wende vom 4. zum 5. Jh. n. Chr. reicht, ist im Grunde mit einer Sicherung des Bestandes verbunden. In der Bauphase IV, die im 5. Jh. einsetzt und bis in das 7. Jh. geht, beginnt der Verfall und die Zerstörung der Tempel. Teile der Architektur werden etwa in den Basiliken und in den Stadtmauern verbaut.[288]

Thermen

Schon bei Beginn der Ausgrabungen im Jahre 1901 wurde am nördlichen Rand der Forumsterrasse ein Thermenkomplex lokalisiert und in den folgenden Jahren freigelegt (Abb. 135, 7). Der Erhaltungszustand des Komplexes ging kaum über geringe Mauerreste hinaus, so wie es sich heute auch darstellt. Soweit sich feststellen ließ, verfügte die Badeanlage über die Räume, die in einer römischen Therme zu erwarten sind. Bemerkenswert ist die Existenz einer Thermenanlage insofern, als wir in einer relativ kleinen Stadt ein eigenständiges Gebäude vorfinden, während wir uns in Pula schwer damit tun, eine öffentliche Thermenanlage sicher nachzuweisen.

Mit den politischen, wirtschaftlichen und kulturellen Transformationen in der Spätantike ergaben sich auch für die Thermen massive Veränderungen. Bei seinen archäologischen Untersuchungen stellte A. Puschi zu Beginn des 20. Jhs. fest, daß die Thermen bereits im 4. Jh. n. Chr. in einigen Teilen nicht mehr genutzt wurden. Einfache Wohnarchitektur wurde im Thermenbereich nachgewiesen. Eine weitere Überbauung fand im 5. Jh. mit den Kirchen statt. Bei der Gestaltung des Ausgrabungsgeländes wurden die Kirchengrundrisse gegenüber überbauten Thermen vorgezogen, so daß die Bäder nur mit ihrem nördlichen Teil im Gelände zu beobachten sind.[289]

Kirchen

Das Areal der Doppelbasilika in Nesactium wurde in mehreren Grabungskampagnen in den Jahren von 1901–1912 und im Jahre 1922 untersucht. Es zeigte sich dabei eine komplexe Bebauung, die man im Gesamtplan nachvollziehen kann (Abb. 135, 9–10. 149).

Die Grabungen im südlichen Bereich der Thermen brachten zwei Kirchenbauten ans Tageslicht, die parallel nebeneinander lagen und miteinander verbunden waren. Die Kirchen waren ost-west-orientiert. Von ihrer Grundkonzeption her handelte es sich um Gebäude mit viereckigem Grundriß, denen durch Einbauten das charakteristische Erscheinungsbild christlicher Kirchen gegeben wurde.

Aufgrund der Fundamente, die bei beiden Gebäuden recht massiv waren und die antiken Mauern der Thermenanlagen bis

Abb. 149   Nesactium. Römische Gebäude bei der nördlichen Basilika.

Abb. 150 Nesactium. Nördliche Basilika. Türschwelle, die ins Innere der Kirche führt.

zum anstehenden Felsen hin durchschnitten, lassen sich repräsentative Bauten vermuten. Gestützt wird dies auch durch Lisenenkonstruktionen an den Außenwänden der Kirchen, die zusätzlich Stabilität brachten.

Wie die Kirchen im Inneren genau gestaltet waren, läßt sich nicht immer zweifelsfrei sagen. In der kleineren Nordbasilika (Abb. 150. 151) stellte man bei der Ausgrabung eine halbrunde Mauer fest, deren Fundamente unterhalb des Fußbodens lagen.

Bei dieser Struktur dachte man zunächst an das Presbyterium, wie es bei frühchristlichen Kirchen üblich ist. Aber die doch umfangreichere Fundamentierung sowie ein hier gefundenes Glasmosaik mit Gold legen durchaus nahe, hier eine eingeschriebene Apsis anzunehmen. Gleichzeitig läßt der Befund hier einen Triumphbogen annehmen.

Vor der postulierten Apsis lag ein Podium, das durch Schranken von den seitlichen Pastophorien – Nebemräume, die auch für

Abb. 151 Nesactium. Nördliche Basilika. Innenraum von Norden.

Abb. 152 Nesactium. Südliche Basilika. Blick von Westen auf einen Bereich, der in der Literatur als Presbyterium oder Apsis angesprochen wird.

Abb. 153 Nesactium. Tabernae. Blick von Westen auf die Tabernae, einen Gebäudekomplex, der durch seinen trapezoiden Grundriß auffällt. Im Hintergrund erkennbar ist die südliche Basilika.

Abb. 154   Nesactium. Römisches Haus an der Südseite des Forums. Blick aus westlicher Richtung.

den Gottesdienst genutzt wurden – abgesetzt war. Als Dekoration konnte ein Mosaikboden nachgewiesen werden.

In einer weiteren Bauphase, die in die 2. Hälfte des 5. Jhs. gesetzt wird, wurde die Kirche umgestaltet. Man fügte Seitenschiffe an, so daß im äußeren Erscheinungsbild der Eindruck einer dreischiffigen Basilika entstand. Tatsächlich waren diese Seitenschiffe in sieben Räume gegliedert, denen unterschiedliche Funktionen zukamen, so die eines Baptisteriums.

Die Südbasilika (Abb. 152) war deutlich größer und wurde wohl auch zweimal erweitert. Ursprünglich war sie als dreischiffige Basilika angelegt. Die massiven Mauern, die den Innenraum gliederten, waren von halbrunden Öffnungen durchbrochen. Ähnlich wie bei der Nordbasilika war im Mittelschiff eine halbrunde Struktur eingeschrieben, die als Presbyterium oder als Apsis interpretiert werden kann. Die Bauphase kann nur kurz bestanden haben. Im Süden wurde die Wand niedergelegt und durch eine parallele ersetzt, so daß eine Saalkirche entstand. Wie bei der vorhergehenden Bauphase wurde das Presbyterium, nun aufgrund seiner Sitzstufen gesichert, mittig angelegt.

Ein sicherer Beleg dafür, daß beide Kirchen als Einheit verstanden wurden, bildet der gemeinsame Narthex, eine Vorhalle, dessen Boden sorgfältig mit Steinplatten belegt war. Unterhalb des Narthex konnten bei der Ausgrabung zwölf Grablegen untersucht werden, deren Interpretation jedoch nicht möglich ist.

Tabernae

Am Nordrand des Forumsplatzes fällt ein Gebäude besonders auf (Abb. 135, 6. 153). Wie bei den übrigen Befunden sind die Mauern nur noch in geringer Höhe erhalten. Sein Grundriß ist leicht trapezoid und weist mehrere Räume auf. Dabei entwickelt sich der Raum in seiner Breite von Westen nach Osten. In der Literatur wird der Bau mit dem Begriff *tabernae* benannt; also hat hier eine gewerbliche Nutzung vorgelegen.

Häuser

Unmittelbar am Kapitol lassen sich Hausreste ausmachen (Abb. 154). Wie schon bei anderen Bauten im Stadtgebiet sind nur geringe Reste des aufgehenden Mauerwerks erhalten. Neben diesem Komplex sind im Stadtareal von Nesactium natürlich weitere Häuser aus römischer Zeit freigelegt worden. Konserviert sind drei Baugruppen. Es handelt sich dabei einmal um den schon erwähnten kleineren Komplex am Südrand des Forums in unmittelbarer Nähe des Kapitols. Die beiden anderen Komplexe befinden sich im Osten. Im weitläufigen Gelände lassen sich sonst noch Spuren früherer Bebauung beobachten. Wie bei den anderen Bauten haben sich von den Häusern nur geringe Reste erhalten.

SCHLUSSBEMERKUNG

Auf den vorangegangen Seiten haben wir zumindest teilweise die historische Entwicklung zweier Städte auf der istrischen Halbinsel anhand ihrer mehr oder weniger erhaltenen Bauten betrachtet. Bei einem Vergleich beider Städte muß man sich immer wieder vor Augen führen, daß Nesactium gegenüber Pula nur eine Kleinstadt war, vielleicht nicht flächenmäßig, wenn man den ummauerten Bereich zugrunde legt, wohl aber, wenn man die Ausdehnung der Nekropolen miteinander vergleicht.

Es zeigte sich, daß sowohl in Pula als auch in Nesactium jeweils bestimmte Elemente der römischen Stadt deutlich beobachtet werden konnten. Detailbetrachtungen veranschaulichen, daß die politische Bindung Nesactiums an Pula auch in baulichen Konzepten ihren Niederschlag fand. Dies dokumentierte sich besonders im Entwurf des Kapitols. Auch in spätantiker Zeit fügte sich Nesactium in das Erscheinungsbild der istrischen Städte und damit auch Pulas ein, wenngleich Nesactium zwischenzeitlich eine eigene *res publica* geworden war. Deutlichen Ausdruck findet dies in der Doppelbasilika in Nesactium, die ihr Vorbild in Pula findet.

Wenn wir einige Bauformen wie etwa Theater oder Amphitheater in Nesactium nicht finden, muß dies nicht verwundern. Die Anlagen in Pula waren so ausgerichtet, daß die Bewohner des Umlandes dort ausreichend Platz fanden, um verschiedenen Freizeitvergnügungen nachzukommen.

Im Vergleich interessant ist, daß sowohl Pula als auch Nesactium über ein ausreichendes wirtschaftliches Potential verfügten, um repräsentative Bauvorhaben zu realisieren. Auch Kleinfunde, auf die nicht näher eingegangen werden konnte, verdeutlichen einen soliden Wohlstand in der Region (Abb. 155).

In der Spätantike bzw. im Frühmittelalter bahnten sich für Pula und Nesactium unterschiedliche Entwicklungen an. Nesactium verlor zunehmend seinen urbanen Charakter: Es wurde mehr und mehr von agrarischen Strukturen bestimmt, bis es schließlich – auch durch äußere Einflüsse bedingt – gänzlich aufgelassen wurde.

Pula hingegen konnte aufgrund seiner geographischen Lage und seiner grundsätzlich größeren Bedeutung während der Antike seinen städtischen Charakter bewahren und diesen an der Wende zum Mittelalter hin in Denkmälern wie Kirchen und Klöstern dokumentieren.

Abb. 155 Nesactium. Sitzstatuette einer Göttin (Hygieia, Demeter oder Magna Mater), alternativ Darstellung einer römischen Matrone von einem Grabdenkmal, aus dem 1./2. Jh. n. Chr. Pula, Archäologisches Museum Istriens (Inv. 5748).

Mit der weiteren historischen Entwicklung, vor allem aber die über mehrere Jahrhunderte hinweg dauernde Herrschaft Venedigs über Pula, prägten das Stadtbild so nachhaltig, daß man noch heute, trotz zahlreicher Zerstörungen, in vielen Baudenkmälern dessen Erbe wahrnehmen kann.

In den Stadtteilen, die sich außerhalb der Stadtmauern seit dem frühen 19. Jh. entwickelt haben, zeigt sich der Einfluß der Habsburger Monarchie. Während der österreichischen Herrschaft wurden in Pula die Grundlagen für eine moderne Stadtentwicklung gelegt. Vor allem der Ausbau Pulas zum Hauptkriegshafen der Donaumonarchie brachte erhebliche Impulse für die Bevölkerungs- und Wirtschaftsentwicklung der Stadt. So spielt der Hafen, dessen Kräne das Stadtbild prägen, noch heute eine nicht unerhebliche Rolle im Wirtschaftsleben der Stadt.

Neben den industriellen Faktoren ist auch der Tourismus für Pula seit etlichen Jahrzehnten wichtig. Er überlebte auch die Krisenzeit der 90er Jahre des 20. Jhs. Neben den natürlichen Gegebenheiten wie Landschaft und Klima sowie dem mediterranen Lebensgefühl, das sich überall in den Küstenregionen Kroatiens findet, ist es wohl vor allem das römische Erbe, das heute die Reisenden nach Pula lockt.

ANHANG

Abkürzungsverzeichnis

Ergänzend zu den Sigeln des Deutschen Archäologischen Instituts (*AA* 1997 und G. Bruns u. a. [Hrsg.], *Deutsches Archäologisches Institut, Zeitschriftenverzeichnis* [1964]) werden folgende Abkürzungen verwendet:

AAAd = *Antichità Altoadriatiche.*
AttiMemIstria = *Atti e memorie della Società istriana di archeologia e Storia patria.*
Fischer, *Pola* = G. Fischer, *Das römische Pola. Eine archäologische Stadtgeschichte*, Abh. München 110 (1996).
Fischer, *Nesactium* = J. Fischer, *Die vorrömischen Skulpturen von Nesactium*, in: Hamburger Beiträge zur Archäologie 11 (1984) 9 ff.
Franceschini, *Le ville* = M. De Franceschini, *Le ville romane della X regio (Venetia et Histria)*, Studia Archeologica 93 (1998).
Giradi Jurkić, *Pola* = *EAA Suppl.* IV (1996) 395 ff. s. v. Pola (V. Giradi Jurkić).
Gnirs, *Führer* = A. Gnirs, *Pola. Führer durch die antiken Baudenkmäler und Sammlungen* (1915).
Gnirs, *Forschungen* = A. Gnirs, *Forschungen in Pula und der Polensa*, in: ÖJh 17 (1914) (Beibl.) 161 ff.
InscrIt = A. Degrassi (Hrsg.), *Inscriptiones Italiae* (1931 ff.).
KP I–V = *Der Kleine Pauly. Lexikon der Antike* I–V (1979).
Krizmanić, *Komunala palača* = A. Krizmanić, *Komunala palača Pula. Razvitak gradskog središta kroz dvadeset jedno stoljeće* (1988).
Krompotic, *Antike Architektur* = L. Krompotic (Hrsg.), *Antike Architektur in Kroatien in Berichten von Spon / Adam / Cassas / Lavallée* (1998).
Ders., *Cassas* = Ders. (Hrsg.), L. F. Cassas, *Ausstellung von Graphiken anläßlich der Neuerscheinung des Buches «Antike Architektur in Kroatien»* (1998).
Marušić, *Spätantikes Pula* = B. Marušić, *Das spätantike und byzantinische Pula*, Kulturhistorische Denkmäler in Istrien VI (1967).
Matijašić, *Breve note* = R. Matijašić, *Breve note sui templi forensi di Nesazio e Pola*, in: *La città nell' Italia settentrionale in età romana*, Atti del convegno Trieste 1987 (1990) 635 ff.
Ders., *Begleitende Worte* = Ders., *Begleitende Worte*, in: L. Krompotic (Hrsg.), L. F. Cassas, *Ausstellung von Graphiken anläßlich des Neuerscheinung des Buches «Antike Architektur in Koratien»* (1998).
Ders., *Neszakzij* = Ders., *Antički i ranokršanki Nezakzij*, in: K. Mihovilić / R. Matijašić, *Nesactium* (1998) 21 ff.
Mirabella Roberti, *Atti 50* = M. Mirabella Roberti, *Notiziario archeologico 1937–1939*, in: *AttiMemIstria* 50 (1938) 243 ff.
Ders., *Atti 53* = Ders., *Notiziario archeologico (1940–1948)*, in: *AttiMemIstria* 53 (1949) 242 ff.
Mlakar, *Pula* = Š. Mlakar, *Das antike Pula*, Kulturhistorische Denkmäler in Istrien II 2 (1972).
Ders., *Römer* = Š. Mlakar, *Die Römer in Istrien*, Kulturhistorische Denkmäler in Istrien V 4 (1974).
Ders., *L'anfiteatro* = Ders., *L'anfiteatro di Pola*, Monumenti storico-culturali dell'Istria I (1997).
MZK = *Mittheilungen der k. k. Central-Commission für Erforschung und Erhaltung der Kunst- und Historischen Denkmale.*

Anmerkungen

[1] Vgl. W. Tietze (Hrsg.), *Westermann Lexikon der Geographie* II (1969) 582 s. v. Istrien; *DNP* V (1998) 644 s. v. Histria. Histri (M. Šašel Kos).

[2] E. Hösch, *Geschichte der Balkanländer von der Frühzeit bis zur Gegenwart* (1988) 15; J. Wilkes, *The Illyrians. The Peoples of Europe* (1992) 185; L. Steindorff, *Kroatien vom Mittelalter bis zur Gegenwart* (2001) 192 f.; *DNP* XII 1 (2002) 156 s. v. Tergeste (P. Cabanes).

[3] *FGrH* 1 Fr. 91. – Vgl. C. Voltan, *Le fonti letterarie per la storia della Venetia et Histria* I. *Da Omero a Strabone*, MemIstVeneto 42 (1989) 22 Nr. 9.

[4] s. etwa D. Šepić, *A Guide to Istria* (1970) 25; Šašel Kos a. O. (Anm. 1) 644.

[5] Tietze a. O. (Anm. 1) 583; Šepić a. O. (Anm. 1) 25.

[6] Tietze a. O. (Anm. 1) 583.

[7] Vgl. etwa H. Bellen, *Metus Gallicus – Metus Punicus. Das Furchtmotiv in der römischen Republik* (1985); Franceschini, *Le ville* 67; S. Lewuillon, *L'arcantodan du Capitole. Brennus en Italie et les traditions monétaires*, in: Latomus 63 (2004) 3 ff.

[8] Vgl. Th. Lorenz, *Römische Städte* (1987) 101; T. Bechert, *Die Provinzen des Römischen Reiches. Orbis Provinciarum* (1999) 63 f.; A. Büsing-Kolbe / H. Büsing, *Stadt und Land in Oberitalien* (2002) 8 ff.

[9] Vgl. Mlakar, *Römer* 6 f.; Wilkes a. O. (Anm. 2) 185; Franceschini, *Le ville* 67; Šašel Kos a. O. (Anm. 1) 644.

[10] Vgl. Mlakar, *Römer* 6; Wilkes a. O. (Anm. 2) 185; Šašel Kos a. O. (Anm. 1) 644.

[11] Generell zur Kolonisation Lorenz a. O. (Anm. 8) 101 f.; Franceschini, *Le ville* 71.

[12] Vgl. Lorenz a. O. (Anm. 8) 101 f. – Zur Gründung und zur Rolle Aquileias vgl. auch Wilkes a. O. (Anm. 2) 186; Franceschini, *Le ville*, 68. 72. 337; Büsing-Kolbe / Büsing a. O. (Anm. 8) 48 ff.; F. Maselli Scotti / A. Giovanini / P. Ventura, *Aquileia a Crossroad of Men and Ideas*, in: P. Noelke (Hrsg.), *Romanisation und Resistenz in Plastik, Architektur und Inschriften des Imperium Romanum. Neue Funde und Forschungen, Akten des VII. Internationalen Colloquiums über Probleme des provinzialrömischen Kunstschaffens*, Köln 2.–6. Mai 2001 (2003) 651 ff.

[13] Voltan a. O. (Anm. 3) 308 Nr. 847.

[14] Der Anfang des Buches 41 ist leider nicht erhalten. Es fehlen etwa neun Tusculum-Seiten, an deren Ende die Schilderung um die Auseinandersetzung zwischen den Histriern und Rom beginnt. Vgl. Voltan a. O. (Anm. 3) 312 Nr. 860.

[15] Vgl. Mlakar, *Römer* 26; Wilkes a. O. (Anm. 2) 186; Franceschini, *Le ville* 68; Šašel Kos a. O. (Anm. 1) 644.

[16] Vgl. Voltan a. O. (Anm. 3) 322 Nr. 865.

[17] Mlakar, *Römer* 11 f. 27.

[18] Vgl dazu die Rezension zu Ph.-St. G. Freber, *Der hellenistische Osten und das Illyricum unter Caesar*, Palingensia 42 (1993) von M. Jehner, in: BJb 195 (1995) 683.

[19] Vgl. etwa H. Bengtson, *Grundriß der römischen Geschichte mit Quellenkunde*, HAW III 5,1 (²1970) 209 ff.; Chr. Meier, *Caesar* (1986) 269 f.; Wilkes a. O. (Anm. 2) 196; Franceschini, *Le ville*, 69; K. Christ, *Krise und Untergang der römischen Republik* (⁴2000) 298 f.

[20] s. Bengtson a. O. (Anm. 19) 214 f.; Meier a. O. (Anm. 19) 329 ff. 337 f.; Christ a. O.(Anm. 19) 308 ff.

[21] Zum Aufstand des Vercingetorix vgl. Meier a. O. (Anm. 19) 384 ff.; Christ a. O. (Anm. 19) 342 ff.; Chr. Goudineau / V. Guichard / M. Reddé / S. Sievers / H. Soulhol, *Caesar und Vercingetorix* (2000) 10 ff.

[22] Vgl. Mlakar, *Römer* 13; Meier a. O. (Anm. 19) 464 ff.; Christ a. O. (Anm. 19) 363 ff.

[23] Vgl. etwa Bengtson a. O. (Anm. 19) 235 ff.

[24] Vgl. etwa Bengtson a. O. (Anm. 19) 240; Franceschini, *Le ville* 65.

[25] Vgl. A. Heuss, *Das Zeitalter der Revolution*, in: G. Mann / A. Heuss / W. Nitschke, *Rom. Die römische Welt*, Propyläen Weltgeschichte IV (1963) 310; Bengtson a. O. (Anm. 19) 241 bes. Anm. 1; Wilkes a. O. (Anm. 2) 209; Christ a. O. (Anm. 19) 443.

[26] Vgl. *KP* II (1979) 1484 s. v. Italia (G. Radke); T. W. Potter, *Das römische Italien* (1992) 16 f. 21; A. Valo, *Terra Italia, Terra Etruria, Terra Histria*, in: *AqNost* 68 (1997) 9 ff. bes. 16 mit Anm. 55. Franceschini, *Le ville*, 65 f. 70. – Eine andere Definition der Regio X findet sich bei Büsing-Kolbe / Büsing a. O. (Anm. 8) 1, welche die Region X als die Gegend um Mantua bis Aquileia beschreiben. – Zur Grenzziehung zwischen Italien und dem Illyricum s. auch A. Starac, *La questione del confine orientale della Gallia Cisalpina ed il rapporto fra Trieste ed Aegida*, in: Histria Archeologica 24/25 (1993/94) 5 ff.

[27] Vgl. Mlakar, *Römer* 14 f.; Wilkes a. O. (Anm. 2) 196 f. 207 f.

[28] *CIL* V 8667. – Mlakar, *Römer* 17; Franceschini, *Le ville* 70.

[29] Mlakar, *Römer* 17.

[30] Zur Krise des 3. Jhs. und zur Diokletianischen Reichsreform vgl. Bengtson a. O. (Anm. 19) 378 ff.; Mlakar, *Römer* 19 f.; H. P. L'Orange, *Das Römische Reich. Kunst und Gesellschaft* (1985) 53 ff.

[31] Vgl. etwa W. Menghin, *Die Langobarden. Archäologie und Geschichte* (1985) 94 ff.; M. W. Weithmann, *Balkan-Chronik. 2000 Jahre zwischen Orient und Okzident* (1995) 53 ff.; Steindorff a. O. (Anm. 2) 22 ff.

[32] Vgl. Mlakar, *L'anfiteatro* 26.

[33] Vgl. Mlakar, *L'anfiteatro* 29.

[34] Vgl. etwa G. Traversari, *L'arco die Sergi*. Pubblicazioni dell' Istituto di Archeologia dell' Università di Padova 8 (1971) 11; H. Sichtermann, *Kulturgeschichte der klassischen Archäologie* (1996) 50 f.; Matijašić, *Begleitende Worte* 24 f.

[35] An dieser Stelle können nicht alle Künstler und Reisenden erwähnt werden, weil dies den Rahmen der vorliegenden Publikation sprengen würde. Soweit es sinnvoll ist, werden diese im Kontext der Denkmäler berücksichtigt.

[36] Vgl. Sichtermann a. O. (Anm. 34) 53; Matijašić, *Begleitende Worte* 25.

[37] R. Adam, *Ruins of the Palace of the Emperor Diocletian at Spalato* (1764), hier zitiert nach Krompotic, *Antike Architektur* 65.

38 Vgl. G. Pavan, Il rilievo del Tempio d'Augusto di Pola (1971) 1 ff., wenn auch mit besonderer Würdigung des Augustus-Tempels; Sichtermann a. O. (Anm. 34) 59 f.; Matijašić, Begleitende Worte 25.
39 A. De Ville, Descriptio portus et urbis Polae (1633).
40 Vgl. Landschaftsverband Westfalen-Lippe / Westfälisches Museum für Kunst- und Kulturgeschichte / Westfälisches Museum für Archäologie (Hrsg.), Der Archäologe. Graphische Bildnisse aus dem Porträtarchiv Diepenbroick. Ausstellungskatalog Münster, Hannover, Berlin (1983) 111. 189 Kat.-Nr. 48; Sichtermann a. O. (Anm. 34) 76; J. Mirnik, Begleitende Worte, in: Krompotic, Cassas 15; Krompotic, Antike Architektur XXIX f.
41 Vgl. Mirnik a. O. (Anm. 40) 15; Krompotic, Antike Architektur XXX.
42 Zu Spon und Wheler vgl. Krompotic, Einleitung, in: Krompotic, Antike Architektur XXIX f.
43 G. B. Piranesi, Antichità romani de'tempi della Repubblica, e de'primi imperatori (1748) Taf. 21–24, abgebildet bei L. Ficacci, Giovanni Battista Piranesi. The Complete Etchings – Gesamtkatalog der Kupferstiche – Catalogue raisonné des eaux-fortes (2000) 117 ff. Abb. 96–99.
44 Vgl. dazu Krompotic, Einleitung, in: Krompotic, Antike Architektur XII; Ficacci a. O. (Anm. 43) 9 ff.
45 J. Stuart / N. Revett, The Antiquities of Athens IV (1762); Matijašić, Begleitende Worte 27; DNP XV 3 (2003) 74 f. s. v. Society of Dilettanti (E. L. Schwandner).
46 Vgl. Thieme / Becker VI (1912) 125 f. s. v. Cassas (H. Vollmer); Krompotic, Antike Architektur XXXII.
47 Vgl. Krompotic, Antike Architektur XXXI.
48 Vgl. zur politischen Zielsetzung bei Cassas und Lavallée H. Buschhausen, Vorwort, in: Krompotic, Antike Architektur XII; L. Krompotic, Einleitendes Wort, in: Krompotic, Cassas 5; Mirnik a. O. (Anm. 40) 17 f.
49 Vgl. Hösch a. O. (Anm. 2) 153; Wilkes a. O. (Anm. 2) 4 f. 25.
50 Vgl. Hösch a. O. (Anm. 2) 153; Buschhausen a. O. (Anm. 48) XII.
51 Vgl. V. Jurkić in: V. Jurkić / K. Mihovilić (Hrsg.), Archäologisches Museum Istriens in Pula. Führer III (²1982) 5. – Zu Marschall Marmont und den politischen Ereignissen s. L. Steindorff, Kroatien vom Mittelalter bis zur Gegenwart (2001) 96 f.
52 Zu weiteren Publikationen von A. Gnirs s. J. Filip (Hrsg.), Enzyklopädisches Handbuch zur Ur- und Frühgeschichte Europas II (1966) 418 s. v. Gnirs.
53 Hösch a. O. (Anm. 2) 191; Steindorff a. O. (Anm. 2) 159 f.
54 Vgl. V. Jurkić in: V. Jurkić / K. Mihovilić (Hrsg), Archäologisches Museum Istriens in Pula. Führer III (²1982) 5 f. – Hinsichtlich der Vorlage der Forschungsergebnisse durch die Mitarbeiter des Museums muß an dieser Stelle darauf hingewiesen werden, daß die Beiträge zumeist in kroatischer Sprache abgefaßt sind und nur über knappe Zusammenfassungen in einer anderen Sprache verfügen. Dieser Umstand bereitet natürlich Probleme bei der Erschließung der Literatur.
55 Die ausführlichste Darstellung zur geographischen Lage Pulas findet sich bei Mlakar, Pula 5 f. Relativ zurückhaltend sind dagegen die Ausführungen von Fischer, Pula; V. Galliazzo, Die Adria. Kunst und Kultur an der nördlichen Adriaküste (2002) 252. – Zur Qualität des Hafens vgl. etwa die Ausführungen bei Wilkes a. O. (Anm. 2) 185.
56 Vgl. dazu A. Gnirs, Forschungen in Pola, in: ÖJh 13 (1910) (Beibl.) 170 Abb. 78.
57 Vgl. K. Brodersen (Hrsg.), Antike Stätten am Mittelmeer (1999) 233. s. v. Pola / Pula.
58 Vgl. Voltan a. O. (Anm. 3) 60 Nr. 91; Franceschini, Le ville 489. – Zu Kallimachos vgl. B. Kytzler, Reclams Lexikon der griechischen und römischen Autoren (1997) 191 ff. s. v. Kallimachos; DNP VI (1999) 188 ff. s. v. Kallimachos [2] (L. Lehnus).
59 Vgl. Voltan a. O. (Anm. 3) 58 Nr. 86–87. – Kytzler (Anm. 58) a. O. 222 f. s. v. Lykopron; DNP VII (1999) 569 s. v. Lykophron [4] (B. Zimmermann).
60 DNP X (2001) 126 ff. s. v. Pomponius Mela [III 5] (H. A. Gärtner).
61 Kytzler a. O. (Anm. 58) 282 ff. s. v. Plinius d. Ältere; DNP IX (2000) 1135 ff. s. v. Plinius [1] (K. Sallmann).
62 Vgl. Voltan a. O. (Anm. 3) 352 Nr. 951; Franceschini, Le ville 489. – Kytzler a. O. (Anm. 58) 342 s. v. Strabon; DNP XI (2001) 1021 ff. s. v. Strabon (St. Radt).
63 Vgl. zu dem Gesamtkomplex etwa RE XXI (1953) 1217 f. s. v. Pola (E. Polatschek); Brodersen a. O. (Anm. 57) 233; DNP X (2001) 1 s. v. Pola (U. Fellmeth); Galliazzo a. O. (Anm. 55) 252.
64 Vgl. H. Krahe, Die alten balkanillyrischen geographischen Namen (1925); Mlakar, Pula 8; Brodersen a. O. (Anm. 57) 233.
65 Zu castellierie vgl. F. v. Duhn / F. Messerschmidt, Italische Gräberkunde II (1939) 130 ff.; EAA II (1959) 409 s. v. castellierie (V. Bianco); J Filip (Hrsg.), Enzyklopädisches Handbuch zur Ur- und Frühgeschichte Europas I (1966) 208 s. v. Castellieri; V. Karouškova-Soper, The Castellier of Venezia-Giulia, North Eastern-Italy (2nd–1st millenium BC), BAR Int. Ser. 192 (1983); Wilkes a. O. (Anm. 2) 63 f. 226 f.
66 Zur vorgeschichtlichen Nekropole vgl. A. Gnirs, Istria praeromana (1925); Duhn / Messerschmidt a. O. (Anm. 65) 136 ff.; B. Baćić, Vorgeschichtliche Ausstellung, in: V. Jurkić / K. Mihovilić (Hrsg.), Archäologisches Museum Istriens in Pula. Führer III (²1982) 43 f.
67 In diesem Sinne Duhn / Messerschmidt a. O. (Anm. 65) 142; Fischer, Pola 5. – Die Ausführungen von Galliazzo a. O. (Anm. 55) 252 sind in diesem Zusammenhang etwas konfus, da seine Ausführungen eine Siedlungskontinuität suggerieren.
68 Zum Datierungsvorschlag s. Mlakar, Pula 8. - Zu C. Sempronius Tuditanus vgl. DNP XI (2001) 395 f. s. v. Sempronius Tuditanus, C. [I 22] (W. Kierdorf), dort auch der Hinweis darauf, daß es keinen historischen Aufstand gegeben habe, sondern Sempronius einen Feldzug begonnen habe, um innenpolitischen Querelen zu entgehen. Vgl. sonst auch Franceschini, Le ville 68 f.
69 InscrIt X 1, 13. – Fischer, Pola 105.
70 Exemplarisch etwa in Terracina. Vgl. dazu G. Lugli, Anxur – Terracina, Forma Italiae I 1 (1926) 83 f. 166 ff.; F. Coarelli, Lazio, Guide archeologiche Laterza V (²1985) 314 f. (Capitolium). 325 ff. (Terrasenheiligtum).
71 Vgl. Fischer, Pola 105. – Zu Neufunden mit Weihungen für Hercules vgl. A. Starac, Epigrafiki i anepigrafiki spomenici Puli (nalazi 1996–1998), in: Arheološki vestnik 51 (2000) 238 ff. Abb. 8.
72 Zur Kolonisationspolitik Caesars vgl. zusammenfassend etwa H. Gesche, Caesar, Erträge der Forschung 51 (1976) 143 ff., besonders der nördlichen Adriaregion und Pulas s. Galliazzo a. O. (Anm. 55) 252.
73 Vgl. dazu etwa A. Fraschetti, La Pietas di Cesare e la colonia di Pola, in: Annali del seminario di studi del mondo classico. Archeologia e storia antica 5 (1983) 77 ff.; L. Keppie, Colonisation and Veteran Settlement in Italy 47–14 BC (1983) 203 ff.; G. Bandelli, Il governo romano nella Transpadana orientale (90–42 a. C.), in: AAAd 28 [1986] 62 f.; R. Matijašić, L'Istria tra Epulone e Augusto. Archeologia e storia della romanizzazione dell' Istria (II. sec. a. C.–I. sec. d. C.), in: AAAd 37 (1991) 243; ders., Breve note 636; Franceschini, Le ville 433; Giradi Jurkić, Pola 395.
74 Übersicht der älteren Forschung bei Franceschini, Le ville 489 mit Anm. 2.
75 KP I (1979) 1020 f. s. v. Calpurnius Nr. 2 (H. G. Gundel).
76 DNP II (1997) 1010 s. v. L. Cassius Longinus [I 14] (K.-L. Elvers).
77 InscrIt X 1, 85.
78 Vgl. P. Kandler, L'agro colonico di Pola, Atti del Conservatore (1858); B. Schiavuzzi, Attraverso l. agro colonia di Pola, AttiMemIstria 24 (1908); Mlakar, Römer 29 ff. – Übersicht zur neueren Forschung bei Franceschini, Le ville 490 Anm. 12.
79 Vgl. Lorenz a. O. (Anm. 8) 107 ff. 116 ff.; Büsing-Kolbe / Büsing a. O. (Anm. 8), 13 ff. mit Abb. 6–18 (Aosta); 29 ff. mit Abb. 21–27 (Turin); 42 ff. mit Abb. 47–56 (Verona).
80 Vgl. Galliazzo a. O. (Anm. 55) 252.
81 InscrIt X 1, 70. – A. Gnirs, Beispiele der antiken Wasserversorgung aus dem istrianischen Karstlande, in: Strena Buliciana. Festschrift F. Bulić (1924) 138 f.; Fischer, Pola 6 f.
82 Fischer, Pola 44 f.
83 Eine Zusammenstellung der Funde bei Fischer, Pola 49 f.
84 Vgl. Fischer, Pola 47. 49 Abb. 22 Taf. 3a–b.
85 Zur Entwicklung der Bevölkerung vgl. E. A. Grestenberger, Festung Pola. Die Verteidigungsanlagen des k.(u.)k. Hauptkriegshafens 1823–1918 (2003) 29.
86 Die Forschungsgeschichte – besonders die der Tore – wird im unmittelbaren Zusammenhang dargestellt werden.
87 Vgl. Marušić, Spätantikes Pula 5.
88 Vgl. Mlakar, Pula 33 ff.
89 Vgl. Marušić, Spätantikes Pula 5 f.
90 s. Mlakar, Pula 25 ff.
91 A. Starac, Neke spoznaje o bedemima Pule, in: Histria Antiqua 7 (2001) 66 f. Abb. 6.
92 Th. Allason, Picturesque Views of the Antiquities of Pola (1819) 22 Taf. 9. Zu Allason selbst s. Thieme / Becker I (o. J.) 303 s. v. Allason, Thomas.
93 Vgl. etwa Mlakar, Pula 35; B. Tamaro, Pola. I monumenti romani (o. J.) 5 f.; Polaschek a. O. (Anm. 63) 1222; L. Crema, Architettura Romana. Enciclopedia Classica III. XII 1 (1959) 447.
94 Ausführlich dazu Fischer, Pola 66 f.
95 s. Fischer, Pola 53.
96 Fischer, Pola 63 ff.
97 Gnirs, Forschungen, 166 ff.
98 Mirabella Roberti, Atti 50, 243 ff.
99 Vgl. zu den Grabungen von 1994–1995 die knappe Darstellung von R. Matijašić, Pula / Trg Portarata-Giardini. Pola / Piazza Portarta-Giardini, in: Archäologisches Museum Pula (Hrsg.), Arheološki Nalazi u Puli i Istri Tijekom 1995. Godine. – Scoperte archeologiche a Pola ed in Istria nel 1995. Ausstellung. 23. 9.–23. 10. 1995 (1996) 3 ff. Abb. S. 2. – Grundlegend zum Sergierbogen G. Traversari, L'arco dei Sergi, Pubblicazioni dell'Istituto di Archeologia dell'Universita di Padova 8 (1971), dort auch eine Übersicht zu den verschiedenen Reisenden, die den Bogen behandelt haben.
100 Von einem Motiv her vergleichbare Darstellung findet sich auch bei G. B. Piranesi, Antichità romane de' tempi della Repubblica e de'primi imperatori (1748) Taf. 24. Gegenüber der Darstellung bei Cassas und Lavallée ist die Darstellung aber nicht so reich an Details. Vgl. etwa Ficacci a. O. (Anm. 43) 119 Abb. 99.
101 Vgl. Crema a. O. (Anm. 93) 306 Abb. 341; Fischer, Pola 62.
102 Traversari a. O. (Anm. 99) Abb. 51, Taf. 3; H. v. Hesberg, Bogenmonumente der frühen Kaiserzeit und des 2. Jhs. n. Chr. Vom Ehrenbogen zum Festtor, in: Die römische Stadt im 2. Jahrhundert n. Chr. KB Xanten 1990 (1992) 277 f.
103 Traversari a. O. (Anm. 99) 71 ff.
104 Vgl. M. Pfanner, Der Titusbogen (1983) 79 ff.; P. E. G. Hagenweiler, Römische Ausstattungskunst in Oberitalien. Reliefs von öffentlichen und dekorativen Monumenten, 32. Beih. BJb (2004) 83 ff. Kat.-Nr. 50.
105 K. Latte, Römische Religionsgeschichte, HAW V.4 (1960) 309 mit Anm. 1; A. Pekridou, Das Alketasgrab in Termessos, 32. Beih. IstMitt (1986) 88 f. 96 ff., mit Beispielen.
106 Mlakar, Pula 35 f.; Fischer, Pola 60.
107 Zur Inschrift s. etwa Traversari a. O. (Anm. 99) 40 ff.; Hagenweiler a. O. (Anm. 104) 83.
108 Zum Gavierbogen s. L. Franzoni, Verona, in: Testimonianze Archeologiche (1965) 50 ff.

[109] A. Minto, Scansano. Inscrizioni e rilievi funerari romani in travertino scoperti a Pomonte nel «Lasca dei Tori», in: NSc (1930) 297 f.; B. Andreae, Die Römische Kunst, Ars Antiqua (1999) 549.
[110] Zur Ara Pacis s. E. Simon, Ara Pacis Augustae, Monumenta Artis Antiquae I (1967); S. Settis, Die Ara Pacis, in: Staatliche Museen Preussischer Kulturbesitz (Hrsg.), Kaiser Augustus und die verlorene Republik. Eine Ausstellung im Martin-Gropius-Bau, Berlin, 7. Juni – 14. August 1988 (1988) 400 ff. Abb. 180–231; Andreae a. O. (Anm. 109) 96 ff.
[111] Andreae a. O. (Anm. 109) 549; Fischer, Pola 61 f. – Zu den augusteischen Triumphbögen s. etwa E. Nedergaard, Zur Problematik der Augustusbögen auf dem Forum Romanum, in: Staatliche Museen Preussischer Kulturbesitz a. O. 224 ff.; F. Coarelli, Rom. Ein archäologischer Führer (²2000) 92 f. 372 mit Lit.
[112] So etwa W.-D. Heilmeyer, Korinthische Normalkapitelle (1970) 115 ff.; G. Schörner, Römische Rankenfriese, Beiträge zur Erschließung hellenistischer und kaiserzeitlicher Skulptur und Architektur 15 (1995) 65; Giradi Jurkić, Pola 396.
[113] Vgl. RE XIII 2 (1927) 2051 f. s. v. Lustrum (H. Berve). – Zum Datierungsvorschlag in die 20er Jahre des 1. Jhs. v. Chr. s. Mlakar, Pula 36 f.; K. Džin, Cult and Mythological Representations as Decorative Elements of Public Buildings in Roman Pola, in: VIII. Internationales Colloquium über Probleme des provinzialrömischen Kunstschaffens, Zagreb 5.– 8. 5. 2003, Abstracts (2003) 12.
[114] Vgl. etwa W. Eck, Die Wasserversorgung im Römischen Reich. Sozio-politische Bedingungen, Recht und Administration, in: Frontinus-Gesellschaft e. V. (Hrsg.), Die Wasserversorgung antiker Städte 2 (1987) 53; W. Letzner, Römische Brunnen und Nymphaea in der westlichen Reichshälfte, Charybdis 2 (²1999) 225 f.
[115] CIL V 47 – Im CIL wird der Fundort mit der Nähe des Amphitheaters angegeben. R. Weisshäupl, Zur Topographie des alten Pola, in: ÖJh 4 (1901) (Beibl.) 195 f. verweist auf den Fundort an der Porta Gemina. Vgl. sonst Fischer, Pola 48.
[116] s. dazu Fischer, Pola 48 f.
[117] Zu Brioni vgl. A. Boëthius / J. B. Ward-Perkins, Etruscan and Roman Architecture (1970) 322 f. Abb. 125; A. G. McKay, Houses, Villas, and Palaces in the Roman World (1977) 122; Franceschini, Le ville 501 f. 618 ff..
[118] s. A. Gnirs, Beispiele der antiken Wasserversorgung aus dem istrischen Karstlande, in: Strena Buliciana, Festschrift F. Bulić (1924) 134 ff.
[119] Zur Fonte Carolina vgl. C. De Franceschi, Il Ninfeo e l'Acquedotto di Pola romana, in: AttiMemIstria 47 (1935) 227 ff.; N. Neuerburg, L'architettura delle fontane e ninfei nell' Italia antica, MemNap 5 (1965) 259 Abb. 192; Galliazzo (Anm. 55) a. O. 252.
[120] Zum Nymphaeum in Side vgl. Letzner a. O. (Anm. 114) 51 f. 112. 162 f. 248; C. Dorl-Klingenschmid, Prunkbrunnen in kleinasiatischen Städten. Funktion im Kontext, Studien zur antiken Stadt 7 (2001) 242 ff. Abb. 1. 23. 31. 41. 42 b. 171.
[121] Vgl. Neuerburg a. O. (Anm. 119) 259.
[122] Gnirs, Forschungen 176 ff.
[123] A. Gareis, Pola und seine nächste Umgebung (1867); Gnirs, Forschungen 177.
[124] Gnirs, Forschungen 180.
[125] Vgl. Fischer, Pola 96 ff. – Zu den Zentralthermen in Pompeji s. E. La Rocca / M. De Vos / A. De Vos, Pompeji (1979) 307 f. Abb.; E. Brödner, Die römischen Thermen und das antike Badewesen (1983) 56. 60. Z 25.
[126] Zu Grottenräumen als Nymphaea vgl. Letzner a. O. (Anm. 114) 126 ff. 183 ff. 252 ff.
[127] Galliazzo a. O. (Anm. 55) 258.
[128] Vgl. Fischer, Pola 129.
[129] Vgl. etwa M. Webb, Die Mitte der Stadt. Städtische Plätze von der Antike bis heute (1990) 29.
[130] Eine Übersicht zu den archäologischen Forschungen im Forumsbereich von Pula findet sich bei Fischer, Pola 70 f.
[131] Eine umfassende Publikation des Befundes steht noch aus. Bislang liegen dazu Vorberichte vor oder Veröffentlichungen, die z. T. andere Schwerpunkte aufweisen. Vgl. in diesem Sinne Krizmanić, Komunala palača Abb. S. 10. 46, vgl. sonst Fischer, Pola 71 f.
[132] Vgl. Krizmanić, Komunala palača 99; Fischer, Pola 73.
[133] Fischer, Pola 73.
[134] Fischer, Pola 73 f.
[135] Zur Interpretation als Basilika vgl Krizmanić, Komunala palača Abb. S. 102. 103 u. ö. – Für eine Deutung als Thermenanlage Fischer, Pola 73. – Für eine Verbindung mit Thermen spricht der Umstand, daß der Gebäudetyp dort ebenfalls Verwendung fand. Vgl. DNP II (1997) 479 s. v. Basilika (I. Nielsen); I. Nielsen, Thermae et Balnea (²1993) 162 ff.
[136] Vgl. zu dem Komplex Archäologisches Museum Pula (Hrsg.), Pula, Forum – Arheoloŝkia Istraživanja (1987–1988) – Pola, Foro – Indagine archeologiche (1989); Fischer, Pola 76 f.
[137] Vgl. P. Kandler, L'Istria I (1846) 24 f.; R. Weisshäupl, ÖJh 4 (1901) (Beibl.) 184 f.; A. Gnirs, Neue Funde vom Forum civile in Pola, in: Jahrbuch für Altertumskunde 4 (1910) 184 ff.
[138] B. Tamaro, Regione X (Venetia et Histria), in: NSc (1923) 220 f.; Mlakar, Pula 39.
[139] Mirabella Roberti, Atti 53, 258; Polaschek a. O. (Anm. 63) 1225 f.; G. A. Mansuelli, Urbanistica e architettura nella cisalpina romana (1971) 131 f.; H. Kähler, Der römische Tempel. Raum und Landschaft (1982) 62 Bildlegende zu Abb. 41; Fischer, Pola 75.
[140] A. Starac, Statue of a Roman Goddess from the Forum of Pula, in: VIII. Internationales Colloquium über Probleme des provinzialrömischen Kunstschaffens, Zagreb, 5.– 8. 5. 2003. Abstracts (2003) 11.
[141] Augustus, Res Gestae 35,1. – Zur Datierung vgl. Mlakar, Römer 32; H. Hänlein-Schäfer, Veneratio Autusti (1985) 145 ff. Kat.-Nr. A 16 Taf. 13–21; P. Zanker, Augustus und die Macht der Bilder (²1990) 307 f.; Andreae a. O. (Anm. 99) 549.
[142] Krompotic, Antike Architektur XI.
[143] J. Spon / G. Wheler, Voyage d'Italie, de Dalmatie, de la Grèce et du Levant fait aux années 1675–1676 II (1679) 60, hier zitiert nach Krompotic, Antike Architektur 19.
[144] F. Cassas / J. Lavallée, Voyage pittoresque et historique de l'Istrie et de la Dalmatie (1802), hier zitiert nach Krompotic, Antike Architektur 131 ff.
[145] Zitiert nach Krompotic, Antike Architektur 188 f.
[146] Mlakar, Pola 40.
[147] Vgl. zu Metallapplikationen bei Tempeln etwa T. Mattern, «Vielheit und Einheit». Zu Erscheinungsbild und Wirkung römischer Tempelarchitektur, in: BJb 199 (1999) 1 ff. bes. 10 ff. mit Abb. 8.
[148] A. Starac, Statue of a Roman Goddess from the Forum of Pula, in: VIII. Internationales Colloquium über Probleme des provinzialrömischen Kunstschaffens, Zagreb, 5.– 8. 5. 003, Abstracts (2003) 11.
[149] An dieser Stelle wird lediglich die Darstellung von Cassas abgebildet. Zur Abbildung Piranesis vgl. G. B. Piranesi, Antichità romane de' tempi della Repubblica e de' primi imperatori (1748) Taf. 22; L. Ficacci, Giovanni Battista Piranesi. The Complete Etchings – Gesamtkatalog der Kupferstiche – Catalogue raisonné des eaux-fortes (2000) 118 Abb. 97.
[150] Vgl. Fischer, Pola 97 ff.
[151] Vgl. Fischer, Pola 86 ff.; Schörner a. O. (Anm. 112) 64 f.
[152] Vgl. H. Kähler, Der römische Tempel. Raum und Landschaft (1982) 62 mit Bildlegende zu Abb. 41.
[153] Zu Ehrungen und biographischen Daten des C. Caesar und des L. Caesar s. DNP VI (1999) 29 f. s. v. C. Iulius Caesar [II 32] (W. Eck); DNP VI (1999) 30 s. v. L. Iulius Caesar [II 33] (W. Eck), jeweils mit weiterführender Literatur.
[154] Für Hercules Hänlein-Schäfer a. O. (Anm. 141) 150 Anm. 3.
[155] Die Behandlung der Forumsportikus folgt im Wesentlichen den Ausführungen von Fischer, Pola 87 ff.
[156] Spon / Wheler a. O. (Anm. 144) 32, zitiert nach Krompotic, Antike Denkmäler.
[157] Mirabella Roberti, Atti 53, 215 ff. Abb. 3; Fischer, Pola 87.
[158] Vgl. Krizmanić, Komunala palača 111; Fischer, Pola 87.
[159] Zum Forum von Asseria s. I. Fadić, Asseria (2003) 51 ff. mit älterer Literatur.
[160] Fischer, Pola 87.
[161] In diesem Bereich liegt eine intensive Überbauung vor. Eine verläßliche Beurteilung ist daher problematisch. Fischer, Pola 88 mit Abb. 15 läßt an dieser Seite eine Portikus unberücksichtigt. Er stützt sich dabei alleine auf den Umstand, daß eine geschlossene Platzrandbebauung nicht zwingend sei. Er bezieht sich dabei auf P. Zanker, Pompeji. 9. TrWPr (1988) 32, der glaubt, in Pompeji eine unterbrochene Portikus annehmen zu können. Für eine durchgängige Portikus sprechen sich aber aus E. La Rocca / M. De Vos / A. De Vos, Pompeji (1979) 106.
[162] Fischer, Pola 88.
[163] Fischer, Pola 88; Hagenweiler a. O. (Anm. 104) 85 f. Kat.-Nr. 51 a–d.
[164] Fischer, Pola 89 ff. – Zu den Jupiter-Amon-Darstellungen des Augustusforums s. etwa P. Zanker, Forum Augustum. Monumenta Artis Antiquae 2 (o. J.) Abb. 25. Zum Vorkommen des Jupiter-Amon in Istrien und zum weiteren Pantheon s. vorläufig V. Giradi Jurkić, Götterreliefe und -skulpturen und mythologische Darstellungen als bestimmende Faktoren im geistigen Leben des römischen Istriens, in: VIII. Internationales Colloquium über Probleme des provinzialrömischen Kunstschaffens, Zagreb, 5.– 8. 5. 2003, Abstracts (2003) 10 f.
[165] Zu Milet: G. Kleiner, Die Ruinen von Milet (1968) 56 Abb. 32–34. Zu St. Remy: H. Rolland, Le mausolée de Glanum (1969) 35 Taf. 18. 63–64.
[166] Vgl. A. Gnirs, Neue Funde vom Forum civile in Pola, in: Jahrbuch für Altertumskunde 4 (1910) 172 ff.; Fischer, Pola 92 f.
[167] Zum Bau in Pompeji s. G. Hornbostel-Hüttner, Studien zur römischen Nischenarchitektur, Studies of the Dutch Archaeological and Historical Society 9 (1979) 126 ff. Abb. 29; V. Kockel, Funde und Forschungen in den Vesuvstädten, in: AA (1986) 456 f.; P. Zanker, Pompeji. Stadtbild und Wohngeschmack (1995) 94 Abb. 41–42; K. Wallat, Die Ostseite des Forums von Pompeji (1997) 129 ff. 222 ff. 276 Abb. 156–157. 262.
[168] Vgl. die Diskussion bei Fischer, Pola 93 f.
[169] Vgl. Fischer, Pola 94 f. mit weiterführender Literatur.
[170] Fischer, Pola 94 f.
[171] Fischer, Pola 94 f.
[172] Vgl. H. P. Isler, Pola, in: P. Ciancio Rosseto / G. Pisani Sartorio (Hrsg.), Teatri Greci e Romani alle origine del linguaggio rappresentato (1991–1996) 304 f.; Fischer, Pola 163 f.
[173] Vgl. A. Gnirs, Das antike Theater in Pola, in: Jahrbuch der Zentralkommission N. F. 3 (1905) 249 Anm. 1; Fischer, Pola 163.
[174] Gnirs, Führer 104; B. Forlati Tamaro, Pola (1971) 22; Mlakar, Pula 43.
[175] S. Serlio, Libri d'architettura III (1540) Taf. 24–25.
[176] Vgl. dazu H. Günther, Das Studium der antiken Architektur in Zeichnungen der Renaissance (1988) 376 ff.; Fischer, Pola 163 Anm. 966.
[177] Vgl. Thieme / Becker V (o. J.) 444 s. v. Camoccio, Giovanni Francesco (P. Kristeller).
[178] Vgl. A. Gnirs, Das antike Theater in Pola, in: Jahrbuch der Zentralkommission N. F. 3 (1905) 254 f.; Fischer, Pola 163.
[179] Mlakar, Pula 43.
[180] Fischer, Pola 164 mit Anm. 969.
[181] Fischer, Pola 164.
[182] Fischer, Pola 163.

[183] Freundlicher Hinweis von A. STARAC in Gesprächen im Rahmen des VIII. Internationalen Colloquiums über Probleme des provinzialrömischen Kunstschaffens, Zagreb, 5.–8. 5. 2003, und in Pula.
[184] Vgl. A. GNIRS, *Das antike Theater in Pola*, in: *Jahrbuch der Zentralkommission* N. F. 3 (1905) Abb. 288; MIRABELLA ROBERTI, *Atti* 53, 247.
[185] Vgl. FISCHER, *Pola* 164.
[186] Vgl. FISCHER, *Pola* 164.
[187] Vgl. FISCHER, *Pola* 164.
[188] Vgl. GNIRS a. O. (Anm. 184) 287 f.
[189] Vgl. MLAKAR, *Pula* 42 f.; FORLATI TAMARO, *Pula* (1971).
[190] Vgl. MANSUELLI a. O. (Anm. 139) 60; C. ANTI, *Cisalpina* I (1959) 274.
[191] G. CAVALIERI MANASSE, *La decorazione archietettonica romana di Aquileia, Trieste e Pola* (1978) 196; FISCHER, *Pola* 170; DŽIN a. O. (Anm. 113) 12.
[192] Literatur zusammenfassend bei H. P. ISLER, *Pola*, in: P. CIANCIO ROSSETO / G. PISANI SARTORIO (Hrsg.), *Teatri Greci e Romani alle origine del linguaggio rappresentato* (1991–1996) 303. Zur Foschungsgeschichte s. A. GNIRS, *Grabungen und antike Denkmale in Pola*, in: *ÖJh* 15 (1912) (Beibl.) 239 ff.; A. DEGRASSI, *Notiziario archeologico* (1934), in: *AttiMemIstria* 46 (1934) 277 f.; MIRABELLA ROBERTI, *Atti* 50, 239 ff.; DERS., *Atti* 53, 248 f.
[193] MLAKAR, *Pula* 41; FISCHER, *Pola*.
[194] s. FISCHER, *Pola* 108.
[195] MLAKAR, *Pula* 42.
[196] MLAKAR, *Pula* 42; FISCHER, *Pola* 108.
[197] MLAKAR, *Pula* 42; FISCHER, *Pola* 107 f.
[198] FISCHER, *Pola* 109.
[199] Zur Entwicklung von Gladiatorenkämpfen und deren Durchführung vgl. M. JUNKELMANN, *Das Spiel mit dem Tod. So kämpften Roms Gladiatoren* (2000) 1 ff., zur Durchführung s. bes. 129 ff.
[200] J. SPON / G. WHELER, *Voyage d'Italie, de Dalmatie, de la Grèce et du Levant fait aux années 1675–1676* II (1679) 60, hier zitiert nach KROMPOTIC, *Antike Architektur* 20 f.
[201] Zitat nach KROMPOTIC, *Antike Architektur* 187 f.
[202] MLAKAR, *L'anfiteatro* 26.
[203] G. B. PIRANESI, *Antichità romane de'tempi della Repubblica e d'primi imperatori* (1748) Taf. 23. – Vgl. dazu FICACCI a. O. (Anm. 149) 118 Abb. 98.
[204] J. STUART / N. REVETT, *Die Alterthümer von Athen*, Tafelband IV (o. J.) Taf. 1–14.
[205] Vgl. THIEME / BECKER XX (o. J.) 493 s. v. NOBILE, PETER VON.
[206] P. STANCOVICH, *Dell'anfiteatro di Pola, dei gradi marmorei del medesimi, nuovi scavi e scoperte, e di alcune epigrafi si fugulìne inedite dell'Istria* (1822). – Zu Stancovich selbst vgl. B. BENUSSI, *L'Istria nei suoi milleni di storia, Collana degli Atti del Centro di Ricerche storiche – Rovigno* 14 (1997) 620.
[207] GNIRS, *Führer* 33 ff.
[208] s. etwa M. MIRABELLA ROBERTI, *L'arena di Pola* (1943).
[209] Im Jahre 2003 wurde damit begonnen, für diese Ausstellungsräume ein neues Konzept zu entwickeln.
[210] Vgl. H. BENDER, *Römischer Reiseverkehr. Cursus Publicus und Privatreisen, Kleine Schriften zur Kenntnis der römischen Besetzungsgeschichte Südwestdeutschlands* 20 (1978) 25.
[211] Rom: F. COARELLI, *Rom. Ein archäologischer Führer* (²2000) 185 ff.; A. HÖNLE / A. HENZE, *Römische Amphitheater und Stadien. Gladiatorenkämpfe und Circusspiele* (1981) 120 ff. – Verona: HÖNLE / HENZE a. O. 142 ff.; BÜSING-KOLBE / BÜSING a. O. (Anm.8) 45 f. – El Djem: H. SLIM, *El Jem. The great amphitheatre*, in: MINISTÈRE DE LA CULTURE (Hrsg.), *Les monuments et les sites cultres tunesien du patrimoine mondial – The World Heritage Monuments and Cultural Sites of Tunisia* (1999) 50 ff.
[212] Vgl. etwa J. C. GOLVIN, *L' Amphitheatre Romain* (1988) 164 f. Kat.-Nr. 139 Taf. 18,2. 47,4 (Tarragona). 78 Kat.-Nr. 135 Taf. 29,4–5 (Segusium). 115 f. Kat.-Nr. 83 Taf. 13,2 (Syrakus). 109 f. Kat.-Nr. 77 Taf. 30,1–2 (Merida). 77 f. Kat.-Nr. 14 Taf. 8,3 (Velleia). 119 f. Kat.-Nr. 88 Taf. 15,2 (Segobriga). 114 f. Kat.-Nr. 82 Taf. 27,1 (Cassino). 82 f. Kat.-Nr. 23 Taf. 26,1 (Alba Fucens). 191 Kat.-Nr. 158 Taf. 18,6 (Besançon). 162 f. Kat.-Nr. 138 Taf. 18,1 (Fréjus). 206 ff. Taf. 18,4 (Salona). 215 f. Kat.-Nr. 190 Taf. 24,1–2 (Albano Laziale). 41 Kat.-Nr. 10 Taf. 7,5. Die Liste erhebt keinen Anspruch auf Vollständigkeit.
[213] GOLVIN a. O. (Anm. 212) 206 ff. Taf. 18,4; B. KIRIGIN / E. MARIN, *The Archaeological Guide to Central Dalmatia* (1989) 92 ff. Abb. 9.
[214] Zu Salona: E. DYGGVE, *Recherches à Salona* II (1935) 35 ff.; KIRIGIN / MARIN a. O. (Anm. 213) 92 ff. – Zu Leptis Magna: G. DI VITA-EVRAD, *Leptis Magna*, in: A. DI VITA / G. DI VITA-EVRAD / L. BACCHIELLI, *Das antike Libyen. Vergessene Stätten des römischen Imperiums* (1999) 80 ff. Abb. S. 45 (unten) Nr. 24.
[215] R. GRAEFE, *Vela erunt. Die Zeltdächer der römischer Theater und ähnlicher Anlagen* (1979) 70 ff. Abb. 71–91 Taf. 83–88.
[216] GOLVIN a. O. (Anm. 212) 330 ff. hat für diese Einbauten eine Typologie vorgelegt, in der drei Typen unterschieden werden. Die hier genannten Beispiele werden der Gruppe 1 zugerechnet, die durch einen Graben mit geraden seitlichen Mauern bestimmt wird. Zu Cassino s. GOLVIN a. O. 114 Kat.-Nr. 82 Taf. 27,1–2. - Tarragona: GOLVIN a. O. 164 f. Kat.-Nr. 139 Taf. 18,2. – Fréjus: GOLVIN a. O. 162 f. Kat.-Nr. 138 Taf. 18,1. – Pula, erste Bauphase: GOLVIN a. O. 159 Kat.-Nr. 134 Taf. 20,1. 32,1.
[217] GOLVIN a. O. (Anm. 212) 209 ff. Kat.-Nr. 186 Taf. 45,1–2. 46,1–2.
[218] Vgl. MLAKAR, *L'anfiteatro* 29 ff.
[219] Vgl. die Übersicht bei GOLVIN a. O. (Anm. 212) 352 Taf. 43.
[220] W. LÜBKE, *Geschichte der Architektur von den ältesten Zeiten bis zum Ende des 19. Jahrhunderts* (³1889) 188.
[221] J. DURM, *Handbuch der Architektur* II 2 (²1905)
[222] B. TAMARO, *Pola, i monumenti romani* (1925) 12 ff.
[223] M. MIRABELLA ROBERTI, *L'arena di Pola* (1943).

[224] Vgl. FISCHER, *Pola* 126 ff.
[225] Zum Amphitheater in Verona vgl. HÖNLE / HENZE a. O. (Anm. 211) 142. 147. 145 Abb. 128; GOLVIN a. O. (Anm. 212); BÜSING-KOLBE / BÜSING a. O. (Anm. 8) 45 f.
[226] FISCHER, *Pola* 13.
[227] R. WEISSHÄUPL, *Zur Topographie des antiken Pola*, in: *ÖJh* 4 (1901) (Beibl.) 203; GNIRS, *Führer* 20; FISCHER, *Pola* 171.
[228] A. GNIRS, *Jahrbuch der Zentralkommission* N. F. 2 (1904) 223.
[229] Vgl. S. MLAKAR, *Antikenausstellung*, in: V. JURKIĆ / K. MIHOVILIĆ, *Archäologisches Museum Istriens in Pula. Führer* III (²1982) 56 f. – Zum verschollenen Mosaikteil s. auch FISCHER, *Pola* 171 Taf. 44 c.
[230] Zusammenfassend s. FISCHER, *Pola* 111 ff., 172 Abb. 24, Taf. 35a–b, mit ausführlicher Literatur.
[231] MLAKAR, *Pula* 37; V. GIRADI JURKIĆ, *I mosaici antichi del l. Istria*, in: R. FARIOLI CAMPANATI (Hrsg.), *Il Colloquio internazionale sul mosaico antico*, Ravenna 6–10 settembre 1980 (1983) 169 f. Abb. 1–2.
[232] MLAKAR, *Pula* 39.
[233] MLAKAR, *Pula* 38.
[234] Zum Mythos vgl. *DNP* I (1996) 775 s. v. Antiope [1] (R. HARDER) mit weiteren Querverweisen und Literatur.
[235] Vgl. dazu A. STARAC, *Epigrafiski i anepigrafiski spomenici Pule (nalazi 1996–1998)*, in: *Arheološki vestnik* 51 (2000) 233 ff.
[236] MLAKAR, *Pula* 32.
[237] S. MLAKAR, *Pula* 32.
[238] Vgl. dazu FISCHER, *Pola* 172 ff.
[239] Vgl. FISCHER, *Pola* 132.
[240] Zum Oktogon vgl. H. v. HESBERG, *Römische Grabbauten* (1992) 32. 57. 119. 118; FISCHER, *Pola* 143 ff.; P. GROS, *L'architecture romaine du début du IIIe siècle av. J.-C. à la fin du Haut-Empire II: Maisons palais, villas et tombeaux* (2001) 411.
[241] Rundgrab Pula: FISCHER, *Pola* 33 Abb. 4 a Taf. 3 c–d. – Grab der Caecilia Metella: M. EISNER, *Zur Typologie der Grabbauten im Suburbium Roms*, 26. Ergh. *RM* (1986) 37 Taf. 9,2–3; H. v. HESBERG, *Römische Grabbauten* (1992) 29. 32. 97. 211 Abb. 137.
[242] Vgl. FISCHER, *Pola* 133 ff.
[243] Vgl. MARUŠIĆ, *Spätantikes Pula* 11; GALLIAZZO a. O. (Anm. 55) 17.
[244] V. GIRADI JURKIĆ, *Pola* 396; GALLIAZZO a. O. (Anm. 55) 18.
[245] s. MARUŠIĆ, *Spätantikes Pula* 11; GALLIAZZO a. O. (Anm. 55) 258.
[246] GALLIAZZO a. O. (Anm. 55) 258. – Wahrscheinlicher ist aber die Existenz eines Hauses, wenn man davon ausgeht, daß viele frühe christliche Gemeinden Hauskirchen nutzten, die in späterer Zeit durch monumentalere Gebäude ersetzt wurden. Zu Hauskirchen und die Weiterentwicklung s. etwa H. KÄHLER, *Die frühe Kirche. Kult und Kultraum* (1982) 28 ff.
[247] GALLIAZZO a. O. (Anm. 55) 258.
[248] Vgl. F. W. PUTZGER, *Historischer Schulatlas von der Altsteinzeit bis zur Gegenwart* (⁶³1954) Karte 45. 48; W. SESTON, *Verfall des Römischen Reiches im Westen. Die Völkerwanderung*, in: G. MANN / A. HEUSS / W. NITSCHKE (Hrsg.), *Rom. Die römische Welt, Propyläen Weltgeschichte* IV (1963) 552; H. P. L'ORANGE, *Das römische Reich. Kunst und Kultur* (1985) Karte S. 10.–11.
[249] L. KOVAČ, *Nezakcijski kult – Simboličke forme i njihove transformacije od 6 st. pr n.e. do 6 st. n.e.*, in: *Histria Archeologica* 22–23 (1991–92) 107; GALLIAZZO a. O. (Anm. 55) 258.
[250] Zum Repräsentationsverständnis s. MARUŠIĆ, *Spätantikes Pula* 11; GALLIAZZO a. O. (Anm. 55) 258; CH. WITSCHEL, *Der «epgraphic habit» in der Spätantike: Das Beispiel Italien (Provinz Ventia et Histria)*, in: J.-U. KRAUS / CH. WITSCHEL (Hrsg.), *Internationales Kolloquium «Die Stadt in der Spätantike – Wandel oder Niedergang?»* 30./31. Mai 2003, Historicum der Ludwig-Maximilian-Universität, München, Zusammenfassung der Referate (2003) 21. Zur Basilika der Heiligen Felictas MARUŠIĆ a. O. 12.
[251] Zur ostgotischen Herrschaft s. STEINDORFF a. O. (Anm. 2) 23.
[252] GALLIAZZO a. O. (Anm. 55) 258.
[253] Zu Iustinian und seiner Politik vgl. F. G. MAIER, *Die Verwandlung der Mittelmeerwelt, Fischer Weltgeschichte* IX (1968) 176 ff.; DERS., *Byzanz, Fischer Weltgeschichte* XIII (1973) 46 ff. 71 ff. 172 ff.; H. STIERLIN, *Byzantinischer Orient. Von Konstantinopel bis Armenien und von Syrien nach Äthiopien* (1996) 18; *DNP* VI (1999) 102 f. s. v. Iustinianus [1] (F. TINNEFELD); O. MAZAL, *Justinian und seine Zeit. Geschichte und Kultur des Byzantinischen Reiches im 6. Jahrhundert* (2001) 1 ff.
[254] Vgl. POLASCHEK a. O (Anm. 63) 1249 f.
[255] *DNP* X (2001) 391 ff. s. v. Prokopios [3] (F. TINNEFELD), zu den Bauten bes. 394.
[256] WITSCHEL a. O. (Anm. 250) 21.
[257] Vgl. etwa P. KANDLER, *Basilica Maria Formosa in Pola*, in: *L'Istria* 2/32 (1847) 128 ff.; DERS., *Notizie storiche di Pola, Basilika Maria Formosa in Pola* (1876) 171 ff.; A. GNIRS, *Die Kirche St. Maria Formosa oder di Canetto in Pola*, in: *MZK* 5 (1906) 547 f.; DERS., *Die Kirche S. Maria di Canetto*, in: *MZK* 9 (1910) 93 f.; DERS., *Grabkirche S. Maria di Canetto*, in: *MZK* 9 (1910) 148; DERS., *Das Mosaikbild in der Kirche S. Maria di Canetto*, in: *MZK* 9 (1910) 431 f.; DERS., *Pola, Kirche S. Maria di Canetto*, in: *MZK* 12 (1912) 29 f.
[258] S. exemplarisch A. MORASSI, *La chiesa di Santa Maria Formosa di Canneto in Pola*, in: *BdA* 4 (1924) 11 ff.; P. VERZONE, *L'architettura religiosa dell'alto medioevo nell'Italia settentrionale* (1924) 56 ff.; C. de FANCHESCHI, *L'antica abbazia di S. Maria del Caneto in Pola e un suo registro censuario del secol XII*, in: *AttiMemIstria* 39 (1927) 311 ff.; M. MIRABELLA-ROBERTI, *Notiziario archeologico*, *AttiMemIstria* 52 (1949) 262; DERS., *Architettura paleocristiana in Istria*, in: *AAAd* 8 (1975) 209; G. Bovini, *L'opera di Massimi-*

ano da Pola a Ravenna, in: *AAAd* 8 (1975) 155 f.; DERS., *Le antichità cristiane della fascia costiera istriana da Parenzo a Pola* (1974) 198 ff.; S. TAVANO, *Alto adriatico, Dalmazia e Illirico: architettura e «decorazione»*, in: *AAAd* 26 (1985) 426; Z. UJCIĆ, *Le décor stuqué de la chapelle méridionale de la Basilique Sainte-Marie «Formosa» à Pula*, in: *Hortus Medievalium. Journal of the International Research Center for Late Antiquity and Middle Ages* 1 (1995) 117 ff.

[259] Vgl. UJCIĆ a. O. (Anm. 258) 117; *DNP* VII (1999) 1069 f. s. v. Maximianus [3] (CL. NAUERTH), mit weiterführender Literatur.
[260] Vgl. NAUERTH a. O. (Anm. 259) 1070.
[261] Vgl. G. BOVINI, *Le antichità cristiane della fascia costiera istriana da Parenzo a Pola* (1974) 155; UJCIĆ a. O. (Anm. 258) 117 mit Anm. 2.
[262] UJCIĆ a. O. (Anm. 258) 117.
[263] BOVONI a. O. (Anm. 257) 199; UJCIĆ a. O. (Anm. 258) 117.
[264] Vgl. etwa R. IVANČEVIĆ, *Die Kunstschätze Kroatiens* (1986) 46.
[265] Vgl. etwa GALLIAZZO a. O. (Anm. 55) 19.
[266] A. GNIRS, *Das Mosaikbild in der Kirche S. Maria Canetto in Pula*, in: *MZK* 9 (1910) 431 f.; UJCIĆ a. O. (Anm. 258) 118; C. RIZZARDI, *Relazioni artistiche fra Ravenna e l'Istria: I mosaici parietali*, in: *XLII. Corso di cultura sull'arte Ravennati e Bizantina. Seminario Internazionale di Studi su: Richerche di Archeologia Christiana e Bizantina* (1995) 817 ff. bes. 834 ff. mit Abb. 6.
[267] Vgl. B. MARUŠIĆ, *Spätantike und mittelalterliche Ausstellung*, in: JURKIĆ / MIHOVILIĆ a. O. (Anm. 51) 66.
[268] UJCIĆ a. O. (Anm. 258) 118 ff.
[269] R. IVANČEVIĆ, *Die Kunstdenkmäler Kroatiens* (1986) 33. 88; A. KRIZMANIĆ, *Sviluppo architettonico del complesso francescano a Pola*, in: *Hortus Atrium Medievalium. Journal of the International Research Center for Late Antiquity and Middle Ages* 7 (2001) 77 ff.
[270] Zum poltischen Illyrismus und seinen Grundlagen s. etwa STEINDORFF a. O. (Anm. 2) 98 ff. – Zur politischen Unterstützung der Ausgrabungen s. M. HOERNES, *Altertümer von Nesactium*, in: *ÖJh* 6 (1903) (Beibl.) 68.
[271] Vgl. FISCHER, *Nesactium* 9.
[272] P. STICOTTI, *Relazione preliminare sugli scavi di Nesazio*, in: *Atti MemHistria* 18 (1902) 121 ff.; DERS., *Sciarimenti intorno al valore scientifico dei cimeli ritrovati a Nesactium*, in: *AttiMemHistria* 19 (1903) 271 ff.; FISCHER, *Nesactium* 9.
[273] Übersetzung nach der Tusculum-Ausgabe (H.-J. HILLER). – Zur Umlegung des Flusses s. *RE* XVII 1 (1936) 66 f. s. v. Nesactium (M. FLUSS).
[274] *InscrIt* X 1, 671.
[275] *CIL* V 1,2; *InscrIt* X 1, 672. – Vgl. MLAKAR, *Römer* 26. 34; V. JURKIĆ, *Archäologisches Museum Istriens in Pula. Führer* III (²1982) 9; FISCHER, *Nesactium* 9.
[276] Vgl. FLUSS a. O. 65; *EAA* V (1963) 429 s. v. Nesazio (B. FORLATI TAMARO); MATIJAŠIĆ, *Breve note* 636; DERS., *Nezakcij* 21. – Zum Oppidumbegriff bei Plinius s. *DNP* VIII (2000) 1261 s. v. Oppidum (H. VOLKMANN).
[277] Vgl. MARUŠIĆ, *Spätantikes Pula* 9.
[278] Vgl. MARUŠIĆ, *Spätantikes Pula* 40.
[279] Zur Verknüpfung der Reliefs mit der mykenischen Kultur vgl. etwa GNIRS, *Führer* 9. – Zu Novilara s. J. FILIP (Hrsg.), *Enzyklopädisches Handbuch zur Ur- und Frühgeschichte Europas* II (1969) 935 s. v. Novilara, mit Literatur.
[280] FISCHER, *Nesactium* 11.
[281] FISCHER, *Nesactium* 11.
[282] Vgl. MATIJAŠIĆ, *Nezakzij* 22.
[283] Vgl. MARUŠIĆ, *Spätantikes Pula* 5.
[284] R. WEISSHÄUPL, *Nesactium*, in: *ÖJh* 4 (1901) (Beibl.) 7.
[285] MATIJAŠIĆ, *Breve note* 635. 637.
[286] MATIJAŠIĆ, *Breve note* 637; DERS., *Nezakzij* 28.
[287] MATIJAŠIĆ, *Breve note* 641.
[288] MATIJAŠIĆ, *Breve note* 642 f.; WITSCHEL a. O. (Anm. 250) 21.
[289] Vgl. MATIJAŠIĆ, *Nezakzij* 33; MARUŠIĆ, *Spätantikes Pula* 9.

Bildnachweis

Abb. 1: Diercke, Die Welt in Karten (1998) 78–79.
Abb. 2: S. Mlakar, Die Römer in Istrien (1974) Taf. 1.
Abb. 3: Staatliche Museen zu Berlin, Antikensammlung/bpk, 2004.
Abb. 4: akg-images/E. Lessing.
Abb. 6: Reallexikon für Antike und Christentum XVIII (1998) 1127 Abb. 2.
Abb. 5, 7: A. Starac, Histria Archeologica 24 / 25 (1993/94) 5 ff.
Abb. 11: D. Šepić, A Guide to Istria (1970) Abb. S. 130.
Abb. 13: J. Wilkes, The Illyrians. The Peoples of Europe (1995) 226 Abb. 25, © Blackwell Publishing, Oxford.
Abb. 14, 15, 17, 18, 56, 58, 59: A. Krizmanić, Komunala palača Pula (1988) Abb. S. 99; Abb. S. 101; 74 Abb. 4; 84 Abb. 24; Abb. S. 46; 85 Abb. 26; Abb. S. 113; © Arheoloski Muzej Istre, Pula.
Abb. 16, 76: Grundkarten nach G. Fischer, Das römische Pola (1996) 45 Abb. 7.
Abb. 19, 34, 50, 57, 60, 74, 115: Grundkarten nach G. Fischer, Das römische Pola (1996) 45 Abb. 7; 97 Abb. 20; 45 Abb. 7; 77 Abb. 14; 78 Abb. 15; 78 Abb. 15; 135 Abb. 31; © Bayerische Akademie der Wissenschaften, München.
Abb. 23–26: A. Starac, Histria Antiqua 7 (2001) 63 Abb. 2; 64 Abb. 3; 65 Abb. 4; 66 Abb. 5.
Abb. 31, 32, 35, 37, 53, 55, 77–80, 87, 108, 113: G. Fischer, Das römische Pola (1996) Abb. 1; 64 Abb. 11; Abb. 1; 54 Abb. 8; 99 Abb. 21; 72 Abb. 13; 165 Abb. 47; 163 Abb. 46; 166 Abb. 48; 107 Abb. 23; 124 Abb. 28; 22 Abb. 2; 31 Abb. 4a.
Abb. 40, 41, 43: G. Traversari, L'arco di Sergi. Pubblicazioni dell' Istituto di Archeologia dell' Università di Padova 8 (1971) Taf. 4; 1; 3.
Abb. 52: C. De Franceschi, AttiMemIstria 47 (1935) 231.
Abb. 63: B. Andreae, Die römische Kunst (1999) 582 Abb. 872.
Abb. 64: J. Eingartner, Augsburg.
Abb. 69, 70: G. Pavan, Il rilievo del Tempio d'Augusto di Pola (1971) Taf. 9; 10.
Abb. 75: E. LaRocca / M. De Vos / A. De Vos, Guida archeologica di Pompei (1976) Abb. S. 122.
Abb. 90: B. Kirigin / E. Marin, The Archaeological Guide to Central Dalmatia (1989) 92 Abb. 9.
Abb. 91, 98: S. Mlakar, L'anfiteatro di Pola (1997) Abb. S. 1; Abb. S. 35, © Arheoloski Muzej Istre, Pula.
Abb. 94: R. Graefe, Vela erunt. Die Zeltdächer der römischen Theater und ähnlicher Anlagen. Textband (1979) 72 Abb. 87.
Abb. 103: J.-C. Golvin, L'Amphithéatre Romain (1988) Taf. 71.
Abb. 112: G. A, Mansuelli, Urbanistica e architettura (1971) Taf. 105.
Abb. 114: Stich von Piranesi nach Italienische Reise von Goethe, hrsg. von A. Kuhn (1923) S. 176.
Abb. 120, 123, 124: Marušić, Spätantikes und byzantinisches Pula (1967) Beil. 2; Taf. 9.1; Taf. 8.1, © Arheoloski Muzej Istre, Pula.
Abb. 121, 126: Z. Ujcić, Hortus Artium Medievalium 1 (1995) 117 Abb. 1; 119 Abb. 3.
Abb. 133, 135: K. Mihovilić u. a., Nesactium (1998) Abb. S. 7; Plan S. 46–74, © Arheoloski Muzej Istre, Pula.
Abb. 147, 148: Marušić, Breve note 638 Abb. 2; 643 Abb. 3.
Alle übrigen Abb. vom Verfasser.

Adresse des Autors

DR. WOLFRAM LETZNER
Oststraße 49
D-59065 Hamm